本书系国家社会科学基金项目"我国民族地区经济追赶进程中的优势叠加、优势冲突与反冲突研究——以桂滇为例"成果

民族地区经济追赶中优势的叠加与冲突

——机理、效应及应对机制

李敦祥　王兴中　于世海　◆　著

经济管理出版社

图书在版编目（CIP）数据

民族地区经济追赶中优势的叠加与冲突：机理、效应及应对机制/李敦祥，王兴中，于世海著.—北京：经济管理出版社，2017.5
ISBN 978-7-5096-5126-1

Ⅰ.①民… Ⅱ.①李…②王…③于… Ⅲ.①民族地区经济—区域经济发展—研究—中国 Ⅳ.①F127.8

中国版本图书馆 CIP 数据核字（2017）第 119199 号

组稿编辑：曹　靖
责任编辑：杨国强　张瑞军
责任印制：黄章平
责任校对：赵天宇

出版发行：经济管理出版社
　　　　　（北京市海淀区北蜂窝 8 号中雅大厦 A 座 11 层　100038）
网　　址：www.E-mp.com.cn
电　　话：（010）51915602
印　　刷：北京玺诚印务有限公司
经　　销：新华书店
开　　本：720mm×1000mm/16
印　　张：15.5
字　　数：295 千字
版　　次：2017 年 11 月第 1 版　2017 年 11 月第 1 次印刷
书　　号：ISBN 978-7-5096-5126-1
定　　价：68.00 元

·版权所有　翻印必究·
凡购本社图书，如有印装错误，由本社读者服务部负责调换。
联系地址：北京阜外月坛北小街 2 号
电话：（010）68022974　　邮编：100836

目　　录

第一章　绪　论 ……………………………………………………………… 1

　　第一节　研究民族地区经济追赶的意义 …………………………………… 1
　　第二节　国内外研究现状述评 ……………………………………………… 3
　　第三节　研究思路与方法 …………………………………………………… 6
　　第四节　篇章结构及内容 …………………………………………………… 7
　　第五节　特色与创新探索 …………………………………………………… 8

第二章　经济追赶与优势关系的理论审视 ……………………………… 10

　　第一节　基本概念的界定 …………………………………………………… 10
　　第二节　民族地区与后发地区、欠发达地区 ……………………………… 14
　　第三节　民族地区经济追赶与比较优势 …………………………………… 16
　　第四节　民族地区经济追赶与后发优势 …………………………………… 24
　　第五节　经济追赶与优势关系的进一步分析 ……………………………… 31

第三章　经济追赶中优势叠加、优势冲突与反冲突的机理效应 ……… 34

　　第一节　经济追赶与优势创造 ……………………………………………… 34
　　第二节　优势的系统性与优势叠加、优势冲突、反冲突 ………………… 37
　　第三节　优势的目标性与优势叠加、优势冲突、反冲突 ………………… 38
　　第四节　叠加优势、优势冲突与反冲突的作用机理 ……………………… 42
　　第五节　优势叠加、优势冲突与反冲突下的叠加效应评判 ……………… 53

第四章　我国民族地区的经济追赶 ……………………………………… 58

　　第一节　东中西三大地带比较视角下的民族地区经济追赶 ……………… 58
　　第二节　五自治区与东部比较视角下的民族地区经济追赶 ……………… 60

第三节　民族地区内部比较视角下的民族地区经济追赶 …………… 64
第四节　民族地区经济追赶与我国的区域经济发展战略 …………… 66
第五节　民族地区经济追赶与我国的区域竞争、区域互补 ………… 73
第六节　我国民族地区经济追赶的经验教训及启示 ………………… 78

第五章　经济追赶中优势叠加与优势冲突的境外案例 …………… 83
第一节　分析美国印第安发展的主要数据来源 ……………………… 83
第二节　印第安保留地和BIA服务人口 ……………………………… 85
第三节　印第安地区的优势叠加与叠加优势 ………………………… 90
第四节　印第安地区的优势冲突与反冲突 …………………………… 112
第五节　叠加优势形成前后印第安经济发展比较 …………………… 117
第六节　美国印第安地区经济追赶的启示 …………………………… 120

第六章　民族地区经济追赶中优势叠加的桂滇案例 ……………… 123
第一节　桂滇优势叠加进程与叠加优势形成概述 …………………… 123
第二节　西南大通道建设与桂滇的通道、区位及资本支持优势 …… 125
第三节　大湄公河次区域合作与桂滇的区域合作、一体化发展、
　　　　项目支持优势 ……………………………………………… 130
第四节　西部大开发与桂滇的产业扶持、金融支持、政策倾斜优势 … 137
第五节　中国—东盟自贸区构建与桂滇的通道、区位、合作、
　　　　一体化优势 ………………………………………………… 143
第六节　泛珠三角区域合作与桂滇的区域合作、区域一体化发展
　　　　优势 …………………………………………………………… 150

第七章　民族地区经济追赶中优势叠加效应的桂滇实证分析 …… 157
第一节　纵向比较的广西叠加优势效应分析 ………………………… 157
第二节　纵向比较的云南叠加优势效应分析 ………………………… 169
第三节　横向比较的桂滇叠加优势效应分析 ………………………… 179

第八章　民族地区经济追赶中叠加优势冲突的桂滇比较 ………… 182
第一节　桂滇叠加优势冲突的种类及关系 …………………………… 182
第二节　历史视角的桂滇叠加优势冲突分析 ………………………… 183
第三节　理论视角的桂滇叠加优势冲突分析 ………………………… 192
第四节　桂滇区域竞争关系与叠加优势冲突 ………………………… 201

第九章　民族地区经济追赶中反优势冲突的应对机制及改进 ················ 203
　　第一节　桂滇反优势冲突的现有机制 ······················· 203
　　第二节　桂滇反优势冲突机制的评价 ······················· 207
　　第三节　叠加优势下桂滇反优势冲突的改进 ··············· 210

参考文献 ·· 231

后记 ·· 239

第一章 绪 论

我国少数民族地区该如何实施经济追赶,有效缩小与发达地区的差距、跻身于发达地区行列?这既是一个重大的现实课题,也是一个重大的学术课题。优势叠加局面在我国某些少数民族地区的形成,为探索民族地区经济追赶创造了新契机。

第一节 研究民族地区经济追赶的意义

我国是一个由 56 个民族构成的大国,其中 55 个属于少数民族。我国有 155 个民族自治地方,其中有五个自治区(内蒙古、宁夏、新疆、西藏、广西)、30 个自治州、120 个自治县(旗)。民族自治地方总面积大约 612 万平方千米,占全国国土面积的 64%。民族自治地方总人口约 1.75 亿人,占全国总人口的 13%。从省级层面上看,民族地区指内蒙古、宁夏、新疆、西藏、广西、云南、贵州和青海 8 个省区。①

民族地区是我国进行国际交往与合作的重要通道和窗口。我国 2 万多千米的陆地国境线大部分属于少数民族地区。民族地区与 15 个国家和帕米尔地区接壤。

改革开放以来,我国民族地区的经济社会获得了快速发展,取得了巨大成就。改革开放时期是中华人民共和国成立以来民族地区经济发展最快、绩效最好的时期。新疆、西藏、宁夏、内蒙古、广西的人均地区生产总值,即人均 GDP,1978 年比 1952 年分别增加了 0.9 倍、2.3 倍、1.9 倍、0.8 倍和 2.4 倍,用了 26 年;2007 年比 1978 年分别增加了 4.4 倍、2.2 倍、3.0 倍、7.0 倍和 4.6 倍,用了 29 年。五个自治区的 GDP 总量 1978 年比 1952 年增加了 4.4 倍,用了 26 年;

---

① 1980 年起,中央赋予少数民族比较集中的云南、贵州和青海三个省享受自治区级待遇。

2007年比1978年增加了82.1倍，用了29年。① 在1978年的人均GDP基数显著大于1952年的基础上，民族地区经济发展在改革开放时期取得这一成就，堪称是一个奇迹。

但是，民族地区在我国仍是欠发达地区，仍是我国贫困地区的主体，经济追赶任务远没有完成。横向比较看，民族地区与发达地区的差距仍很大，并出现差距扩大趋势。1952年，东部地区的GDP是五个自治区的6.5倍，1978年为7.0倍，2007年为7.9倍。

从我国小康社会建设战略看，没有民族地区的小康，就不可能全面建成我国的小康社会。民族地区实施经济追赶、尽快缩小与发达地区的差距，是一项紧迫而意义重大的任务。民族地区生活水平的提高、政治社会的稳定、历史文化的传承、民族团结的维系，都要以经济发展为基础。如果民族地区不能成功实施经济追赶，我国也不可能形成长期的社会安定、民族团结局面，也不可能长期拥有巩固的边防和稳定的边疆。

为了进一步促进民族地区经济社会快速发展，缩小地区差距，在中央和地方的共同努力下，一些民族地区随着改革开放的推进形成了优势叠加局面。其中最具代表性和时代特点的个案就是广西、云南，即桂滇。

1990~2009年，广西、云南出现了优势叠加进程，形成了叠加优势格局。西南大通道建设、大湄公河次区域合作、西部大开发、中国—东盟自由贸易区（简称中国—东盟自贸区）构建、泛珠三角区域合作（简称泛珠合作）这样一个优势叠加进程，使桂滇在通道、区位、政策、区域合作、区域一体化、资金与技术支持等方面形成了一系列优势。但是，与此同时，桂滇与东部发达地区的经济差距仍呈扩大趋势。为此，以桂滇两个省区为例，切入研究我国民族地区经济追赶进程中的优势叠加、优势冲突与反冲突，无疑具有特别重要的现实意义和理论价值。

如果对优势叠加和叠加优势利用不好，对优势冲突与反冲突认识不足、解决不好，优势就不会起到应有的作用，甚至部分优势会因优势冲突而变成劣势。例如，如果广西能对西南大通道建设、西部大开发、中国—东盟自贸区构建、泛珠合作等叠加优势进行很好的协调利用，能对存在的优势冲突进行科学处理，广西就可以形成东成西就、南合作北交往、跻身先进的胜局，否则，就有可能出现东张西望、南不成北不就、差距扩大的败局。

---

① 国家统计局国民经济综合统计司. 新中国五十年统计资料汇编 [M]. 北京：中国统计出版社，1999；中国宏观经济学会、中宏基金、中国宏观经济信息网、中宏经济研究中心：中国宏观数据库。

第二节 国内外研究现状述评

一、民族地区经济发展的国内研究述评

我国学者很早就深入民族地区进行调研，对民族问题进行研究。在改革开放以前，主要是从社会学、民族学角度进行研究，主要的代表人物有费孝通、吴霖泽、潘光旦、岑家梧等。

对我国民族地区经济发展问题进行专门研究，主要始于20世纪70年代末，其中主要以中央民族学院（现中央民族大学）为主。1978年中央民族学院设立了"少数民族经济"这个研究项目，1979年提出要创立"民族经济学"，同年12月施正一等一部分教研人员开始筹划编写关于少数民族经济的教材，1981年成立了"少数民族经济研究会"，同年施正一等组织编写的少数民族经济教材作为内部教材开始在中央民族学院使用，1985年中央民族学院将这本内部教材《中国少数民族经济概论》公开出版。

"七五"（1986～1990年）期间，同时为中央民族学院教授和北京大学教授的费孝通主持完成了国家"七五"哲学社会科学基金重点课题"边区与民族地区发展研究"，中央民族学院民族经济研究所主持完成了国家"七五"重点项目"中国少数民族地区经济发展问题研究"。至此，从国家层面开启了对民族地区经济发展的研究。其中，中央民族学院民族经济研究所取得了《中国西部民族地区开发研究》、《民族经济学与民族地区四个现代化》等多个研究成果，成果重点探讨了少数民族与民族地区通向市场经济之路、民族地区市场经济的理论与实践、民族地区现代化等问题。

"八五"（1991～1995年）期间，北京大学教授潘乃谷通过自己主持的国家哲学社会科学基金项目"民族地区的资源开发和脱贫致富问题"，分析了作为贫困地区的民族地区在发展中如何科学处理脱贫与资源开发的关系。

"九五"（1996～2000年）期间，潘乃谷教授通过自己主持的另一个国家哲学社会科学基金项目"西部少数民族地区现代化发展模式的比较研究"，对内蒙古、新疆、西藏3个自治区发展做了比较，主要研究成果汇集起来并编辑成书，名为《中国西部边区发展模式研究》。

"十五"（2001～2005年）期间，中央全面启动西部大开发战略。在西部大开发所包括的12个省、直辖市、自治区中，有8个属于少数民族省区，其他4

个是少数民族人口占比比较大的省级行政区。西部12个省区的少数民族人口占全国少数民族总人口的比例超过85%。因此，如何加快民族地区经济发展就成为西部大开发的主要内容，西部民族地区经济发展开始成为我国社科研究的新热点。其中，有学者重点分析了西部民族地区经济发展的基础条件、结构因素和制度环境，① 也有学者就如何促进民族地区经济快速发展进行了深入的探讨。② 为了配合西部大开发，2004年起，国家哲学社会科学基金开始增设西部研究专项，把民族地区经济发展的研究推进到一个新的纪元。

"十一五"（2006~2010年）时期，国家哲学社会科学基金对西部研究专项的扶持力度开始加大，这不仅表现在获得立项的项目数量呈增长趋势，而且还体现在资助资金也呈增加之势。其中出现的几个新研究趋势是如何将民族地区经济发展与民族地区建设小康社会融合起来、③ 如何推动经济发展模式转型升级、④ 如何实现经济社会和谐发展。⑤

总之，截至笔者承担的这个项目立项时，关于我国民族地区经济发展问题，国内学者主要围绕民族经济发展理论、民族地区发展过程中的贫困、民族地区经济发展与制度创新、地区发展差距、民族地区经济发展战略、民族地区经济市场化等进行探讨，而对民族地区经济发展过程中的优势叠加、优势冲突与反冲突问题则基本上还没有涉及。

二、经济追赶中优势叠加、优势冲突和反冲突的国内研究述评

截至笔者承担的这个项目立项时，张克让、程麓生（2000）基于后发优势在实施追赶的一般意义，探讨了西北欠发达地区后发优势丧失这一问题，没有对经济追赶、经济追赶与民族地区的关系进行分析，其研究只局限在后发优势框架上。⑥

对追赶问题研究比较多的是清华大学的胡鞍钢和温军（2001）。他们主要从社会学角度研究西部民族地区的追赶战略和现代化问题，对经济追赶、经济追赶与优势叠加的关系则没有专门研究，同时也没有涉及大湄公河次区域合作、西部

---

① 黄健英，起飞一．西部民族地区大开发的新思维［M］．北京：民族出版社，2003．
② 龙远蔚等．中国民族经济研究导论［M］．北京：民族出版社，2004．
③ 伍琪凯梦，崔亚虹．民族地区全面建设小康社会论［M］．北京：民族出版社，2006．
④ 莫小莎．绿色转型——广西民族地区经济发展模式转型方向和路径［M］．成都：电子科技大学出版社，2008．
⑤ 邓正琦，李碧宏．区域经济联动与整合研究——以渝、鄂、湘、黔交界民族地区为例，中国社会科学出版社，2009；谢丽霜．民族地区农村金融与经济协调发展研究［M］．北京：中国经济出版社，2009．
⑥ 张克让，程麓生．我国西北欠发达地区技术——经济追赶中"后发优势"的若干解析［J］．宁夏社会科学，2000（1）．

大开发、中国—东盟自贸区构建、泛珠合作。他们认为，改革开放以来，以西部民族地区为代表的我国民族地区发展属于一种现代化追赶、一种传统的追赶战略。其主张西部民族地区在21世纪应实施以人为本、社会发展优先的新追赶战略，优先缩小知识发展差距和人类发展差距，民族地区现代化追赶战略应该是能够促进经济与社会协调发展的新战略，反对继续实行以经济增长为基本目标的传统追赶战略。

前面已经指出，改革开放以来，一些民族地区在经济追赶进程中已经形成了优势叠加局面，其中最鲜明、最具代表性和时代特点的个案就是桂滇两省区。1990年以后，桂滇两省区依托西南大通道建设、大湄公河次区域合作、西部大开发、中国—东盟自贸区构建、泛珠合作等，形成了通道优势、区位优势、政策优势、区域合作优势、区域一体化优势等系列优势。当一种新优势形成或出现时，结合广西和云南经济发展，广大理论工作者和实际工作者都及时予以跟进研究，并取得了非常多的研究成果。就公开发表的论著而言，关于南昆铁路、西南大通道和西南出海通道的论著就超过200项，关于大湄公河次区域合作的论著有300多项，关于西部大开发的论著超过10000项，关于中国—东盟自贸区的论著超过1000项，关于泛珠合作的论著有近400项。但是，缺少对西南大通道建设、大湄公河次区域合作、西部大开发、中国—东盟自贸区构建、泛珠合作等整体性研究，对于探究它们的叠加性，考察它们的冲突性，分析它们的整体性效应，目前在国内基本上处于空白状态。所以，以桂滇两省区个案为例，切入研究我国民族地区经济追赶进程中的优势叠加、优势冲突与反冲突，无疑具有重大的学术价值和理论意义。

三、国外研究现状述评

欠发达地区如何实施经济追赶作为一项具有重大学术价值和现实意义的项目，国外学者和实际工作者也一直在研究。关于欠发达地区（国家）如何创造和利用优势追赶发达地区（国家）的一般理论，在由西方国家创设的发展经济学、区域经济学教科书和其他相关论著中早有论述。理论工作者和实践工作者对此也进行了长期探索，并取得了丰硕成果，比较优势理论、后发优势理论等就是形成较早的代表性成果，亚当·斯密（Adam Smith）、大卫·李嘉图（David Ricardo）就是其中的代表性人物。

近十年来，有人对欠发达国家和地区的经济社会发展进行了多维度、动态的一般分析，涉及中国时，一般都没有将中国境内的少数民族地区作为具体对象或

---

① 胡鞍钢，温军. 社会发展优先——西部民族地区新的追赶战略［J］. 民族研究，2001（3）；中国民族地区现代化追赶——效应、特征、成因及其后果［J］. 广西民族学院学报（哲学社会版），2003（1）.

专门对象进行研究。①虽然有学者通过对四川和浙江的比较,研究了私人部门在减少贫困中的作用,②但国外学者更多的是从政治学、文化学角度讨论中国的少数民族和民族地区。

在经济追赶进程中,欠发达地区(包括作为欠发达地区的少数民族地区)的优势在时空上具有什么样的性质、特点与结构?优势是否具有叠加性?如果优势具有叠加性,叠加优势形成的基础与机理是什么?叠加优势是否会发生冲突?如果存在优势冲突,应该如何反优势冲突?国外理论工作者与实际工作者对这些问题的研究也基本上处于空白状态。即国外学者和实际工作者在研究经济追赶或欠发达地区经济发展问题时,还没有关注到经济追赶中的优势叠加、优势冲突和反冲突问题。

第三节 研究思路与方法

关于民族地区经济追赶进程中的优势叠加、优势冲突和反冲突这个课题,基于理论探索→我国历史分析→国外案例解剖→国内案例研究这个基本思路与路径而展开研究。首先,以传承发展的视角对经济追赶与优势、优势创造、优势叠加的关系进行理论审视;其次,以发展的视角对经济追赶进程中的优势叠加、优势冲突和反冲突进行理论分析;再次,分析新中国成立以来我国民族地区经济追赶的实践与绩效;又次,以前面的理论为基础解剖国外案例——美国少数民族地区经济追赶进程中的优势叠加、优势冲突与反冲突;最后,基于前面的理论系统研究桂滇经济追赶进程中的优势叠加、优势冲突与反冲突这个境内案例。

本书研究实行理论研究与案例研究相结合、理论研究与实证分析相结合、理论研究与历史研究相结合的方法。

本书不仅以传承发展的视角对经济追赶中涉及的相关理论及研究成果进行了系统的理论梳理与审视,而且还从理论发展与探索的视角对优势叠加、优势冲突和反冲突进行了系统性的阐述,并力求把其中的理论观点贯彻到历史研究和案例分析当中,实现理论研究与案例研究的融合。目的是使个案分析建立在比较牢靠的理论基础之上,使理论研究具有比较充分的案例支撑。

实证分析不仅体现在本书中通过两个国内外案例来揭示经济追赶中的优势叠

---

① Michael Todaro, Stephen Smith. Economic Development [J]. Addison-Wesley, 2008 (2): 7-14.
② International Finance Corporation: Scaling Up Private Sector Models for Poverty Reduction – A Report on the Field Visit to Sichuan and Zhejiang Provinces, China [R]. 2004.

加、优势冲突与反冲突,而且还表现在对我国民族地区经济追赶实践所进行的效应分析上,以案例和历史研究为表现形式的实证分析构成课题研究的主体,目的是使实证分析有比较明确的理论指导,使理论研究具有比较扎实的实证支持。

历史分析既表现在对中华人民共和国成立以来民族地区经济追赶历程所做的系统分析,也表现在本书中的两个国内外案例研究所涉及的时间跨度比较长,目的是使理论研究和实证分析获得历史的验证。

第四节 篇章结构及内容

全书共由九章构成,除第一章绪论外,其余章节分为四大部分。第一部分是理论研究,从理论上系统分析经济追赶、优势及其关系,系统探讨经济追赶进程中的优势叠加、优势冲突、反冲突及叠加效应,本部分由第二、第三章构成。第二部分为历史分析,分析新中国成立以来我国民族地区经济追赶的历史过程与效应,本部分由第四章构成。第三部分为国外案例研究,系统分析美国印第安地区经济追赶中的优势叠加、优势冲突、反冲突及叠加效应与启示,本部分由第五章构成。第四部分为我国桂滇案例研究,按照桂滇优势叠加分析→桂滇优势叠加效应的实证分析→桂滇叠加效应解释、即桂滇优势冲突分析→桂滇反优势冲突的评价→桂滇应对优势冲突的改进这个递进关系来布局本部分,本部分由第六至第九章构成。

第一章,通过对发展现状的简要描述和对研究现状的述评,揭示选题的现实意义与学术价值。同时介绍课题研究的主要思路与方法、本书的结构与内容。

第二章,基于传承与发展视角,对经济追赶、优势、优势叠加、优势冲突、反冲突、叠加效应及其关系进行理论审视,为课题研究提供理论支撑。理论审视既对相关的基本概念进行界定,也从比较优势理论、后发优势理论视角对经济追赶与优势的关系进行分析,还基于经济追赶的视角对比较优势理论和后发优势理论进行讨论,对经济追赶与优势的关系进行理论性、技术性的阐述与分析。

第三章,基于发展的视角,对经济追赶进程中优势叠加、优势冲突与反冲突的作用机理及叠加效应进行系统的理论分析,深化课题研究的理论支撑。理论分析既系统分析经济追赶进程中存在优势叠加、优势冲突与反冲突的可能性与客观性,也系统分析优势叠加、优势冲突与反冲突对经济追赶的作用机理,还对优势叠加效应进行理论性、综合性、技术性的考察。

第四章,分析中华人民共和国成立以来我国民族地区经济追赶的历程、绩效及经验启示,为桂滇案例分析提供一个大背景。虽然中华人民共和国成立以来我国民族地区的经济追赶取得了可喜的成就,但还不理想,民族地区的经济追赶仍有待于突破。我国民族地区经济追赶的历史经验显示,民族地区的经济追赶受优势供给影响。

第五章,国外案例分析主要剖析美国印第安保留地经济追赶进程中优势叠加、优势冲突、反冲突及经验启示。在长达20多年的经济追赶中,美国印第安保留地曾形成了优势叠加局面,拥有一系列后天的比较优势,但追赶效果并不理想,印第安民族仍是美国最落后的族群,印第安地区仍是美国最落后的区域。美国印第安地区经济追赶的经验教训值得我国借鉴。

第六章,分析桂滇优势叠加的过程和格局。这是国内案例——桂滇案例分析的组成部分之一。从1990年中央投资主导西南大通道建设到形成泛珠合作,桂滇作为直接参与方和受益方先后参与了西南大通道建设、大湄公河次区域合作、西部大开发、中国—东盟自贸区构建、泛珠合作,形成了叠加优势格局,相应地拥有了通道、区位、政策、区域合作、区域一体化、资金技术支持等系列优势。

第七章,对桂滇的叠加优势效应进行实证分析。这是桂滇案例分析的组成部分之二。研究发现,叠加优势给桂滇都带来了经济加速增长的效应,但没有使桂滇与发达省份的差距缩小。这使桂滇的优势叠加成为一个矛盾统一体。

第八章,分析桂滇叠加优势冲突,为前面桂滇叠加优势效应实证分析所得出的结论提供一种解释。这是桂滇案例分析的组成部分之三。基于桂滇利益差异的驱动、优势作用机理差异等因素的综合作用,优势冲突不可避免。叠加优势冲突不仅表现在优势之间,而且还表现在省与省之间。

第九章,剖析桂滇原有的反优势冲突系统,分析桂滇反优势冲突的改进。这是桂滇案例分析的组成部分之四。原有的反冲突存在不足,是影响桂滇叠加优势效应的重要因素。改进桂滇的反冲突系统是一种内在要求。桂滇反优势冲突的改进,要从突破口和路径的选择、健全反冲突机制、完善优势转化的支撑体系等方面实行多措并举。

第五节　特色与创新探索

一、原创性的选题

系统研究我国少数民族地区经济追赶进程中的优势叠加、优势冲突、反冲突及叠加效应，或从优势叠加、优势冲突和反冲突视角系统探讨我国少数民族地区的经济追赶，这在国内还是个薄弱环节。本书首次将西南大通道建设、大湄公河次区域合作、西部大开发、中国—东盟自贸区构建、泛珠合作整合在一起，从优势叠加、优势冲突和反冲突的视角系统探讨广西、云南的经济追赶。

二、理论体系构建

本书基于对前人研究成果的继承与发展，试图就经济追赶进程中优势叠加、优势冲突、反冲突及叠加效应建立一个比较系统、有一定技术含量和高度的理论体系，并将其体现在两个国内外案例分析中。这个理论体系以比较优势学派、后发优势学派所建立的优势理论和追赶理论为主要理论基础，以欠发达地区、经济追赶、优势、优势创造、优势叠加、叠加优势、优势冲突、反冲突和叠加效应等概念和思想作为基础与支撑，以优势、叠加优势、优势冲突、反冲突对经济追赶的作用机理、路径及效应为主要内容，以国内外两个案例作为实证支撑。

三、创新性的观点

基于研究，书中提出了一些创新程度不同的观点和看法。在笔者看来，比较优势理论和后发优势理论也属于经济追赶理论。经济追赶必须依赖优势，经济追赶所依赖的优势具有可创造性。作为欠发达地区的民族地区经济追赶所要依靠的优势应该是一种叠加优势。叠加优势是优势叠加的结果。优势叠加与优势冲突是同一事物的两个方面，有优势叠加，就存在优势冲突的客观可能性。叠加效应是叠加优势与优势冲突对经济追赶同时发生作用的结果。叠加效应既取决于叠加优势自身，也取决于优势冲突与反冲突状况，反优势冲突与经济追赶具有复合函数关系。要从纵横发展比较的角度衡量叠加效应。叠加优势背景下，优势冲突与反冲突可以成为民族地区经济追赶绩效差的一种解释。

第二章　经济追赶与优势关系的理论审视

自亚当·斯密起，经济追赶与优势的关系、优势的来源及表现就获得了关注。在追赶中，欠发达地区在存在不足的同时，还拥有以不同形式表现出来的优势。找到了优势的源泉，欠发达地区在区域竞争中就会使自己处于相对有利的地位。作为欠发达地区、后发地区的民族地区，实施经济追赶必须依赖优势。这种优势既有可能是一种比较优势，也有可能是一种后发优势，或者是两者的共生体；既有可能是一种内生优势，也有可能是一种外生优势，或者是两者的集合。

第一节　基本概念的界定

一、民族地区

少数民族是一个属于数量方面的概念，其是指在一个多民族并存的国家或地区人口相对较少的某个民族或几个民族。在这里，人口的"少数"和我们日常所说的"少数"存在着一定差异，其不是以50%作为分水岭——小于50%为少数、大于50%为多数。少数民族的划分也没有一个各国公认或世界统一的界定标准，一个民族在所在国家或地区是否属于少数民族，一般由政府自行界定与划分。在我国56个民族中，只有汉族不属于少数民族，其他55个民族均为少数民族，这已经是国内的共识。

与此相联系，少数民族相对集中聚居的地区或聚居地就属于少数民族地区。国内常将少数民族地区简称为民族地区。民族地区在我国是指实行民族区域自治的地区或少数民族自治地方。从行政区域划分角度看，我国有省级、地市级、县级三个级别的少数民族自治地方，典型的形式是自治区、自治州（盟）和自治县（旗）。 从更广的空间划分，少数民族地区还可以指由几个自治区构成的跨省区域。西部大开发中由西部 12 个省（自治区、直辖市）构成的西部地区可以被视作我国面积最大、连片的民族地区。

在我国，少数民族和民族地区并不是一个纯数量性质的概念，其还体现着特殊的内涵——民族地区同时还意味着在发展水平上属于欠发达地区，在发展阶段上属于滞后，在发展时间上属于后发。即民族地区在我国同时还是欠发达地区、落后地区和后发地区的另一种表达。这在其他国家也许不然，在南非占人口少数的白人聚居地就不一定都是欠发达地区。

本书研究的民族地区主要指自治区一级及由几个自治区（含享受自治区待遇的省）构成的空间。

二、经济追赶

追赶就是落后主体（如欠发达主体），通过加快发展速度、提升发展效率与效益等手段，缩小与领先主体（如发达主体）的距离，赶上或超过领先主体。追赶既可以指经济方面，也可以指科技教育方面，甚至指经济与社会领域。

经济追赶是经济欠发达主体（或叫落后主体、滞后主体）通过加快经济发展速度、提升经济发展效率与效益等，缩小与经济发达主体（或叫先进主体、领先主体）的差距，赶上或超过发达主体。这种主体既可以指企业、家庭等组织，也可以指一种地理空间，如行政区域、经济区等。

从我国各民族聚居地的经济发展水平看，就整体而言，汉族地区属于发达地区，少数民族地区属于欠发达地区。从两者的关系来看，汉族地区处于领先的位置，属于领跑者，少数民族地区处于滞后的位置，属于追赶者。因此，相对于发达地区来说，作为欠发达地区的我国民族地区经济发展的特征之一就是追赶——从后面追赶发达地区、追赶汉族地区，我国民族地区的经济追赶就是民族地区通过加快经济发展速度、提升经济发展效率与效益，缩小与汉族地区（发达地区）的差距，赶超汉族地区。显然，如何加快民族地区的经济发展，缩小与发达地区的差距，这是一个经济追赶问题。

本书研究的民族地区经济追赶主要是指自治区一级及由几个自治区（含享受自治区待遇的省）构成的地区的经济追赶。

---

① 全国人民代表大会常务委员会：中华人民共和国民族区域自治法，2001 年 2 月 28 日第九届全国人民代表大会常务委员会第二十次会议修正通过。

三、优势与叠加优势

"优势"是相对"劣势"而言,与优势相对的是劣势。一个主体是否具有优势,要通过主体之间的比较才能得出结论。没有比较,就没有优势与劣势之分。

优势是指在相互间存在着潜在或现实竞争关系的两个或多个主体中,其中一个主体在某些方面所处的有利地位或拥有的有利条件,即优势指在众多的相关主体中,某一主体相对于其他主体所拥有的有利地位或有利条件,与之相对应,其他主体所处的或所拥有的就是劣势。从这个意义来说,优势都是一种比较优势。

优势可以广泛地体现在经济、社会、教育等各个领域,以及每个领域的各个方面和各个层面。就经济领域看,其所细分出来的每个行业都可以对相关主体进行优势与劣势的比较与划分,经济系统的每一个层面都可以对相关主体进行优势与劣势的比较。在对经济系统细分出来的产业、行业、部门或宏观、中观、微观领域中,都可以对相关主体进行优势与劣势的经济评价。相对于其他主体而言,一个主体在三大产业、每个产业的所有行业、每个行业的各个部门中,或者在宏观、中观、微观领域中,都可以表现出具有这种(些)优势、拥有那种(些)劣势。

如果从优势的数量差异角度看,优势有叠加优势与单一优势之分。叠加优势是一个多种优势并存的格局、多种优势的集合体或优势群。或者说,在考察期内,在相互存在潜在或现实竞争关系的两个或多个主体中,一个主体所处的有利地位或拥有的有利条件并不局限于一种,而是多种多样。否则,就是单一优势。

优势具有多样性。从绝对与相对的关系角度出发,可以将优势分为绝对优势和相对优势。从主体经济发展进程的差异划分,可以将优势划分为先发优势与后发优势。从优势的属性差异分,可以将优势划分为内生优势与外生优势。从需求主体在优势供给中的地位分,优势可以分为内部供给型优势和外部供给型优势,或叫需求主导型优势和供给主导型优势。从优势供给主体的多元化与单一性角度分,优势可以分为由多元化主体共同供给的优势和由单一主体供给的优势。从优势供给决定因素所处的空间分,优势还可以分为境内供给型优势、境外供给型优势和境内外综合供给型优势。从投资与政策的地位差异分,优势可以分为投资主导型、政策主导型、投资+政策主导型。

四、优势叠加、优势冲突、反冲突与叠加效应

优势叠加是在考察期内被考察的主体在某些方面相继形成几种优势的进程或过程。或者说,在考察期内,在相互存在潜在或现实竞争关系的两个或多个主体中,其中一个主体在某些方面相继形成有利地位或有利条件。

优势叠加是叠加优势形成的过程、手段和路径，叠加优势是优势发生叠加的结果。

优势冲突是指在优势叠加进程中，或在多种优势并存时，优势之间所存在的不一致、不兼容或相互排斥现象。从不一致到不兼容再到相互排斥，冲突的程度由低到高，其既有可能表现在作用的目标或路径上，也有可能表现在作用的过程、机理等其他方面。

优势冲突主要有两种类型：优势之间的冲突和优势主体之间的冲突。如果是优势之间存在的不一致、不兼容或相互排斥，是优势间冲突，这属于优势的直接冲突、客体之间的冲突。如果是随着优势叠加的推进，或者是随着叠加优势的形成与作用发挥，共同拥有这些优势的经济主体之间出现分歧、矛盾和排斥，这就是优势主体之间的冲突。主体间冲突属于优势的间接冲突。当主体是地区时，优势冲突表现为省际冲突或地区间冲突。在此需要强调的是，任何优势都是属于主体的优势，世界上不存在脱离主体而存在的优势，因此，优势间冲突和主体间冲突作为优势冲突的两个方面和两种表现形式，相互之间密不可分。

显然，优势叠加与优势冲突是同一事物或同一过程的两个方面。不存在优势叠加，就不会发生优势冲突。

反优势冲突并不是要消灭优势冲突，而是要改变叠加优势与优势冲突在经济追赶中此消彼长的影响——使优势冲突的程度降低，弱化负面势能，减少正负势能相互抵消导致的量能损耗，相应地放大叠加优势对经济追赶的正面势能，进而使经济追赶在叠加优势与优势冲突并存条件下取得更好的效果。反冲突需要通过叠加优势作用于经济追赶，即反优势冲突与经济追赶具有复合函数关系。

如果优势叠加和叠加优势背景下优势冲突不可避免，反优势冲突就具有必要性。

叠加效应就是在优势叠加和叠加优势背景下，经济追赶所取得的效果，或者叫叠加优势与优势冲突对经济追赶同时发生作用的结果与产物。叠加效应既可以是正的，也可以是负的。对叠加效应从欠发达地区的纵向与横向经济发展衡量。如果经济追赶获得的是一种负增长或和以前一样的增长，此时的叠加效应就为负。如果经济取得了正增长，叠加效应就为正。正效应还可以进一步细分，如果与发达地区的差距没有缩小，正效应则小，或称相对的正效应；如果差距缩小或出现缩小趋势，正效应就大，或称绝对的正效应。

叠加效应既取决于叠加优势自身，也取决于反优势冲突。如果组成叠加优势的各种优势自身都有比较好的协调性和兼容性，即优势之间存在的不一致性、不兼容性比较弱，叠加优势对经济追赶所产生的正面势能放大效应就比较大、负面势能放大效应就比较小。否则，就是叠加优势对经济追赶所产生的正面势能效应被缩小、负面势能效应被放大。如果主体对可能产生或存在的优势冲突有超前的正确认识，及时采取有效的反冲突措施，取得比较好的反冲突效果，叠加优势对经济追赶所产生的正面势能效应就被放大、负面势能效应就被缩小，经济追赶就会因此而取得更好的效果。否则，叠加效应就是向反面发展。

在此需要指出的是，组成叠加优势的各种优势自身是否有比较好的协调性和兼容性，主要取决于优势供给的主体及其所处的环境。优势供给的主体越多元或所处的环境越复杂，组成叠加优势的各种优势所存在的差异性就越大，各种优势自身所具有的协调性和兼容性就越差。

第二节 民族地区与后发地区、欠发达地区

一、民族地区与先发地区、后发地区

先发与后发、先发者与后发者是两个相对应的时间维度概念。先发与后发、先发者与后发者主要是以时间上的先后进行界定和区别，可以不涉及发展水平和质量。如果以对事物或信息作出反应的时间先后作为衡量标准，先发者是指首先作出反应的主体，否则，就属于后发者。如果以达到某个预期目标的时间先后作为衡量标准，先发者是指首先达到目标要求的主体，否则，就属于后发者。① 前者是从出发点来界定，后者是从终点来界定。

就经济领域来说，先发地区是指经济发展起步较早或发展阶段领先的区域。后发地区是指发展起步迟或发展阶段滞后的区域。如果以启动或实施工业化作为衡量标准，英国显然是第一个先发国家，其他都属于后发国家。从这个意义来说，就时间横截面（即当时）看，经济发展起步较早的地区（先发地区）往往是发达地区（先进地区），后发地区往往是欠发达地区（落后地区）；经济发展阶段领先的地区（先发地区）是发达地区（先进地区），后发地区是欠发达地区（落后地区）。

后发和先发、先发者与后发者同时还是两个相对性的概念。从发展过程的横截面看，除了第一和最后是绝对的先发者和后发者外，介于两者之间的都是相对的先发者和后发者。在我国东部、中部、西部三大地带，如果以启动工业化和实现工业化程度作为衡量标准，东部地区是绝对的先发地区，西部地区则属于绝对

---

① 格申克龙1952年在论文《从历史观点看经济落后》中对"后发性"和"后发国"两个概念进行了探讨。

的后发地区。但就中西部地区来说，中部地区可以被划到先发地区行列。对东中部地区而言，中部地区则应该被划到后发地区行列。相对于汉族地区来说，我国民族地区属于经济后发地区。

本书研究的自治区及由几个自治区（含享受自治区待遇的省）构成的民族地区属于经济后发地区。

二、民族地区与发达地区、欠发达地区

发达地区、欠发达地区是两个相对应的、同时包含质量和时间维度的概念。虽然也可以从时间上的先后对其进行界定和区分，但必须同时涉及发展水平或发展质量。在发展的过程中，以主体达到某个发展水平或某种质量的时间先后作为衡量标准，发达地区指首先达到要求的主体，或者是发展水平或发展质量处于最高的主体，否则，就属于欠发达地区或落后地区。其中与主体对事物或信息作出反应的先后与快慢没有必然、内存联系。因此，发达地区与先发地区、欠发达地区与后发地区存在质的区别。

就经济领域来说，发达地区是指经济发展水平更高或发展阶段领先的区域，欠发达地区是指经济发展水平较低或发展阶段滞后的区域。如果以能够反映经济发展水平和发展阶段的工业化作为衡量标准，首先进入或者实现工业化的地区无疑是发达地区，否则，就是欠发达地区。如果以能够反映经济发展水平和发展阶段的人均国民收入作为衡量标准，收入水平最高的往往就是发达地区，其他的都属于欠发达地区。

发达地区和欠发达地区同时也是两个相对的概念，从时间横截面看，除了最高发展水平和最低发展水平是绝对的发达地区和欠发达地区外，介于两者之间的都是相对的发达地区和欠发达地区。同样以我国东部、中部、西部三大地带为例，如果以工业化水平或人均 GDP 高低作为衡量标准，东部地区显然是绝对的发达地区，西部地区属于绝对的欠发达地区；如果就中西部地区来说，中部地区可以被划到发达地区行列；如果就东中部地区而言，中部地区应该被划到欠发达地区行列。相对于汉族地区来说，民族地区属于经济欠发达地区和经济落后地区。

发达地区与先发地区、欠发达地区与后发地区的同异还表现在：就某个历史时点这个静态角度看，先发地区往往是发达地区（先进地区），后发地区往往是欠发达地区（落后地区）。但从一个历史时期这个动态角度看，则不然，曾经的先发地区既有可能是现在的发达地区，也有可能是现在的落后地区或欠发达地区。这种例子在历史上并不少。以工业化为衡量标准，英国相对于其他国家在历史上曾是先发国，但相对于今天的美国来说，美国并不比英国落后，或者说，英国、美国、德国、法国、日本等目前属于同一层次的发达国家。这是历史发展的

跳跃。当然，在一般情况下，区域发展不会经常出现这种突变。

既然先发地区一般都是发达地区（先进地区），后发地区一般都是欠发达地区（落后地区），欠发达地区一般都是后发地区。因此，如果没有特别说明，本书将欠发达地区、后发地区、落后地区这一组视作具有相同内涵的不同表述，与之相对应的一组是发达地区、先发地区、先进地区。

本书研究的自治区及由几个自治区（含享受自治区待遇的省）构成的民族地区在我国属于经济欠发达地区。

第三节 民族地区经济追赶与比较优势

一、比较优势理论视角下的优势来源与表现

（一）亚当·斯密绝对优势理论与优势的来源、表现

从理论化、系统化的角度看，比较优势理论起源于亚当·斯密的思想。其1776年在《国家财富的性质和原因的研究》中系统地提出了绝对成本优势理论。

在斯密看来，地区（或国家）间如何进行生产分工与产品贸易，主要取决于产品生产的绝对成本。如果一个地区的绝对成本低于其他地区，即具有绝对成本优势，该地区就应该专门生产这种自己具有绝对成本优势的产品，并用这种产品与其他地区生产的产品进行交换。每个地区都有适宜生产某些特定产品的绝对有利的生产条件。绝对优势首先源自地区之间的天然差异，但也源自生产分工和专业化发展。

这种绝对成本优势会推动分工、贸易和经济发展，分工与贸易的发展反过来又会强化原有的绝对优势或产生新的绝对优势。一个地区基于这种绝对成本优势原则进行区际生产分工与区际贸易，既会使自己的资源利用效率、经济总产出和消费水平获得最大限度的提高，也会使其他相关地区的资源利用、总产出和消费水平获得最大限度提高，实现的是双赢。

尽管斯密的绝对成本优势理论存在着不足，但是，他的绝对优势理论不仅可以为区际生产分工与贸易提供理论指导，而且还可以为那些自认为生产条件不占优势的地区，如我国民族地区如何通过参与区际分工与贸易来加快经济发展、为实现经济追赶目标提供理论指南。根据斯密的优势理论，随着时间的推移和条件的变化，一个原来没有任何绝对成本优势的地区不可能永远不会出现绝对成本优势。

（二）大卫·李嘉图相对成本优势理论与优势的来源、表现

1817 年，大卫·李嘉图在《政治经济及赋税原理》一书中建立了系统的相对成本优势理论，弥补了斯密绝对优势理论的某些不足，发展了比较优势理论。李嘉图依托劳动价值论建立其相对成本优势理论。

在李嘉图看来，地区之间存在劳动生产率差异，这是个具有普遍性的客观现象。这种地区间的劳动生产效率差异是形成比较优势的源泉，而这种普遍性则是使比较优势普遍存在的客观基础。

李嘉图以葡萄牙和英国生产酒和毛呢所需要的成本——劳动为考察对象，指出，尽管英国生产这两种产品的成本都高于葡萄牙，都处于劣势（即在李嘉图所考察的这两个国家中，英国在生产或生产水平上显然不是领先国家，而是处于追赶状态的滞后国家）。但是，就两种产品的生产成本来说，葡萄牙生产酒要比生产毛呢更具优势，英国则生产毛呢要比生产酒更有优势。如果葡萄牙专注于酒的生产、再用酒交换英国生产的毛呢，英国专注于毛呢的生产、再用毛呢从葡萄牙换回酒，双方都会因此而获得比较利益，双方的经济产出都会因此而获得更大的改善。

李嘉图以由两个国家、两种商品、一种生产要素（劳动）构成的模型阐明了他的比较优势理论：地区之间既存在绝对优势，也存在比较（相对）优势；比较优势同时存在于绝对优势及与之相对的绝对劣势之中，绝对优势中会存在最大的优势，绝对劣势中会存在最小的劣势；每个地区都应根据"两利相权取其重、两弊相权取其轻"的原则，集中生产并出口自己的"比较优势"产品，进口"比较劣势"产品。

这表明，基于相对成本优势，即使是生产上处于绝对劣势的地区，也可以参与地区分工与贸易，通过这种地区分工与区际贸易可以使自己获得更大的利益。与此同时，相关方的资源利用效率、经济总产出水平和消费水平都会因此而获得最大程度的提高。从这个角度来说，李嘉图的相对成本优势理论要比斯密的绝对成本优势理论更具普遍性意义，发展了斯密的绝对优势理论，比较优势理论在李嘉图手上获得了进一步的发展。在李嘉图之后，尽管比较优势理论在研究对象、方法、影响因素等方面获得了许多进展与突破，但李嘉图所确定的相对比较优势思想一直是其基础。

李嘉图相对优势理论的意义还在于，一个国家或地区不论处于哪一发展阶段，相对经济水平是高还是低，都能确立各自的相对优势，总体上处于绝对劣势的经济欠发达地区也能从劣势中找到相对优势，以此确立自己的生产体系和贸易方向，进而推动自己的经济追赶。

李嘉图的比较优势理论对欠发达地区，如对我国民族地区实施经济追赶具有

重要意义。欠发达地区与发达地区在发展条件、发展水平、发展阶段上虽然存在着差距,总体上处于绝对劣势之中,但是,在某些方面具有相对优势这是客观存在的,欠发达地区可以找到自己的相对优势。如果经济追赶中能够充分发挥这种相对优势,则可以使欠发达地区获得比较利益,加速自身发展。

（三）赫克歇尔—俄林要素禀赋优势理论与优势来源、表现

20世纪上半叶,瑞典经济学家赫克歇尔（Heckscher）和俄林（Ohlin）基于各地区要素禀赋差异建立了自己独特的比较优势理论——要素禀赋学说,并一跃成为指导或解释区际分工与贸易的主流学说。

赫克歇尔1919年提出了要素禀赋学说的基本思想,接受此思想的俄林在1933年出版了《地区间贸易和国际贸易》一书,比较系统地阐述了要素禀赋学说。①

赫克歇尔—俄林将前人的一种要素（劳动）模型扩展为两种要素（劳动与资本）模型,并假设两国存在相同的生产技术,以此为基础构建了他们的比较优势理论——H-O学说。

赫克歇尔—俄林的比较优势理论认为,生产要素差异是地区比较优势的源泉和表现。在他们看来,地区之间的要素丰缺程度不同,劳动丰裕国家的工资水平相对较低,资本丰裕国家的利率水平相对较低,这就决定了在进行地区生产分工与贸易时,一个地区的比较优势取决于生产要素的丰裕程度。根据比较优势原则,每个地区都应该密集使用自己相对充裕的生产要素进行生产,并主要出口这种产品,主要进口使用自己相对缺乏且价格昂贵的生产要素生产的商品。这样做,会使自己获得最大的经济利益。在要素禀赋学说看来,先发地区或发达地区的资本和技术相对丰裕,劳动及自然资源则相对缺乏,后发地区或欠发达地区则往往拥有相对丰裕的劳动和自然资源；根据"两利相权取其重"原则,后发地区或欠发达地区应该把劳动密集型、自然资源密集型产业作为支柱产业来发展,主要生产并主要出口这种支柱产业的产品,主要进口资本密集型产品和技术密集型产品。

显然,要素禀赋学说弥补了斯密和李嘉图比较优势理论中忽视的问题,将比较优势理论发展到了一个新的高度。笔者认为,要素禀赋学说还是一种关于经济发展与经济追赶的理论。其不仅揭示了区域经济发展过程中比较优势的来源,而且也揭示了欠发达地区经济追赶的优势来源和突破口,欠发达地区可以从生产要素中寻找自己的比较优势来实施经济追赶。

根据要素禀赋学说,美国主要出口的应该是资本密集型产品。美国经济学家

---

① 伯尔蒂尔·俄林. 地区间贸易和国际贸易[M]. 王继祖等译校. 北京：商务印书馆,1986.

列昂惕夫（Leontief）1953 年采用投入产出法对"二战"后美国外贸状况进行分析后发现，美国出口的主要是劳动密集型产品，而进口的主要是资本密集型产品。显然，这与要素禀赋学说的主张不一致。学者围绕这个"列昂惕夫之谜"进行了相关研究，提出了各种关于比较优势、分工、贸易的新观点。其中主要是调整 H-O 模型的有关条件。例如，引入土地要素，认为前人忽视了土地；将劳动与资本再细化，把劳动细分为熟练劳动与非熟练劳动，把资本区分为人力资本与物质资本；维尼克（Vanek）1968 年将 H-O 模型中的两个国家、两种要素、两种产品扩展成为多个国家、多种要素、多种货物，进而建立 HOV 模型等。但是，这些研究仍主要是对内生优势进行研究，仍没有涉及政策、制度等这类外生因素。在他们看来，政策、制度等这类外生因素不可能成为比较优势的源泉。为此，可以说，主流的比较优势理论是一种主要局限在内生优势的优势理论。

（四）哈勃勒机会成本优势理论与优势的来源、表现

出生于奥地利的美国经济学家哈勃勒（Haberler）1933 年出版的《国际贸易理论》一书，将机会成本引入生产成本，用机会成本阐述关于生产成本的比较优势，构建了机会成本优势理论，进一步发展了李嘉图的比较成本优势理论。

哈勃勒的机会成本优势理论认为，各地区生产同一种产品的机会成本是不一样的，机会成本对地区间生产分工与区际贸易有重大影响。如果一个地区生产某种产品的机会成本低于另一个地区，该地区对这种产品生产就有比较优势，就应该以此来建立自己的生产体系与区际贸易体系——集中生产并主要出口这种机会成本低的产品。这样做，也会为自己带来比较利益。①

显然，在机会成本优势理论看来，地区比较优势可以源自于机会成本。根据机会成本优势理论，经济欠发达地区在经济追赶过程中可以依托机会成本来确立自己的比较优势，不必只局限在生产成本、要素禀赋等方面寻找比较优势。机会成本优势理论作为一种关于经济发展与追赶的理论，也揭示了地区经济追赶的优势来源和突破口。

当然，像斯密、李嘉图、赫克歇尔及俄林的比较优势理论一样，哈勃勒的机会成本优势理论也主要是研究内生比较优势，是一种关于内生比较优势的理论，也未能将比较优势的源泉拓展到外生方面。

（五）波斯纳技术差距学说与优势来源

第二次世界大战结束后，传统的主流比较优势理论对国际分工与贸易出现的一些现象已经不能做出合理解释。为此，20 世纪 60 年代以来，研究者们围绕战后出现的新特点进行了研究，提出了许多不同于传统理论的观点，拓展了比较优

---

① Gottfried Haberler. The Theory of International Trade [M]. William Hodge, 1936.

势理论。但从共性看,"二战"后形成的主流比较优势理论与传统的比较优势理论一样,也主要是属于研究内生优势的理论,也是一种关于内生优势的理论。其中包括波斯纳的技术差距学说、以格罗斯曼和赫尔普曼为代表的内生增长理论、以克鲁格曼为代表的产业规模经济优势理论等。

针对传统比较优势理论采用静态分析方法研究比较优势,美国经济学家波斯纳(Posner)在20世纪60年代运用动态分析方法,从各国技术差异来解释地区生产分工与贸易,以及地区间的比较优势问题,进而建立起他的技术差距学说。①

在波斯纳看来,各国的技术差距是一种动态的变化过程。与此相联系,由技术进步带来的产出在各国存在差异。这种技术差异性作为比较优势的来源和表现,对地区生产分工、贸易及经济发展都有重大影响。波斯纳指出,由于各国技术投资和技术创新的进展不一致,以致国家间存在技术差距,创新领先国在一项新技术尚未完全被国外掌握时,其技术资源相对丰裕或者在技术发展中处于领先地位,即在技术上具有比较优势,其他国家则处于相对滞后的地位和相对劣势。此时,创新领先国应该集中生产并主要出口这种具有技术优势的产品。随着这种产品或技术被引进,进口国最终掌握这种技术,技术差距因此消失,原来的这种以技术差距为基础的贸易也随之消失。此后,一方面,创新领先国继续推进技术创新,以确保技术领先;另一方面,原来的进口国在这种产品的生产上与创新领先国具有相同的生产函数,并基于进口国要素禀赋优势,大量对外出口这种产品,甚至大量占领创新领先国的这类市场。此时,非创新领先国在这种产品的生产与出口上可以形成比较优势,即原来的地区分工与贸易关系已经发生了新变化。

技术差距学说虽然主要是想解释发达国家之间制造品的贸易和日益深化的发达国家生产专业化问题,但对欠发达国家或地区如何实施经济追赶也有启发意义。技术差距学说揭示了经济追赶的优势来源和突破口。欠发达地区通过新技术或新产品的引进,通过缩短掌握新技术的时滞,结合自己的要素禀赋优势,可以创造出新的比较优势,以此促进自己的经济追赶。

波斯纳基于技术差距的比较优势理论也是一种属于主要研究内生优势的理论,一种内生比较优势理论,仍没有重视政策、制度等类型变量。在波斯纳看来,技术是过去对研发进行投资的结果,技术资源可以作为一种资本或独立的生产要素。

(六)格罗斯曼和赫尔普曼技术内生增长理论与优势来源

与波斯纳技术差距学说相近的还有20世纪80年代以格罗斯曼和赫尔普曼

---

① Posner. International Trade and Technical Change [J]. Oxford Economic Papers, 1961 (13): 7—14.

(Grossman & Helpman) 等为代表的知识技术也是生产要素、也是内生的内生增长理论。①

传统的增长理论比较强调资本的作用、对技术进步的作用重视不够。"二战"后，随着知识与技术在经济增长中的作用越来越大，以格罗斯曼和赫尔普曼为代表的一批经济学家在20世纪80年代中后期对经济增长开始了新的探讨，揭示出不同于传统经济理论的增长机制。

他们认为，知识或技术同资本、劳动一样，也是一种生产要素，而且也是"内生的"。如果一个国家或地区在知识积累方面处于领先地位，随着时间的推移，这种领先地位一般会转化为生产率方面的优势，该经济体会逐渐成为新技术产品的出口国，成为领先的经济体。落后国只有在经济规模大于领先国时，或者政府采取政策弥补技术研发活动的劣势时，才有可能扭转自己在贸易、经济增长方面的劣势。

在格罗斯曼和赫尔普曼的内生增长理论看来，欠发达地区经济追赶过程中的潜在优势可以源于政府用政策扶持科技研发，政府政策只是弥补欠发达地区技术研发活动劣势的一个因素，政策并不是优势的直接来源。但是，这对民族地区选择经济追赶的突破口与路径显然有重要的启发意义，即民族地区以扶持政策作为工具，以技术研发作为着力点，可以有效提高经济追赶的绩效。

内生增长理论作为一种主要研究内生优势的理论、一种内生比较优势理论，还没有意识到政策、制度也有可能成为比较优势的直接来源。

（七）克鲁格曼产业规模经济优势理论与优势来源

基于狄克西特（Dixit）和斯蒂格利茨（Stiglitz）20世纪70年代对规模经济的研究成果，克鲁格曼（Krugman）在70年代末将规模经济方法应用于研究国际分工与贸易。②

产业规模经济是指当一个产业的产量增加时，该产业的每一个厂商的平均生产成本都会降低。即产业规模经济可以使整个产业的平均生产成本降低。产业规模经济有别于微观经济学所说的厂商规模经济，后者指当一个厂商的产量增加时，平均生产成本会下降的现象。即后者是使达到规模经济的那个厂商的平均生产成本直接降低，而不一定会使同业的全部厂商的平均生产成本都降低。厂商规模经济基于厂商所需生产要素的不可分割性和厂商内部分工的专业化。二者的共同点是规模经济使平均生产成本降低，平均生产成本的降低是竞争优势的源泉。

---

① Gene Grossman, Elhanan Helpman. Trade, Innovation and Growth [J]. American Economic Review, 1990 (1): 7 – 14; Trade, Knowledge Spillovers and Growth [J]. European Economic Review, 1991 (1): 7 – 14.

② 保罗·克鲁格曼（Paul Krugman）. 国际贸易新论 [M]. 北京：中国社会科学出版社，2001.

根据产业规模经济优势理论,在没有达到规模不经济这个临界点之前,一国或地区产业规模的扩大不仅有利于资源或生产要素的共享,而且还会导致该产业的所有厂商在自身规模不变条件下实现生产率的提高和平均生产成本的降低,从而使该国或地区在这种产品上具有比较优势。产业规模经济此时成为比较优势的来源和表现。

在地区分工与贸易中,产业规模经济意味着各国应该重点生产和出口某几种产品,而不是生产所有种类的产品。在欠发达地区的经济追赶中,产业规模经济则意味着,如果欠发达地区能够使某些产业形成规模经济,且能够做到产业规模相对领先,这样就形成比较优势,有助于经济追赶。产业规模经济的政策含义是,欠发达地区的政府在引导或管理经济追赶过程中,可以实施这种产业政策。如果政府采取的产业政策使一些产业发展成为具有这种比较优势的产业,则可以实施有效的追赶。

显然,产业规模经济优势理论无疑也是一种属于主要研究内生优势的理论,一种内生比较优势理论。在这种理论中,政策只是促使产业形成规模经济优势的一个因素,而不是区域比较优势的直接来源。

二、经济追赶视角下比较优势理论的启示与局限

(一)比较优势理论对民族地区经济追赶的启示

比较优势理论对作为欠发达地区的民族地区经济追赶的启示有四点值得重视。

一是比较优势理论关于经济追赶必须挖掘出自身优势、必须依靠自身优势的总体思想,为欠发达地区追赶指明了着力点和主攻方向。这意味着,欠发达地区要实施经济追赶,首先要找到自己的比较优势,这是决定具体追赶路径、手段、方法的基础。

二是比较优势理论有助于坚定欠发达地区实施经济追赶的信心。基于优势来源与表现的认识差异,前人形成了不同的比较优势理论或学说。但就它们的共性看,比较优势是指在相互间存在着潜在或现实经济竞争关系的两个或多个主体中,其中一个主体在某些方面所处的有利地位或所拥有的有利条件;在地区分工与贸易竞争中,一个地区总会存在自己的比较优势,或者是可以形成自己的比较优势;比较优势既可以让自己获得比较利益,也可以让他人获得比较利益,比较优势具有使相关方达到双赢的特质。显然,在比较优势理论看来,欠发达地区的发展前景并不是黯淡一片。基于比较优势存在的客观性,欠发达地区在区域竞争中想在某些方面形成比较优势,是有可能的。

三是比较优势理论为欠发达地区如何培育比较优势指出了许多可供尝试的具

体突破口和路径。各种流派的比较优势理论都有自己赖以生存的基石,对比较优势的探索都有自己独到的视角及发现。基于绝对成本优势形成了斯密的比较优势理论,基于相对成本优势形成了李嘉图的比较优势理论,基于要素禀赋优势形成了赫克歇尔和俄林的比较优势理论,基于技术差距的存在及消除形成了波斯纳的比较优势理论,基于知识技术的内生性及积累形成了格罗斯曼和赫尔普曼的比较优势理论,基于产业规模经济优势形成了克鲁格曼的比较优势理论。这意味着,绝对成本、相对成本、要素禀赋、知识技术、产业规模等都可以成为欠发达地区培育自身优势的突破口。同时还意味着,可供选择的突破口与路径是多领域、多层次的。

四是比较优势理论对欠发达地区如何实施经济追赶具有明显的政策含义。虽然比较优势理论看到的主要是内生的比较优势,但政策在比较优势的形成中扮演着重要的角色。虽然比较优势理论主要是研究区域分工与贸易,但关于优势形成与政策关系的思想对欠发达地区的政府决策仍有重要的指导意义。根据比较优势理论,欠发达地区在经济追赶中,政府及政策是可以有所作为的。政府可以将政策的着力点放在比较优势理论所涉及的各种内生因素上,政策可以使其中的某些内生因素变成欠发达地区的比较优势。或者是,当欠发达地区发现自己在某些内生因素中存在潜在的比较优势时,政府可以甚至应该出台政策让其变成现实的比较优势。

(二)民族地区经济追赶背景下比较优势理论的局限性

民族地区经济追赶背景下比较优势理论的局限性有以下四点值得注意。

一是比较优势理论对内生变量或内生因素的系统性认识不足。从比较优势理论看,绝对成本优势、相对成本优势、资源禀赋优势、机会成本优势、产业规模经济优势等,每一个都可以用来解释地区生产分工与贸易的产生。从现实看,一国或地区生产体系和贸易体系的建立并不是只依托其中的一个,而是由系列内生因素构成的复杂系统,系列内生因素既有可能包括部分上述比较优势,也有可能包含其他非优势型因素。如果没有注意到这点,包括欠发达地区在内,任何经济体都无法建立一个可持续的生产体系、贸易体系。此时,发展与追赶都是不可持续的。

二是比较优势理论对外生变量或外生因素的地位作用认识不足。比较优势理论研究的主要是内生变量的优劣问题。其首先就内生因素的相对优劣进行国家之间(或地区之间)的比较,其次基于相对优势解释和揭示地区之间如何实行生产分工与贸易。在比较优势理论看来,这样做可以让相关方都获得比较利益。外生因素对地区之间生产分工与贸易的影响,在比较优势理论中没有能够像对待内生因素那样获得足够的重视,政策性因素的比较优势问题并没有得到独立的思考。即使涉及政策、制度这类外生因素，但在比较优势理论看来，政策、制度要附属于内生因素，是内生因素的延伸。从现实看，政策这种外生因素对生产分工体系、贸易体系的影响是直接而重大，有些时候甚至超过内生因素。如果站在后发优势理论或制度经济学等其他研究角度来思考，比较优势理论忽视政策性因素的这个局限性同样是明显的。在后发优势理论看来，除自然资源、劳动和资本外，技术和制度也至关重要。持类似观点的还有制度学派。制度经济学认为，制度也是基本的生产要素，且至关重要。制度经济学家已经将生产要素的外延由原来的纯经济因素扩展到了"制度"层面。如果对此没有引起足够的重视，包括欠发达地区在内，任何经济体都无法建立一个有效的生产体系、贸易体系。

三是比较优势理论对优势的关系认识不足。不论是斯密的绝对成本优势理论、李嘉图的相对成本优势理论，还是后来的赫克歇尔—俄林的要素禀赋优势理论、波斯纳的技术差距与技术模仿优势理论、格罗斯曼和赫尔普曼的技术内生优势理论、克鲁格曼的产业规模经济优势理论，他们还没有意识到优势叠加、叠加优势、优势冲突问题，其中就包括优势叠加、叠加优势、优势冲突在欠发达地区经济追赶中地位和作用问题。一个处于经济追赶地位的主体，可能同时拥有成本、要素禀赋、产业规模经济等比较优势，已经存在一定程度的叠加优势局面，但如何看待它们的关系？比较优势理论对此并没有涉及。

四是与上述认识不足相联系，比较优势理论无法解释和回答许多重大现实问题。我们常说欠发达地区拥有发达地区所没有的低劳动成本、低土地价格、自然资源丰富等优势，但为什么在现实中欠发达地区对资本、高新技术的吸引力还是逊于发达地区？为什么地区差距缩小不是世界经济发展历史长河的主流？为什么多数欠发达地区至今无法成功实现追赶和超越？

第四节 民族地区经济追赶与后发优势

一、后发优势理论视角下的优势来源与表现

（一）后发优势理论的思想起源

后发优势理论作为研究后发地区（或欠发达地区）追赶先发地区（或发达地区）问题的理论，在李嘉图的比较成本优势理论中已经存在思想火花。1817年，李嘉图以两个国家（英国和葡萄牙）、两种产品（毛呢和葡萄酒）、一种生产要素（劳动）所建立的理论模型和理论体系指出，由于英国在这两种产品的

生产中均处于劣势，故英国属于后发国家和落后国家，葡萄牙属于先发国家和发达国家。由于英国生产毛呢要比生产酒具有更小的劣势，葡萄牙专注于酒的生产具有更大的优势，所以，葡萄牙应该专注于生产酒，并用其来交换英国生产的毛呢，英国应该专注于生产毛呢，并用其来交换葡萄牙生产的酒。如果这样做，双方都会获得比较利益，双方的产出都会获得更大改善。

从李嘉图的比较优势思想可以看出，比较优势同时存在于绝对优势及与之相对的绝对劣势之中。一个在所有商品生产上都没有绝对优势的国家，即后发国家或落后国家，在某些商品生产上还是有比较优势的，通过专注于生产和出口自己拥有比较优势的商品，可以获得比较利益，加速经济追赶。即如果运用李嘉图的这种态度、方法和观点去看问题，在后发劣势中也能挖掘出比较优势或潜在优势。

（二）格申克龙后发优势理论与优势的来源、表现

首次明确使用"后发优势"（Advantage of Backwardness）概念、正式提出后发优势理论的是美国经济史学家亚历山大·格申克龙（Alexander Gerschenkron）。格申克龙基于经济发展的相对落后性也隐含着某种积极性，探讨了后发国家的经济增长，从而构建了他的后发优势理论。①

格申克龙在1952年的论文《从历史观点看经济落后》中探索了经济落后国家实现经济发展的有效途径，并对"后发性"（Backwardness）和"后发国"这两个概念进行了界定。在他看来，后发性是指一个国家或地区的经济发展在国家之间或地区之间处于相对落后的状态，与之相对的就是后发国家或后发地区。具体言之，格申克龙所说的后发国家或地区是指在发动工业化和进入工业化时代过程中，发动与进入时间相对滞后的国家或地区。

格申克龙在1962的《欧洲工业化的再探讨》一文中对19世纪德国、意大利、俄国等欧洲相对落后国家的工业化进程进行了比较分析，总结出落后国家在工业化进程中经济发展所表现出的与先进国家不同的六大特征，并认为，一国经济越落后，这些特征越明显：第一，工业化的起步往往缺乏连续性，往往采取突变的方式，经济发展呈现出一种由制造业高速成长所致的井喷式突然启动。第二，对大工厂和大企业的强调极为明显。第三，强调生产资料而非消费资料的生产。第四，国民消费水平低。第五，资本筹措集权化和强制性。第六，农业发展受到抑制，发展缓慢，农业不能对工业提供市场支持。格申克龙还指出，工业化起始条件的差异会影响经济发展进程。一个国家在工业化的初期，相对落后程度越高，其经济增长速度就越快。这就是后发国家所表现出的一种"后发优势"。

---

① Alexander Gerschenkron. Economic Backwardness in Historical Respective – A Book of Essays [M]. Harvard University Press, 1962.

在格中克龙看来，后发优势是指后发国家在工业化进程中由后发地位所带来的特殊益处或有利条件，这种特殊益处或有利条件是先发国家没有的，同时也不是后发国家可以通过自身努力就能创造的，它完全是与后发国家经济的相对落后性共生的，这种优势来自于落后本身。

这种特殊益处或有利条件主要指：一是后发国家经济相对落后所造成的社会压力会激发制度创新，从而促进后发国家以适当的替代物弥补工业化条件的缺乏。二是替代性广泛存在，也就是说，工业化进程中不存在必须具备的标准条件或必须克服的标准化障碍。在吸收先发国家成功经验和失败教训的基础上，后发国家在工业化模式上具有可选择性和创造性，其中主要表现为技术跨越和制度捷径。替代性的意义不仅在于资源条件的可选择性和时间的节约，还在于使后发国家能够根据自身的实际，选择有别于先发国家的不同发展道路。① 显然，这种后发优势就是民族地区实施经济追赶的优势来源与表现。

因此，格中克龙后发优势理论不仅揭示了民族地区实施经济追赶的优势来源与表现，还揭示了民族地区实施经济追赶的可能性及主要应对。根据格中克龙的理论，后发地区、落后地区或欠发达地区基于自己拥有的后发优势，完全有可能对先发地区、发达地区成功实施经济追赶和超越，其中替代性是后发优势的主要内涵。基于先发地区、发达地区积累的大量经验教训，在经济追赶过程中，后发国家和地区不仅可以缩短路程、减少弯路，而且还有许多现成的技术、经验、制度可供借鉴与学习，进而实现快速或加速发展。

（三）后发优势理论的深化与优势的来源、表现

格中克龙提出后发优势理论后，列维、阿伯拉莫维茨等部分国内外学者也从不同角度对后发优势理论进行了深化。他们不仅使后发优势理论的内涵变得更加丰富，而且还使后发优势理论具有更强的针对性和适用性。

1. 列维对后发优势理论的细化

美国经济学家列维（Levy）主要从现代化的角度对后发优势理论进行了细化。他认为，在现代化进程中，后发国家拥有的后发优势主要表现在五个方面：①从开始现代化时对现代化的认识来说，后发国家的认识要比先发国家更为丰富。②后发国家可以大量借鉴先发国家的发展模式、设备技术以及相应的组织结构，从而使现代化进程有更多的有效支持。③后发国家可以跳过先发国家经历的某些发展阶段，进而实现跨越式发展。④根据先发国家的发展程度与水平，后发国家可以对自己的现代化前景进行预测，从而对现代化前景产生信心。⑤后发国家可以得到先发国家在资本、技术、经验等方面的帮助。这些后发优势对后发国

---

① 郭熙保. 后发优势研究述评［J］. 山东社会科学，2002（3）.

家追赶与超越先发国家都具有十分重要的意义。

列维在揭示后发国家所拥有的后发优势的同时,还揭示了后发国家所存在的几种后发劣势:①后发国家在组织现代化的过程中,由于政府的高度参与,很有可能会影响到民主政治的发展。②后发国家比较容易看到先发国家所取得的成果,但可能忽略形成这些成果的因素及其内在联系。③后发式现代化与先发式现代化在各方面所存在的巨大差距容易使后发国家产生失望情绪。① 基于此,列维强调,如果后发国家不能认识到自己的后发劣势,后发优势就难以对现代化进程产生应有的作用;如果不能正确对待自己的后发优势,后发优势也不能对现代化进程起应有的作用。

列维对后发优势理论的主要贡献表现在三个方面:一是丰富了后发优势的内涵,使后发优势理论具有更强的适应性和应用性。经过列维的发展,后发优势除了包括技术跨越和制度捷径,还包括后发国家和地区关于现代化的认识、现代化的路径跨越、对现代化前景的可预测性等。二是使追赶与现代化实现了融合,使后发优势理论关于追赶和超越变得更加具体。列维把现代化视作后发国家和后发地区追赶必须经历的一个阶段和必须实现的一个目标。后发国家的追赶进程同时是一个现代化进程。三是认识到了后发劣势问题,并对后发劣势对追赶的影响予以了足够的重视,使后发优势理论在认识到优势的同时,也关注到了优势的对立面。基于列维的深化发展,后发优势理论对民族地区正确评价自己在经济追赶中的优势和劣势提出了更全面的理论指导。

2. 阿伯拉莫维茨对后发优势理论的深化

在此前的后发优势理论看来,一国经济越是落后,其经济增长的速度就越快。但这一结论与现实却不完全相符。在现实中,许多欠发达国家与发达国家之间的差距存在不断扩大趋势。

针对这种理论与现实不相符的现象,阿伯拉莫维茨(Abramovitz)认为,问题的关键在于"潜在"与"现实"之间的关系。后发优势理论所说的后发国家经济发展的初始水平与其经济增长速度呈负相关,这是一种潜在状态。只有具备一定的条件,这种潜在状态才能转变为现实。这些条件大体可以划分为三类:一是技术方面,后发国与先发国之间存在技术水平差距,这是经济追赶成为可能的重要外在因素。二是社会能力方面,后发国通过教育等所形成的技术能力,以及政治和财经制度等要达到某种状态,这是经济追赶成为可能的重要内在因素。在作为内、外因素的技术差距和社会能力的关系上,社会能力是基础,是技术差距因素能够发挥作用的前提。三是出现重大历史性事件或者发生国际经济秩序大调

---

① Marion Levy. Modernization and the Structure of Societies—A Setting for International Relations [M]. Princeton University Press, 1966.

整,这种历史的或国际环境的变化是经济追赶发生的良机。①

在后发优势与经济追赶的关系上,阿伯拉莫维茨突出了经济追赶过程中的条件配套问题,强调要有配套的条件,后发优势才能从潜在状态转变为现实,从而把后发优势理论从重点揭示后发国和后发优势的特征扩展到如何在追赶中应用和发挥后发优势。这无疑是后发优势理论的一个重大发展。根据阿伯拉莫维茨的观点,后发地区要利用后发优势推进经济追赶,必须有配套的条件,经济追赶者对此必须有一个清醒的思想认识和比较充分的条件准备。阿伯拉莫维茨的这个成果,为作为欠发达地区的民族地区如何利用后发优势实施经济追赶,提出了更具操作性的指引,同时还对欠发达地区对经济追赶前景产生盲目乐观、对追赶方法出现简单粗暴具有警示作用。

3. 南亮进等对后发优势理论的实证性发展

20世纪80年代以来,日本学者南亮进等通过对日本工业化过程的分析,检验和发展了后发优势理论。

南亮进以日本的工业化作为研究对象,着重探讨了后发优势在日本的产生与消亡问题。

"二战"后,日本经济进入落后者行列。但是,日本的这种落后状况不仅很快获得改善,而且日本还成功地实现了对许多国家的追赶与超越,进入到了发达国家行列。南亮进研究发现,日本经济在20世纪五六十年代的高速增长主要得益于后发优势。他指出,日本在实现现代经济增长之前,已经具有很强的阿伯拉莫维茨所说的社会能力。这种能力可以帮助日本消化、掌握甚至是创造先进的现代技术。这是日本得以发挥后发优势、成功实现经济追赶的必要条件和关键因素。进入20世纪70年代后,随着日本与欧美国家之间的技术差距逐步缩小甚至是消失,日本依靠引进技术实施追赶的机会日益减少,日本原来的后发优势及其所带来的后发利益开始消失。日本的这种经历与以前的美国经济追赶过程类似。②

这表明,利用后发优势推进经济追赶,已经不仅仅是一种理论,其在世界的一些后发地区已经成为一种现实,已经有后发地区成功地实现了追赶与超越。南亮进的研究,使民族地区经济的追赶看到了更令人振奋的曙光。

4. 国内学者的后发优势观

基于改革开放后的中国经济追赶,我国学者对后发优势理论也进行了研究,在推动后发优势理论与我国追赶实践结合方面取得了系列成果,强调了技术与制度政策因素,使后发优势理论获得了更多样化、更有操作性的发展。

陆德明结合我国经济发展,不仅提出了后发优势理论的系列假说,如先发利

---

① Moses Abramowitz. Thinking about Growth [M]. Cambridge University Press, 1989.
② 南亮进. 日本的经济发展 [M]. 经济管理出版社, 1992.

益驱动假说、后发利益驱动假说、政府第一推动力假说、先发利益递增假说、发展动力转换假说等，而且还对所提出的假设进行了相应解释。他认为，中国经济的快速发展得益于后发优势的驱动；后发国家在物质和人力资本缺乏阶段，需要政府主动进行替代，这将有利于经济发展的启动，但发展到政府替代推动经济发展效率递减的阶段，应该及时还原；后发国家通过学习、追赶，可以逐步缩小与先发国家的差距，但总有一个恒定差距难以消除，要消除这一差距，后发国家必须转换发展动力，此时就需要从原来主要由后发利益驱动的引进学习转向主要由先发利益驱动的自主创新。①

林毅夫等结合中国发展奇迹的研究指出，由于发展中国家同发达国家存在技术差距，因而在选择技术进步的实现方式上具有后发优势。技术进步的实现方式一般有两种：一是向他国学习、模仿甚至购买技术以实现本国的技术进步；二是通过本国研发高新、尖端技术实现技术进步。在这两种方式中，前者需要的投入比较低，且见效快、成功率高、效果好；后者需要的投入很大，过程长，失败概率高，很多研发投资可能没有带来任何成果。② 第一种方式比较适合于发展中国家，是后发国家的优势。

郭熙保则认为，后发优势是在先进地区（国家）与后进地区（国家）并存的情况下，后进地区相对先进地区所具有的内在的、客观的有利条件。他认为，后发优势至少包括科学技术后发优势、制度和管理后发优势以及结构转变后发优势三个方面。③

樊纲认为，后发优势这种"落后优势"主要包括技术和制度两个方面。他指出，落后国家可以通过观察、学习、模仿，以较低的代价掌握先进国家经过反复试错并付出较大代价而获得的知识、经验，其中包括那些过去曾是、而目前已经不再是"先进科技"的知识与技术。与此同时，落后国家可以在制度变迁方面从先进国家那里吸取经验教训，减少失误，少走弯路，缩短路径。其中，制度不仅是技术后发优势得以实现的重要因素，而且后进经济体在制度方面也具有明显的后发优势。④

二、经济追赶视角下后发优势理论的启示与局限

1. 后发优势理论对民族地区经济追赶的启示

后发优势理论对民族地区实施经济追赶有以下五点值得重视。

---

① 陆德明. 中国经济发展动因分析［M］. 太原：山西经济出版社，1999.
② 林毅夫，蔡昉，李周. 中国的奇迹：发展战略与经济改革［M］. 上海：上海三联出版社，1999.
③ 郭熙保. 后发优势——跨越式发展的重要动力［N］. 光明日报，2002 - 03 - 26.
④ 樊纲. 发展的道理［M］. 北京：三联书店，2002.

一是后发优势理论关于经济追赶必须挖掘出自身后发优势、必须依靠自身后发优势的思想，这为欠发达地区追赶发达地区指明了着力点和主攻方向。这也意味着，欠发达地区要实施经济追赶，首先要找到自己的后发优势，其次以此为基础选择具体的追赶路径、手段、方法。

二是后发优势理论有助于增强民族地区实施经济追赶的信心。后发优势理论从积极的角度去揭示经济发展的相对滞后性和相对落后性，认为经济发展的相对滞后性、相对落后性对后发地区和欠发达地区经济发展并不全是负面的，其中也有积极的一面——后发优势，后发优势的存在使后发地区奋起直追、加速发展成为可能。这将极大地激发后发地区和欠发达地区实施经济追赶的信心，让民族地区看到了追赶与超越的希望。

三是后发优势理论揭示了民族地区经济追赶的主要突破口与实现路径。根据后发优势理论，后发优势不仅体现在技术方面，而且还体现在制度方面，这是后发国家和地区最大的优势。即技术跨越和制度捷径是民族地区经济追赶的主要突破口与实现路径。这意味着，经济追赶必须实行两条腿走路。设法获得先发国家在资本、技术、制度、经验等方面的帮助，从先发国家的帮助中学习借鉴，从学习借鉴中发展自主创新，这是技术跨越与制度捷径的一般路径。这对民族地区来说也适用。

四是后发优势理论揭示了民族地区经济追赶的复杂性。在后发优势理论看来，欠发达地区经济追赶作为一个动态的过程，具有复杂性。在追赶中，往往是后发优势与后发劣势、先发优势与先发劣势同时并存，在看到后发优势的同时，必须正确认识自己的劣势，否则，后发优势无法发挥作用。要把后发优势从潜在状态转变为现实，必须有配套的条件支撑，条件的配套性会因国家和地区的差别而异。技术跨越与制度捷径是一种相互依赖、相互制约关系。后发优势理论揭示的这种复杂性有助于民族地区对追赶保持清楚的认识和高度的警惕，防止出现盲目乐观情绪。

五是后发优势理论对民族地区实施经济追赶也有强烈的政策含义。在后发优势理论看来，在经济追赶中，制度是和技术并列的两个最大后发优势，制度捷径是与技术跨越并列的两大突破口和路径。这意味着，政府及其政策对经济追赶至关重要。为此，也许政府不是万能的，但是没有政府的主导性参与，民族地区绝不可能实现追赶与超越。因此，政府无疑是民族地区经济追赶中后发优势的重要来源，政策无疑是后发优势的重要表现。

2. 民族地区经济追赶背景下后发优势理论的局限性

民族地区经济追赶背景下后发优势理论的局限性有以下三点值得关注。

一是后发优势理论对一国内部后发地区和欠发达地区的经济追赶研究不足。

后发优势理论主要关注后发国家或发展中国家的经济追赶问题。后发优势理论对一国内部后发地区和欠发达地区如何实施经济追赶也有重大的理论指导价值。但是,就一国内部的区域发展来说,后发优势理论对一国内部的后发地区、欠发达地区的后发优势的来源、形成与表现的研究却不够明确和深入。例如,后发优势作为潜在优势变成现实优势时,其在国家层面和地区层面的表现主要有哪些异同?制度作为后发优势的主要方面,中央政府、地方政府在制度安排上的地位和作用主要有哪些异同?在技术引进和制度移植上国家与地区之间的主要异同是什么?

二是后发优势理论对优势关系的认识也不足。后发优势理论认为,后发优势主要包括技术和制度两大方面,或者说可以细化成像列维所说的五个方面。如果说这是后发优势理论关于优势关系的最主要阐述,则这种认识是不够全面、不够明确的。因为,后发优势的这些方面是一种什么关系?是不是优势并存或叠加关系?如果是,是否存在优势冲突或协调问题?这些后发优势与比较优势理论所说的那些内生性比较优势是一种什么关系?后发优势理论对此还没有给予明确且全面的回答或解释。

三是与上述认识不足相联系,后发优势理论也无法解释和回答许多重大现实问题。其中最为突出的现实问题是,一方面我们常说欠发达地区拥有低劳动力成本、低土地价格、自然资源丰富等优势,另一方面欠发达地区同时存在后发优势;但是,为什么地区差距缩小不是世界经济发展历史长河的主流?为什么多数欠发达地区至今无法成功实现追赶和超越?

第五节 经济追赶与优势关系的进一步分析

前面对比较优势理论、后发优势理论进行的历史性梳理已经发现,经济追赶必须依赖与发挥优势。对处于不同水平或不同层次、相互间存在着潜在或现实竞争关系的经济主体来说,属于更低水平或层次的主体(如欠发达地区),如果自己想要在经济追赶中获得合理的地区分工与贸易关系,力争实现自身经济利益的最大化,推动经济更快地发展,必须充分挖掘并利用自己的各种优势,其中包括比较优势和后发优势。即使是处于更高水平或层次的经济主体(如发达地区),想要在地区分工与贸易关系中实现自身经济利益的最大化,或者是推动自身经济继续高效发展,也要充分挖掘并利用自己的各种优势。

从历史经验看,欠发达地区挖掘并利用自己的优势后,也许经济追赶的效果并不理想，也许与发达地区的差距并没有缩小。但是，有一点是毋庸置疑的，如果欠发达地区不依靠或不发挥自己的优势，经济追赶的效果肯定更不理想，与发达地区的差距肯定更大。

欠发达地区同发达地区、后发地区同先发地区，不仅要同台竞争，而且还必须力求在竞争中获得更快发展，以实现追赶与超越。从比较优势理论的立场与方法上看，欠发达地区或后发地区是可以找出自己的比较优势的。从后发优势理论的视角看，欠发达地区或后发地区是可以形成自己的后发优势的。其他竞争理论也会认为，欠发达地区或后发地区也有自己的竞争优势，而不可能是一无是处。显然，优势在欠发达地区或后发地区是一种客观存在，优势是成功实施经济追赶与超越的基础与条件。

基于此，我们认为，经济追赶与优势的关系具有函数性质，经济追赶是优势的函数，即：

$$D = f(A)$$

D（Development）代表经济追赶在优势作用下所表现出现的结果或效果。

A（Advantage）代表对经济追赶具有影响作用的因素——优势。在此，A是一个优势综合体，既有可能是指某一方面的优势，也有可能是几个方面的优势的集合。

优势对经济追赶的作用还可以进一步细化成下面的模型。①

$$D_n = E_0 + E_0 \times A \times n = E_0(1 + A \times n)$$

D_n 为优势 A 在优势存续期 n 对经济追赶产生作用后所出现的结果，或是经济追赶在优势存续期期末所达到的总效果。D（如 D_1、D_2、…、D_n）是一个属于终值性质的指标。

E_0（Economy）为经济追赶在优势 A 形成前或优势存续期 n 期初的状况。

A（Advantage）为在考察期 n 对经济追赶产生作用的优势，其形成于考察期的起始或期初。在具体考察一种优势对经济追赶的影响时，A 可以取其对经济追赶的贡献率。

如果某欠发达地区在阶段（1）的经济追赶中，相对于前一阶段没有形成任何新的优势，即 $A_1 = 0\%$。与此同时，假定对经济追赶产生影响的其他因素维持不变，则 D_0 在阶段（1）继续以原来的状况发展，可以视为经济追赶按前一个阶段相同的状况推进。

在此，可以用一个例子来进行更具体的说明。

设 $E_0 = 20000$，$A_1 = 0\%$，$n = 1$

---

① 为了便于理解，此使用最简单的数学表达工具。

则 $D_1 = E_0(1 + A_1 \times n) = 20000(1 + 0\% \times 1) = 20000$

如果该欠发达地区在阶段（2）的经济追赶中，相对于上一阶段（1）形成了一个新的优势，即 A_2 不为零，若假设这个新优势对经济追赶的贡献率为 $A_2 = 10\%$，A_2 的存续期为一个相对完整的时期，即 $n = 1$，与此同时，假定对经济追赶产生影响的其他因素维持不变，则 D_1 在阶段（2）就会因这个新优势而获得放大，经济追赶绩效好过前一个阶段。

在此，还是用一个例子来进行更具体的说明。

设 $E_1 = 20000$，$A_2 = 10\%$，$n = 1$

则 $D_2 = E_1(1 + A_2 \times n) = 20000(1 + 10\% \times 1) = 22000$

如果优势 A_2 的存续期可以分为三个时期（如 3 年），即 $n = 3$，则经济追赶在考察期期末的绩效就有以下结果。

$D_3 = E_1(1 + A_2 \times n) = 20000(1 + 10\% \times 3) = 26000$

如果这里所说的优势属于叠加优势，其对经济追赶的影响，除了具有前面所说的特征外，还有一些差异。在考察期，既需要根据这种函数关系分别考虑各个优势对经济追赶的影响，又要考虑各种优势之间相互发生的影响对经济追赶的影响。此时，前面分析的单一优势情形，就成为其中的一种特例。[①]

---

① 第三章第四节对此有进一步的详细阐述。

第三章　经济追赶中优势叠加、优势冲突与反冲突的机理效应

经济追赶中，欠发达地区和后发地区要充分依赖和发挥自己所拥有的各种优势，这是必要的和重要的，但这又是不够的，还必须进行针对性的优势创造，增加优势供给。成功实施经济追赶所要依靠的优势应该是一种叠加优势或优势群，但从关系上看，时空上叠加的优势同时还隐含着另一个方面——优势冲突及反冲突。叠加优势对经济追赶的作用及其机理可以概述为具有时序性质的正面势能放大的叠加效应，优势冲突对经济追赶的影响及其作用机理则可以概述为具有时序性质的负面势能放大的叠加效应，叠加优势（或优势叠加）和优势冲突对经济追赶的影响为此消彼长。

第一节　经济追赶与优势创造

一、追赶需要优势创造

从局部看，在与发达地区进行同台竞争中，欠发达地区具有某些优势，前面已经对此进行了充分的论述。其实，这只是问题的一个方面。欠发达地区在具有某些优势的同时，还存在着明显的劣势。如果从综合或整体看，在与发达地区的同台竞争中，欠发达地区处于劣势地位。从数量角度看，欠发达地区又拥有某些优势，但与发达地区拥有的优势数量相比，欠发达地区往往处于劣势。从质量角度看，发达地区拥有的优势往往优于欠发达地区的优势。从潜在与现实的关系看，欠发达地区拥有的各种优势大多是潜在优势；如果潜在优势不能够转变成现实优势，或者不被激活，欠发达地区拥有的这些优势就不会对经济追赶起推进作用，潜在优势还不能算是真正的优势；在将潜在优势向现实优势转换上，与发达

地区相比，欠发达地区也处于相对的劣势之中。

如果不是这样，经济追赶与超越在现实中就不是一个难题，也不是一个艰难的长过程，欠发达地区与发达地区、后发地区与先发地区在同台竞争中就会经常出现相互易位的现象，欧洲、北美和我国东部地区就不可能长期处于发达经济体行列。

为此，欠发达地区和后发地区在经济追赶中充分依赖和发挥自己所拥有的各种优势，这无疑是必要的和重要的，但又是明显不够的，还必须针对经济追赶进行优势创造，增加欠发达地区和后发地区的优势供给。

二、优势具有可创造性

优势是可以创造的，尤其是外生性优势。对于欠发达地区和后发地区来说，政府这只"有形的手"不仅可以激活各种潜在优势，而且还可以创造优势，形成新的优势供给。政府这只"有形的手"可以成为优势的源泉。

在两个各方面相似或势均力敌的经济体之间，如果一个经济体的政府运用政策或制度对经济运行进行适当干预，从而形成增量性质的外生优势，其中可能还包括潜在内生优势被激活。这时，在经济体之间的竞争中，原有的平衡状态就被打破，获得优势增量的经济体往往会加快发展，经济体之间会逐渐拉开发展差距。这种情形不仅在现实中存在较多，而且会随着政府干预经验的不断积累而变得更加突出。

比如，资源禀赋和区位条件对地区经济发展有重要影响。一个地区的资源禀赋是先天的或内生的，政府不可能通过政策或制度改变这种资源禀赋，资源只能按市场法则流动。区位条件则是可以通过政策实现人为改变的，变区位劣势为区位优势。正因为如此，仅仅从资源禀赋或自然区位已经难以判断出哪些地区有优势？哪些地区是欠发达地区？资源禀赋相对差的日本、新加坡、以色列为什么能够跃升到发达国家行列？自然资源比较丰裕的我国西南地区为何长期以来总是追赶，而不是领跑自然资源相对贫乏的东部地区？我国西南地区在以前由于好像一条死胡同而没有区位优势，中国—东盟自贸区建成后却能一改这种区位劣势？要解答这些现象，必须正视技术和制度因素，是技术创新和制度变迁起了主要作用，政府这只"有形的手"创造了优势供给。

从国际竞争关系角度看，一个在历史上处于劣势的国家或地区，通过政府的制度创新或政策改进，经济借助这种制度优势完全有可能获得加速发展，在竞争中成功实现追赶与超越。这时，这种制度创新与政策改进既是优势的源泉，也是优势的表现。例如，实行更自由的贸易与资本流动政策、更低水平的税收与关税政策，会使一个在主要生产要素上，如土地、劳动力、物质资本、技术，原来没有比较优势的国家或地区在竞争中形成自己的比较优势,进而实现追赶与超越。这种情况在现实中并不少。这种情形在亚洲就有日本、新加坡、中国香港等。与欧美发达国家和地区相比,日本、新加坡、中国香港在实现成功追赶与超越之前,在土地、劳动力质量、物质资本、技术存量等这些内生的生产要素方面都处于明显的劣势,甚至不具有潜在的比较优势。但是,通过制度创新与政策改进,日本不仅成功地实现了经济追赶,而且还成功地实现了经济超越,一跃成为仅次于美国的第三大经济体,人均GDP位居世界前列,日本的民用技术水平走进世界最先进国家行列;新加坡、中国香港在亚洲则进入经济最发达的经济体行列。与此同时,新加坡、中国香港由于政府实行低水平的关税政策和高度的开放政策等,其还一跃成了世界最有竞争力的经济体与国际市场。

从一国内部的区域层面看,欠发达地区或后发地区通过政府的制度创新或政策改进,会形成制度优势,经济借助这种制度优势会获得加速发展,并在竞争中成功实现追赶与超越。在各地区的内生因素保持既定条件下,中央政府完全有权力且有可能就某个地区某个时期的经济发展出台一套专门的刺激政策,而让其他地区的制度安排基本保持不变。如果这种情形出现,则意味着该地区在国内区域分工、国内贸易、区域竞争中形成一系列新的优势,其中制度优势处于关键的地位。这一系列新优势会表现为制度这种外生优势,而不会是关于内生因素方面的内生优势。珠三角、深圳等地区的经济脱颖而出就属于此。广州市以外的珠三角地区(含深圳、珠海)在改革开放以前并不是经济发达地区。整个珠三角经济在改革开放启动后能够率先崛起,在国内成为最有竞争优势的地区和经济发达地区,主要得益于中央政府最早地赋予他们特殊的发展政策。如果离开我国改革开放先行一步这种制度安排,珠三角地区不可能取得我们现在看到的这种经济奇迹。或者说,如果当时中央将我国改革开放先行一步这种制度安排放在环渤海湾地区,而不是珠三角地区,这种经济奇迹应该也会发生在环渤海湾地区。当珠三角地区的一些政策扩展到其他地区以后,珠三角地区的政策优势就因地区之间政策势能差距的缩小而出现了弱化趋势,对此,不仅珠三角地区自己深有体会,其他地区也已经意识到了这一点。与此类似的还有后来的浦东、海南和环渤海湾地区等区域经济的快速崛起。即从国内区域经济竞争与经济追赶看,制度创新与政策改进不仅是优势的源泉和表现,而且作为优势还可以被创造出来,并对追赶与超越产生巨大影响。

第二节 优势的系统性与优势叠加、优势冲突、反冲突

一、优势具有系统性

就一般意义看，优势，不管是比较优势，还是后发优势，或其他形式的优势，都是一个由一系列要素或一系列子优势构成的系统。

从比较优势理论的视角出发，比较优势作为一个系统可以由诸多内生优势构成，如劳动优势、要素禀赋优势、资本优势等。如果再将劳动与资本细化，则劳动优势还可分为熟练劳动优势与非熟练劳动优势，资本优势还可区分为人力资本优势与物质资本优势。

根据后发优势理论的逻辑，优势基本由技术性后发优势和制度性后发优势两大子优势构成。在技术性后发优势中，其还可以分为生产方面的技术性后发优势、管理方面的技术性后发优势等；在制度性后发优势中，优势可以相应地分为生产方面的制度性后发优势、管理方面的制度性后发优势等。

从优势的内生性与外生性来剖析，优势包括内生优势和外生优势两大类，基于古典经济学生产三要素观点，内生优势可以包含自然资源、劳动和资本等方面的优势，外生优势则可以分为技术与制度两大方面的优势。

二、优势叠加与优势冲突是系统的两个方面

优势作为一个由一系列子优势构成的系统，组成优势系统的各子优势相互依赖、相互作用和相互制约。在优势对经济追赶产生影响的过程中，组成优势系统的各子优势在相互依赖、相互作用和相互制约中起作用。这种相互依赖、相互作用和相互制约，既包含着优势叠加，也内含着优势冲突。这既是经济追赶进程中存在优势叠加可能性的客观基础，也是叠加优势中存在优势冲突可能性的客观基础与内在原因。与此相应，前者也是反优势冲突成为可能与必然的客观基础。

就构成后发优势的两大主要子优势技术性后发优势和制度性后发优势来说，如果没有制度性后发优势的配合，技术性后发优势难以发挥作用；反之，如果没有技术性后发优势的支撑，制度性后发优势的作用也难以见效。制度学习与移植可以减少技术引进可能产生的外部性，或是可以减缓引进的技术与当地原有制度的冲突，使技术性后发优势获得更好的效果。通过技术移植与引进，可以为制度

学习与移植找到更适宜的物质载体，有效地冲破原有制度的束缚，或者推动制度变革提前启动，使制度性后发优势获得更好的效果。

任何一种具体的制度安排都是为了适应某种发展水平的技术而产生的，一种新制度一旦被引进或推行，其就会对技术发展产生作用，直接影响到技术发展的方向与质量。我们已经看到，蒸汽机技术的确立与引进打破了家庭企业制度，与蒸汽机技术相适应的是大工厂制度；现代市场制度和股份制度、专利制度的确立与引进，使技术研发与创新加快发展。

如果各子优势能实现有机的融合，叠加优势会收到系统性效果或正面势能放大的叠加效应。如果移植的制度与引进的技术在时序上不同步、在性质上不兼容、在作用方向上不一致，子优势之间就容易发生冲突，叠加优势因此而产生的是负面势能放大的叠加效应。如果存在优势冲突的可能，反优势冲突就成为必要，就要设法防止负面势能放大这种状况出现。

由于各个地区的具体历史条件存在差异，一个地区在不同的历史阶段所处的社会条件也不同，以致使构成优势系统的各子优势的地位与作用不仅存在地区差异，而且会随着历史条件的变化而变化。这个性质决定，经济追赶进程中叠加优势具有时序性和角色差异，叠加优势会因时序性和角色差异而出现冲突。例如，在我国经济转型初期，技术性后发优势与制度性后发优势在我国经济追赶过程中都扮演着同等重要的角色，发挥着无法区分主次的重大作用；随着经济转型的推进，以及经济和技术水平的不断提升，如何进一步发挥和创造制度性后发优势，逐渐开始成为技术性后发优势能否继续发挥作用的瓶颈，此时制度性后发优势开始显得更为关键，通过体制改革来进一步完善体制机制，开始成为经济追赶新的主要推动力。从我国改革开放以来的实践看，一个突出的问题是，制度性后发优势的发挥在很多时候滞后于技术性后发性优势的要求。但不管如何，我国经济追赶要在转型时期获得更好的效果，制度性后发优势与技术性后发优势必须叠加式存在，且能够协调运行，与此同时，政府必须有反优势冲突意识与行动。

第三节 优势的目标性与优势叠加、优势冲突、反冲突

一、优势具有目标性

在经济追赶进程中，不论是激活潜在的内生优势，还是进行外生优势创造，

作为一种优势供给,尤其是外生优势的创造,首先需要确定一个明确的预期目标或作用目标。换言之,优势供给不是为了直接达到某个目标,或是为了直接解决某个问题。否则,就是无的放矢。没有明确预期目标的优势供给,是一种无效的优势供给。当然,如果优势的预期目标发生错位,优势供给也属于无效。

从国内外经济追赶的实践看,每种优势的直接预期目标或针对性都是十分明确的。既存在针对一个目标的优势,也存在同时服务多个目标的优势。在优势叠加背景下,多目标并存是一种客观存在。因此,叠加优势意味着优势的预期目标具有多样性。此时,即使它们的终极目标相同,也无法否定它们的直接预期目标具有多样性。经济追赶的终极目标在所有的欠发达地区基本相同——就是追赶与超越,它们所激活的和所创造出来的各种优势都围绕着这个终极目标进行发挥作用,但各种优势的直接预期目标肯定不同。作为优势而推动欠发达地区追赶的产业政策、就业政策、金融政策,其直接的预期目标分别是促进产业发展、促进就业、促进投资。技术性后发优势的直接预期目标是实现技术上赶超,制度性后发优势的直接预期目标是实现制度赶超。

二、目标的多样性隐含着优势冲突

目标的多样性使优势冲突是叠加优势无法回避的问题,且这种问题具有多层次性。

基于目标的多样性,我们不论是在理论上,还是在实践操作中,都无法同时兼顾所有的目标,让所有的目标都获得最优的实现,而是有取舍或分主次。例如,在经济追赶的不同阶段,充分就业目标、经济快速增长目标、物价稳定目标等就不可能都处于同等地位;高失业率地区在早期可能会更多地选择就业目标优先、其他目标服从就业目标,此时是在一定程度上牺牲其他目标来确保就业目标的实现,就业目标对其他目标形成冲击;经过一段时间的快速发展,高失业率地区在下一个阶段可能会更多地选择物价稳定优先、其他目标服从物价稳定目标,此时是牺牲其他目标来保障物价稳定目标的实现,物价稳定目标对其他目标形成冲击。这样一来,不管如何选择与运作,优势之间出现摩擦、不兼容甚至排斥就成为必然。

基于优势目标的多样性,优势的作用路径、过程及机理也会有所不同。优势之间的这种路径、过程或机理出现差异,会使叠加优势在对经济追赶起作用的过程中不可避免地产生相互摩擦或相互抵消这种损耗。这是目标多样性隐含优势冲击的另一种表现。

正面以后发优势为例,通过作用路径、过程与机理的差异性具体阐述经济追赶进程中的叠加优势、优势冲突与反冲突。

后发优势所产生的经济利益是后发利益。获取后发利益是发挥后发优势的直接目标或直接动因。前面已经指出，后发优势既有可能表现为技术性后发优势，也有可能表现为制度性后发优势，甚至同时以技术性后发优势和制度性后发优势两种形式叠加出现和发挥作用。

（一）技术性后发优势

技术性后发优势所产生的后发利益诱发后发地区进行技术模仿及技术创新。技术性后发优势所产生的后发利益和地区之间技术落差直接相关，落差越大，或者说后发地区之间技术势差越大，技术性后发优势所产生的势能或利益就越大。

技术性后发优势发挥作用在第一个阶段的主要表现是，后发地区从先发地区学习和引进技术，这种学习与引进既有可能是纯智能性的，也有可能是物化形态的，或者是两者同时并存。引进是这个阶段的主题和主要内容，其目的与作用就是通过引进来快速提高经济追赶的技术含量和技术对经济发展的贡献率，进而提高经济追赶的速度与效率，缩小与先发地区的经济差距。技术性后发优势发挥作用在第二个阶段的主要表现是，通过消化吸收与基于能力的提高，一方面对引进的技术进行改进和提高，另一方面进行创造性的学习与引进。引进与创新相结合是第二个阶段的主要内容。其目的与作用是以此继续快速提高经济追赶的技术含量和技术对经济发展的贡献率，以确保经济追赶继续保持高速度与高效率，使后发地区与先发地区经济差距缩小的趋势继续得以维持，或者是使后发地区与先发地区之间经济差距不出现扩大的趋势。

如果技术创新成为主体与核心、引进退居次要地位这种现象在后发地区出现，则意味着后发地区此时已经成功实现了追赶，与先发地区的技术水平已经接近或相当，后发地区的技术性后发优势开始消失。因为，此时的后发地区在技术创新能力上已经接近或达到先发地区的水平，已经可以独立进行技术创新，技术引进的重要性已经明显弱化。

（二）制度性后发优势

制度性后发优势所产生的后发利益诱发后发地区进行制度学习和制度移植。后发地区的经济后发与落后，不仅表现为技术发展过程的滞后和技术方面的落后，还表现为制度发展过程的滞后和落后。从纵向来看，后发地区现有的经济制度，只能让后发地区经济发展的阶段、水平和速度继续维持现状，很难缩小与先发地区的差距，但一旦对外进行制度学习和制度移植，经济追赶的效率与速度则比较容易获得大幅度提高。从横向来说，与先发地区的各种经济制度进行比较，后发地区现有的经济制度根本无法适应从先发地区引进的技术，或者说，后发地区现有的经济制度根本无法确保从先发地区引进的技术能够达到预期目标。显然，后发地区这种制度的后发性也蕴藏着巨大的后发利益。

制度性后发优势发挥作用在第一个阶段的主要表现是制度学习与借鉴。虽然这不是简单的模仿，但在开始时效仿与移植却是最明显与突出的，其中最主要的是正式规则的移植。制度学习与借鉴可以为经济追赶提供新的、更有效的制度保障，进而提高经济追赶的速度与效率，缩小与先发地区的经济差距。制度性后发优势发挥作用在第二个阶段的主要表现是结合本地的非正式规则进行制度移植与制度创新，移植与创新并举，以此来为经济追赶继续提供有效的制度保障，确保经济追赶继续保持高速度与高效率，使后发地区经济差距缩小的趋势继续得以维持，或者是使后发地区与先发地区之间经济差距不出现扩大的趋势。

如果制度创新成为主体与核心、引进退居次要地位这个现象在后发地区出现，这意味着后发地区此时已经成功实现了追赶，与先发地区的制度水平接近或相当，后发地区的制度性后发优势开始消失。因为这也意味着此时的后发地区已经不再是彼时的后发地区，此时的后发地区在制度创新能力上已经接近或达到先发地区的水平，已经可以独立进行制度创新，制度移植的重要性已经大大弱化。

(三) 技术性后发优势与制度性后发优势

从技术性后发优势与制度性后发优势的关系来看，后发地区的制度与技术之间虽然处于一种低水平的均衡状态，但它们却是相互适应的。当技术模仿与创新带来技术进步时，原有的这种均衡与适应就被打破，经济追赶获得新的优势动能。与此同时，开始出现制约或阻碍技术进步的制度瓶颈。此时客观上出现制度变革的要求，要求后发地区进行制度学习、移植和创新，以适应引进的新技术或技术创新。如果此时能够出现顺应新技术要求的制度变革，经济追赶则形成叠加优势局面。

反之，如果是制度学习、移植和创新先行，原有的均衡与适应就是由制度性后发优势的出现而被打破，经济追赶所获得的新优势动能就是制度性后发优势，原有的技术就演变成为制约制度性后发优势的因素。此时，客观上会提出技术进步的要求。从可能性来看，这种技术进步的最适宜方式是技术模仿与引进。① 如果技术性后发优势能够适时跟进，此时的经济追赶也会形成优势叠加的格局。

基于后发利益的追求，技术模仿创新与制度移植创新相互促进，从适应到不适应、再到新的适应，不断地向前发展，优势进行螺旋式的叠加，经济追赶由此得到相应的推进。其中优势之间从适应到不适应，再到新的适应这个过程，同时也是一个优势冲突与反冲突的过程。

在此需要补充说明三点。

---

① 林毅夫，蔡昉，李周. 中国的奇迹——发展战略与经济改革 [M]. 上海：上海三联出版社，1999.

一是制度性后发优势所产生的后发利益和后发地区与先发地区之间的制度落差的关系，不像技术性后发优势所产生的后发利益和后发地区与先发地区之间的技术落差那样直接相关，制度落差越大，制度性后发优势所产生的势能或利益并不见得就越大。原因在于制度的学习与移植虽然也可以全套照搬先发地区，但其中存在着一个极其重要的制度相融问题——外来制度与当地原有制度的替代与融合，其难度大大超过技术方面的替代与融合。

二是制度作为一种规范人行为的规范，其由正式规则与非正式规则构成，其载体与作用对象主要是人，技术更替的主要载体和作用对象是物。从技术层面来看，通过国家法令，一种正式规则完全有可能被另一种正式规则所全部代替，且所需时间不长，但是，由道德、习惯、意识观念等构成的非正式规则的更替与正式规则的更替则不同，使用国家法令或其他手段，想在短期内消灭旧的非正式规则，这种更替只能是形式上的，非正式规则仍继续存在并发挥作用。非正式规则的更替规律与历史经验已经表明，与正式规则相比，非正式规则的形成需要经过长期的历史积累与沉淀，且带有一定的社会发展规律与渐进性，其消亡或替代同样需要更长的时间，且主要是依靠个人的自觉行为，政府法令等不能成为主要手段。

三是在正式规则与非正式规则之间还存在着一个兼容与融合的问题。一种外来的或新的正式规则只有与当地的非正式规则融合在一起，才能发挥出应有的功能和作用。受人的原有思想观念、道德等非正式规则的制约，外来的或新的正式规则在短期内很难实现与原有非正式规则的融合，外来的或新的非正式规则与原有的非正式规则的融合则比前者更难。正式规则与非正式规则融合与更替的历史经验也表明了这一点。我国在计划经济时期和改革开放时期的技术进步与制度变迁也同样表明了这一点。

这样一来，从先发地区移植来的一些正式规则和非正式规则与后发地区原有的制度存在冲突就不可避免。这就为优势冲突埋下根源，使反优势冲突意义重大。

第四节 叠加优势、优势冲突与反冲突的作用机理

一、经济追赶背景下叠加优势的作用机理

综合前面对优势和叠加优势的一般性分析，可以将叠加优势对经济追赶的作

用形式与机理分为两种基本类型：一是叠加中的各种优势独立地直接作用于经济追赶，二是通过叠加优势与经济追赶之间的相互影响作用。从现实看，两者很难被分离开来，往往是结合起来一起对经济追赶起作用。

如果将不同优势的作用目标、过程、形式与机理的差异性舍掉，只考虑它们的共性，则可以将叠加优势对经济追赶的作用及其机理概述为具有时序性的正面势能放大的叠加效应。①

前面已经指出，经济追赶必须依赖优势，优势对经济追赶具有重大的影响，经济追赶与优势的关系具有函数性质，经济追赶是优势的函数。

基于此，可以将经济追赶背景下叠加优势的作用机理进一步细化为下面这个模型。

假设在考察期 t，先后形成了 n 种对经济追赶有影响的优势 A_1、A_2、A_3、…、A_n，每一种优势形成后都与此前形成的优势在时空上并存。根据此，将考察期 t 分为 n 个时期——时期 1、时期 2、时期 3、时期 n，以体现优势叠加的进程。A_1、A_2、A_3、A_n 分别形成在时期 1、时期 2、时期 3、时期 n 的起始，并假设时期 1、时期 2、时期 3、时期 n 的时间长度接近甚至相同，以便于度量计算。在计算优势 A_1、A_2、A_3、A_n 对经济追赶的影响时，使用其对经济追赶的贡献率来进行表达。

设 E_1、E_2、E_3、E_n 分别为经济追赶在时期 1、时期 2、时期 3、时期 n 的初始值或初始状态。

则优势 A_1、A_2、A_3、A_n 分别影响的对象或作用对象是 E_1、E_2、E_3、E_n。

D_{A1}、D_{A2}、D_{A3}、D_{An} 是优势 A_1、A_2、A_3、A_n 在存续期对自己的作用对象进行影响后所取得的效果，即是优势 A_1、A_2、A_3、A_n 在存续期对经济追赶发生影响后所取得的效果。

基于此，经济追赶背景下叠加优势的机理如图 3-1 所示。

---

① 从全面看，此过程同时还包含着负面势能放大的叠加效应。如果将分析这个问题的假设条件"如果将不同优势的作用过程、形式与机理的差异性舍掉，只考虑它们的共性"放弃，既考虑不同优势作用目标、过程、形式与机理的共性，又考虑不同优势作用过程、形式与机理的差异性，叠加优势或优势叠加对经济追赶的作用就不全部都是正面的，就会存在部分冲突。此时，各优势对经济追赶的正面影响或正面势能就会减弱，甚至有可能出现这种情况——当负面势能放大或部分势能相互抵消后，某（几）个优势对经济追赶产生零影响或负影响。此时，在式（3-1）和式（3-2）中，A_2、A_3、A_n 前面的数学符号就可以不是全部为"+"号，而是有可能部分为"+"号，部分为"-"号。显然，这是一种正面势能放大与负面势能放大并存的叠加效应。这种情况比较接近现实。但是，为了方便研究，在此要舍掉不同优势作用过程、形式与机理的差异性，只考虑它们的共性，即所考虑的是已经将优势冲突进行了相应处理后所得到的叠加优势对经济追赶的正效应或叠加效应。

民族地区经济追赶中优势的叠加与冲突：机理、效应及应对机制

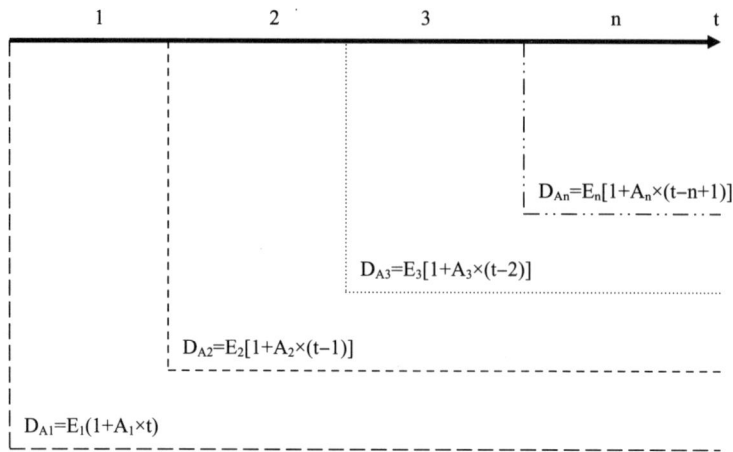

图 3-1 叠加优势的机理

根据前面的条件及现值终值关系，E_1、E_2、E_3、E_n 的关系如下：

由于 E_1 是优势叠加开始时或时期 1 的初始值，因此，E_1 是一个已知值或一个常数。

$E_2 = E_1(1 + A_1)$

$E_3 = E_2(1 + A_2) = E_1(1 + A_1)(1 + A_2)$

$E_n = E_{n-1}(1 + A_{n-1}) = E_1(1 + A_1)(1 + A_2)\cdots(1 + A_{n-1})$

设 ΔE_1、ΔE_2、ΔE_3、ΔE_n 为优势 A_1、A_2、A_3、A_n 在存续期分别使经济追赶所取得的增量。即：

$\Delta E_1 = E_1 \times A_1 \times t$

$\Delta E_2 = E_2 \times A_2 \times (t-1) = E_1(1 + A_1) \times A_2 \times (t-1)$

$\Delta E_3 = E_3 \times A_3 \times (t-2) = E_1(1 + A_1)(1 + A_2) \times A_3 \times (t-2)$

$\Delta E_n = E_1(1 + A_1)(1 + A_2)(1 + A_3)\cdots(1 + A_{n-1}) \times A_n \times (t-n+1)$

则 n 种优势在考察期使经济追赶所取得的总增量或增量的总量 ΔE 就为：

$\Delta E = \Delta E_1 + \Delta E_2 + \Delta E_3 + \cdots + \Delta E_n$

$= E_1 \times A_1 \times t + E_1(1 + A_1) \times A_2 \times (t-1) + E_1(1 + A_1)(1 + A_2) \times A_3 \times (t-2) + \cdots + E_1(1 + A_1)(1 + A_2)\cdots(1 + A_{n-1}) \times A_n \times (t-n+1)$

$= E_1[A_1 \times t + (1 + A_1) \times A_2 \times (t-1) + (1 + A_1)(1 + A_2) \times A_3 \times (t-2) + \cdots + (1 + A_1)(1 + A_2)\cdots(1 + A_{n-1}) \times A_n \times (t-n+1)]$ （3-1）

则初始状态处于 E_1 的经济追赶，在考察期 t 期末所达到的总效果或叫叠加

效应 D 是:[①]

$$D = E_1 + \Delta E$$
$$= E_1 + \Delta E_1 + \Delta E_2 + \Delta E_3 + \Delta E_n$$
$$= E_1 + E_1[A_1 \times t + (1+A_1) \times A_2 \times (t-1) + (1+A_1)(1+A_2) \times A_3 \times (t-2) + \cdots + (1+A_1)(1+A_2)\cdots(1+A_{n-1}) \times A_n \times (t-n+1)]$$
$$= E_1[1 + A_1 \times t + (1+A_1) \times A_2 \times (t-1) + (1+A_1)(1+A_2) \times A_3 \times (t-2) + \cdots + (1+A_1)(1+A_2)\cdots(1+A_{n-1}) \times A_n \times (t-n+1)] \quad (3-2)$$

式（3-1）和式（3-2）表明：

第一，在经济追赶过程中，叠加优势对经济追赶的作用途径、形式与机理有二：一是叠加中的各个优势独立地直接作用于经济追赶，使经济追赶产生正面势能放大的叠加效应。从两个式子中可以看出，每一种优势 A_1、A_2、A_3、A_n 都分别对初始状态处于 E_1 的经济追赶产生影响。其在式中的表现是，在 $E_1[A_1 \times t + (1+A_1) \times A_2 \times (t-1) + (1+A_1)(1+A_2) \times A_3 \times (t-2) + \cdots + (1+A_1)(1+A_2)\cdots(1+A_{n-1}) \times A_n \times (t-n+1)]$ 中，A_1、A_2、A_3、A_n 分别独立对 E_1 产生了影响。此时，A_1、A_2、A_3、A_n 前面的数学符号就会都是"+"号。二是通过叠加优势之间的相互影响作用于经济追赶，使经济追赶产生正面势能放大的叠加效应。其在式子中的表现是，在 $E_1[A_1 \times t + (1+A_1) \times A_2 \times (t-1) + (1+A_1)(1+A_2) \times A_3 \times (t-2) + \cdots + (1+A_1)(1+A_2)\cdots(1+A_{n-1}) \times A_n \times (t-n+1)]$ 中，项 $[(1+A_1) \times A_2 \times (t-1)]$ 是通过 A_1 与 A_2 的相互作用来影响经济追赶的初始状态 E_1，项 $[(1+A_1)(1+A_2) \times A_3 \times (t-2)]$ 是通过 A_1、A_2、A_3 三者的相互作用来影响 E_1，最后一项 $[(1+A_1)(1+A_2)\cdots(1+A_{n-1}) \times A_n \times (t-n+1)]$ 是通过所有的优势产生相互作用来影响 E_1。

第二，叠加优势对经济追赶的作用作为具有时序性的正面势能放大的叠加效应，这种效应并不是简单的累加，或者说，这种正面势能放大并不是简单的累加，而是基于乘法效应基础上的叠加或累加。正面势能放大具有递增函数性质。前一点已经表明了这一点。即可以将叠加优势的形成视作是一个加法过程，但叠加优势对经济追赶所产生的影响则不只是一个加法过程，不宜用简单机械的加法原理去理解与测量，而是要用基于乘法效应和连锁反应基础上的加法去理解与测量。

第三，如果每个优势对经济追赶的促进作用或净贡献都大于零，则 ΔE 大于

---

① 至于如何求每种优势对经济追赶的贡献率，有多种方法。定量分析每一种优势对经济追赶的贡献率，就是在影响经济追赶的诸多优势中逐一分离出每个优势的贡献率。如柯布—道格拉斯生产函数、线性生产函数、固定替代弹性生产函数等各种生产函数都可以作为工具用来测量各个优势对经济追赶的贡献率，各种具体的测量过程在此就不作描述。

零,进而 D 大于 E_1,即经过叠加优势对经济追赶产生了正面势能放大的叠加效应,考察期期末的经济追赶结果 D 会超过初始时期的经济状态 E_1。

下面这个具体例子详细说明了上面所说的机理与结论。

假设在考察期 t 内,先后形成了 4 种对经济追赶有影响的优势 A_1、A_2、A_3、A_4,每一种优势形成后都与此前形成的优势在时空上并存;在此将 t 分为 4 个时期——时期 1、时期 2、时期 3、时期 4;A_1、A_2、A_3、A_4 分别形成在时期 1、时期 2、时期 3、时期 4 的起始,假设时期 1、时期 2、时期 3、时期 4 的时间长度相同。

设 E_1、E_2、E_3、E_4 分别为经济追赶在时期 1、时期 2、时期 3、时期 4 的初始值或初始状态。

则优势 A_1、A_2、A_3、A_4 的影响对象或作用对象分别是 E_1、E_2、E_3、E_4。

D_1、D_2、D_3、D_4 是优势 A_1、A_2、A_3、A_4 在存续期对自己的作用对象进行影响后所取得的效果,即是优势 A_1、A_2、A_3、A_4 在存在期对经济追赶发生影响后所取得的效果。

根据前面的条件和现值终值关系,E_1、E_2、E_3、E_4 的关系则如下:

$E_2 = E_1(1 + A_1)$

$E_3 = E_2(1 + A_2) = E_1(1 + A_1)(1 + A_2)$

$E_4 = E_3(1 + A_3) = E_1(1 + A_1)(1 + A_2)(1 + A_3)$

如果设 ΔE_1、ΔE_2、ΔE_3、ΔE_4 为优势 A_1、A_2、A_3、A_4 在考察期让经济追赶分别取得的增量。即:

$\Delta E_1 = E_1 \times A_1 \times 4$

$\Delta E_2 = E_2 \times A_2 \times 3 = E_1(1 + A_1) \times A_2 \times 3$

$\Delta E_3 = E_3 \times A_3 \times 2 = E_1(1 + A_1)(1 + A_2) \times A_3 \times 2$

$\Delta E_4 = E_4 \times A_4 \times 1 = E_1(1 + A_1)(1 + A_2)(1 + A_3) \times A_4 \times 1$

则 4 种优势在考察期对经济追赶所做出的净贡献总量 ΔE 就为:

$\Delta E = \Delta E_1 + \Delta E_2 + \Delta E_3 + \Delta E_4$

$= E_1 \times A_1 \times 4 + E_1(1 + A_1) \times A_2 \times 3 + E_1(1 + A_1)(1 + A_2) \times A_3 \times 2 +$
$E_1(1 + A_1)(1 + A_2)(1 + A_3) \times A_4 \times 1$

$= E_1 [A_1 \times 4 + (1 + A_1) \times A_2 \times 3 + (1 + A_1)(1 + A_2) \times A_3 \times 2 +$
$(1 + A_1)(1 + A_2)(1 + A_3) \times A_4 \times 1]$

初始状态处于 E_1 的经济追赶,在考察期 t 期末所达到的总效果 D 就是:

$D = E_1 + \Delta E$

$= E_1 + \Delta E_1 + \Delta E_2 + \Delta E_3 + \Delta E_4$

$= E_1 + E_1 \times A_1 \times 4 + E_1(1 + A_1) \times A_2 \times 3 + E_1(1 + A_1)(1 + A_2) \times A_3 \times$

$2 + E_1(1+A_1)(1+A_2)(1+A_3) \times A_4 \times 1$
$= E_1[1 + A_1 \times 4 + (1+A_1) \times A_2 \times 3 + (1+A_1)(1+A_2) \times A_3 \times 2 + (1+A_1)(1+A_2)(1+A_3) \times A_4 \times 1]$

可以将此表达成图 3 – 2。

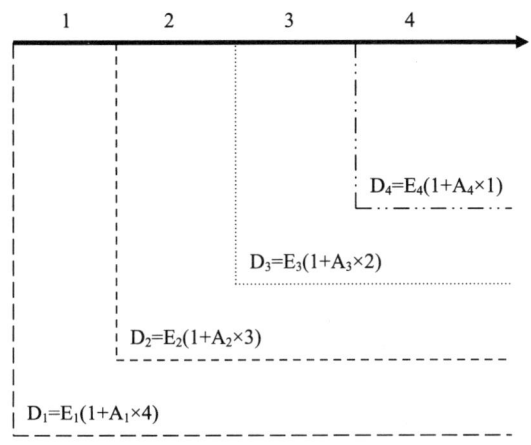

图 3 – 2　叠加优势的机理演化

如果能够测得 4 种优势各自对经济追赶的贡献率（假设此时不存在优势冲突或已经剔除了优势冲突的负面影响），如 $A_1 = 0.04$、$A_2 = 0.03$、$A_3 = 0.02$、$A_4 = 0.01$，并知道 $E_1 = 20000$，则可以求出初始状态处于 E_1 的经济追赶在考察期 t 期末所达到的总效果 D 的值：

$D = E_1[1 + A_1 \times 4 + (1+A_1) \times A_2 \times 3 + (1+A_1)(1+A_2) \times A_3 \times 2 + (1+A_1)(1+A_2)(1+A_3) \times A_4 \times 1]$
$= 20000 \times [1 + 0.04 \times 4 + (1+0.04) \times 0.03 \times 3 + (1+0.04)(1+0.03) \times 0.02 \times 2 + (1+0.04)(1+0.03)(1+0.02) \times 0.01 \times 1]$
$= 20000 \times [1 + 0.16 + 1.04 \times 0.09 + 1.04 \times 1.03 \times 0.04 + 1.04 \times 1.03 \times 1.02 \times 0.01]$
$= 20000 \times [1.16 + 0.0936 + 0.042848 + 0.01092624]$
$= 20000 \times 1.30737424 = 26147.4848$

叠加优势使经济追赶所在期末所达到的结果是：$D(26147.4848) > E_1(20000)$。

二、经济追赶背景下优势冲突的作用机理

优势冲突作为在多种优势并存时，或在优势叠加进程中，优势之间所存在的

不一致、不兼容或相互排斥现象。其之所以存在，除了前面已经指出的外，还可以从其他不同的视角进行探索，寻找优势冲突的不同机理及表现。

从优势需求主体在优势供给中的地位看，优势可以分为需求主导型优势和供给主导型优势，或称为内部供给型优势和外部供给型优势。需求主导型优势指优势的形成主要来自于优势需求主体自身，需求主体在优势的供给中起决定作用。供给主导型优势指优势的产生主要源自于优势需求主体以外的其他主体或因素，需求主体在优势的供给中不起决定作用。因此，就满足需求及优势所能达到的效果来说，供给主导型优势一般逊于需求主导型优势，需求主导型优势更容易满足优势需求的要求，对优势需求有更强的针对性。基于此，就优势之间的关系来说，需求主导型优势之间的兼容性最好，协调性也最好，发生冲突的可能性最小，即使发生冲突，也比较容易协调；供给主导型优势之间，以及需求主导型优势与供给主导型优势之间的兼容性与协调性较差，更容易发生冲突，如果优势供给主体之间的差异性大，或是优势供给主体与优势需求主体的差异性大，则发生优势冲突的可能性更大。

从优势供给主体的构成看，可将优势分为单一供给主体的优势和多元化供给主体的优势。任何主体都有自己独立的利益诉求和价值判断。优势供给主体的多元化意味着其利益也多元化。优势供给取决于优势供给主体的综合利益。因此，主体多元化意味着主体间出现差异、冲突是一种必然，且主体多元化的程度越高，主体间出现差异、冲突的可能性越大。与此相联系，如果是在多元化供给主体下形成叠加优势，出现优势冲突就不可避免。优势供给主体的多元化程度越高，出现优势冲突的可能性越大，冲突的程度越高；反之，就越低。

从优势形成的针对性看，有的优势供给对优势需求的状况有着很强的针对性，有的则不然；有的优势是针对欠发达地区的经济发展，有的是针对欠发达地区的社会发展或政治稳定，经济追赶目标属于次要；即使针对经济，有的优势是针对自主发展，有的是针对合作发展，等等。显然，在叠加优势中，这种针对性在性质、种类、强弱等方面的差异，会使优势之间有可能从差异中派生出不兼容或相互排斥，优势冲突则相应地表现为从弱到强。

从主体的发展水平看，优势供给主体之间、优势需求主体之间和优势供求主体之间一般都会存在着水平差异，即使是属于同一水平层面的主体，也会存在着量的差别，这种差异会使各自对优势的认识与利用出现不同。此时，只要面对的不是单一需求主体主导的叠加优势，这种主体发展水平差异容易导致拥有优势的主体之间发生冲突，甚至同时导致优势之间发生冲突。即使存在着主体间合作，也无法消除因发展水平差异所导致的优势冲突。如果还考虑到各个主体的利益独立性，则发展水平差异所导致的优势冲突更不可避免。

第三章　经济追赶中优势叠加、优势冲突与反冲突的机理效应

从主体在优势中获得的受益程度看，主体的受益程度肯定是不同的。就同一主体来说，有的优势使其受益较大，有的优势则使其受益较小。就不同的受益主体来说，有些优势使某一主体受益较大，有些优势则使另一主体受益较大。主体往往比较重视使自己受益大的优势。这种受益程度的差异在现实中往往还受主体的主观判断影响。在这种情况下，主体之间或优势之间出现冲突就不可避免。即使主体之间愿意合作且存在合作，此时出现优势冲突，也很正常。

从优势的主要作用机理看，不同的优势对经济追赶有不同的作用机理。如果优势追求的目标比较单一，则作用机理与路径相对简单，对经济追赶的影响容易传导、易于考察；如果优势要经济、政治和社会目标兼顾，则作用机理和路径更加复杂，对经济追赶的影响就比较难以传导，比较容易出现衰减或部分失真现象。如果优势属于作用力度猛、见效快类型，则作用路径和作用中介相对简单；如果优势属于作用期比较长、作用力比较柔和、运行平稳类型，则作用路径和作用中介相对复杂些。如果叠加优势不是单一类型的优势集合，优势之间发生就不可避免。

由于优势叠加与优势冲突是同一事物或同一过程的两个截然相反的方面，因此，叠加优势（或优势叠加）和优势冲突对经济追赶的影响表现为此消彼长的效应。前面所描述的叠加优势对经济追赶的作用形式及机理的一般模型，同时适用于用来表达优势冲突对经济追赶的影响。所不同的是，后者要表达的是一种负面势能放大的叠加效应，一种对经济追赶的负叠加效应。为此，优势冲突对经济追赶的作用机理可以概述为具有时序性的负面势能放大的叠加效应。

经济追赶与优势冲突的关系具有函数性质，经济追赶是优势冲突的递减函数。

为此，前面所建立的式（3-1）和式（3-2）可以成为表达经济追赶背景下优势冲突作用机理的一般模型，但在对经济追赶的作用方向上要做反向理解。

$$\Delta E = \Delta E_1 + \Delta E_2 + \Delta E_3 + \cdots + \Delta E_n$$
$$= E_1[A_1 \times t + (1+A_1) \times A_2 \times (t-1) + (1+A_1)(1+A_2) \times A_3 \times (t-2) + \cdots + (1+A_1)(1+A_2)\cdots(1+A_{n-1}) \times A_n \times (t-n+1)] \quad (3-3)$$

$$D = E_1 + \Delta E$$
$$= E_1 + \Delta E_1 + \Delta E_2 + \Delta E_3 + \Delta E_n$$
$$= E_1[1 + A_1 \times t + (1+A_1) \times A_2 \times (t-1) + (1+A_1)(1+A_2) \times A_3 \times (t-2) + \cdots + (1+A_1)(1+A_2)\cdots(1+A_{n-1}) \times A_n \times (t-n+1)] \quad (3-4)$$

作为优势冲突对经济追赶的影响来解读时，式（3-3）和式（3-4）也表明三个特点：

第一，在经济追赶过程中，优势冲突对经济追赶的作用途径、形式与机理有

二:一是一个新优势形成后,如果其与之前形成的优势存在冲突,优势冲突会对新优势自身产生影响,使新优势自身减效或失效,进而使经济追赶低效,使经济追赶产生势能相互抵消或负面势能放大的叠加效应。在式子中可以看到,每一种优势 A_1、A_2、A_3、A_n 都分别对初始状态处于 E_1 的经济追赶产生影响。此在式子中的表现是,在 $E_1[A_1 \times t + (1 + A_1) \times A_2 \times (t-1) + (1 + A_1)(1 + A_2) \times A_3 \times (t-2) + \cdots + (1 + A_1)(1 + A_2)\cdots(1 + A_{n-1}) \times A_n \times (t-n+1)]$ 中,A_1、A_2、A_3、A_n 分别独立地对 E_1 产生了影响,但由于优势冲突,会导致后来形成的优势自身势能减弱。即在 A_1 之后形成的新优势 A_2、A_3、A_n,如果存在优势冲突,A_2、A_3、A_n 各自对经济追赶的正面影响或正面势能就会减弱,甚至有可能出现零影响和负影响。如果出现的是负影响,此时,新产生的 A_2 或 A_3 或 A_n 前面的数学符号,就要相应地解读为"-"号。二是一个新优势形成后,如果其与之前形成的优势存在冲突,且优势冲突还会对之前形成的优势产生影响,使原有优势减效或失效,进而使经济追赶低效或失效,使经济追赶产生负面势能放大或势能相互抵消的叠加效应。此在式子中的表现是,在 $E_1[A_1 \times t + (1 + A_1) \times A_2 \times (t-1) + (1 + A_1)(1 + A_2) \times A_3 \times (t-2) + \cdots + (1 + A_1)(1 + A_2)\cdots(1 + A_{n-1}) \times A_n \times (t-n+1)]$ 中,项 $[(1 + A_1) \times A_2 \times (t-1)]$ 的 A_1 与 A_2 通过相互作用来影响经济追赶的初始状态 E_1 时,由于 A_1 与 A_2 之间存在不一致或互不兼容或相互排斥,会使 A_1 或 A_2 影响经济追赶的正面势能减弱,进而使这一项 $[(1 + A_1) \times A_2 \times (t-1)]$ 的值减小,甚至有可能出现负值;项 $[(1 + A_1)(1 + A_2) \times A_3 \times (t-2)]$ 的 A_1、A_2 与 A_3 三者通过相互作用来影响 E_1 时,由于 A_1、A_2 与 A_3 之间并不是完全一致或兼容,这会使 A_1 或 A_2 或 A_3 影响经济追赶的正面势能减弱,进而使这一项 $[(1 + A_1)(1 + A_2) \times A_3 \times (t-2)]$ 的值减小,甚至有可能出现负值;最后一项 $[(1 + A_1)(1 + A_2)\cdots(1 + A_{n-1}) \times A_n \times (t-n+1)]$ 的 A_1、A_2 与 A_n 通过相互作用来影响 E_1 时,由于 A_1、A_2 与 A_n 之间存在不一致或互不兼容,这会使 A_1 或 A_2 或 A_n 影响经济追赶的正面势能减弱,进而使这一项 $[(1 + A_1)(1 + A_2)\cdots(1 + A_{n-1}) \times A_n \times (t-n+1)]$ 的值减小,甚至有可能出现负值。

第二,优势冲突对经济追赶的作用具有时序性的负面势能放大的叠加效应,这种负面的叠加效应并不是简单机械的相加,而是基于乘法效应基础上的叠加或累加。或者说,这种负面势能放大或势能相互抵消并不是简单机械的累加或累减,而是基于乘法效应基础上的累加或累减。这种负面势能放大效应也具有递增函数性质。即可以将叠加优势的冲突形成视作是一个加法过程,但叠加优势冲突对经济追赶所产生的一系列负影响则不只是一个加法过程,不宜用简单的加法原理去理解与测量,而是要用基于乘法效应和连锁反应基础上的加法去理解与测量。

第三,优势冲突的存在与发生,会使优势或叠加优势作为一个系统所发挥出来的正面作用减弱,进而使经济追赶的绩效降低,甚至使欠发达地区与发达地区的差距无法缩小。如果优势冲突被控制在一个适度程度与范围,其对经济追赶的负面影响就比较小,叠加优势对经济追赶所产生的正面势能放大效应就会大过负面势能放大效应,考察期的经济追赶就会加速增长,甚至出现自身加速增长、与发达地区差距缩小两者并存局面。

为了便于对问题进行比较与说明,在此还是以前面的具体例子进行例证说明。

在4种优势叠加的格局中,由于存在优势冲突,我们测到4种优势各自对经济追赶的贡献率发生了局部变化,如 $A_1 = 0.04$、$A_2 = 0.02$、$A_3 = 0.01$、$A_4 = 0.01$,并知道 $E_1 = 20000$,则可以求出初始状态处于 E_1 的经济追赶在考察期 t 期末所出现的总效果 D 的值:

$$\begin{aligned} D &= E_1[1 + A_1 \times 4 + (1 + A_1) \times A_2 \times 3 + (1 + A_1)(1 + A_2) \times A_3 \times 2 + \\ &\quad (1 + A_1)(1 + A_2)(1 + A_3) \times A_4 \times 1] \\ &= 20000 \times [1 + 0.04 \times 4 + (1 + 0.04) \times 0.02 \times 3 + (1 + 0.04)(1 + 0.02) \times \\ &\quad 0.01 \times 2 + (1 + 0.04)(1 + 0.02)(1 + 0.01) \times 0.01 \times 1] \\ &= 20000 \times [1 + 0.16 + 1.04 \times 0.06 + 1.04 \times 1.02 \times 0.02 + 1.04 \times 1.02 \times \\ &\quad 1.01 \times 0.01] \\ &= 20000 \times [1.16 + 0.0624 + 0.021216 + 0.01071408] \\ &= 20000 \times 1.25433008 = 25086.6016 \end{aligned}$$

在例子中,虽然优势冲突使优势 A_2 和 A_3 各自对经济追赶的贡献率只分别减少了1个百分点(共2个百分点),但通过优势间的相互影响,却让经济追赶在期末所取得的结果比不存在优势冲突时减少了 4.06 个百分点,即 $(26147.4848 - 25086.6016)/26147.4848 = 4.06\%$。

虽然存在优势冲突,但叠加优势对经济追赶所产生的正面势能放大效应还是大于负面势能放大效应,即 $(25086.6016 - 20000) > (26147.4848 - 25086.6016)$。

三、经济追赶背景下反优势冲突的作用机理

既然叠加优势局面的形成并不意味着一定会给经济追赶带来净的正效应,既然优势冲突不可避免,反优势冲突就具有必要性,且意义重大。

对此,继续以上两小节所提出的两个例子进行具体说明。

在前文中,假设在考察期 t 里,先后形成了4种对经济追赶有影响的优势 A_1、A_2、A_3、A_4,每一种优势形成后都与此前形成的优势在时空上并存,此将 t 分为4个时期——时期1、时期2、时期3、时期4;A_1、A_2、A_3、A_4 分别形成在

时期1、时期2、时期3、时期4的起始,并假设时期1、时期2、时期3、时期4的时间长度相同。设 E_1、E_2、E_3、E_4 分别为经济追赶在时期1、时期2、时期3、时期4的初始值或初始状态。同时还假设测得4种优势各自对经济追赶的贡献率(假设此时不存在优势冲突或已经剔除了优势冲突的负面影响),$A_1 = 0.04$、$A_2 = 0.03$、$A_3 = 0.02$、$A_4 = 0.01$,并知道 $E_1 = 20000$。则经济追赶在叠加优势作用下于考察期(t)期末取得的总效果是 $D = 26147.4848$。

在前文中,假设由4种优势构成的叠加优势存在着优势冲突,并测得4种优势各自对经济追赶的贡献率发生了局部变化,某些优势的贡献率降低了,$A_1 = 0.04$、$A_2 = 0.02$、$A_3 = 0.01$、$A_4 = 0.01$,即 A_2 和 A_3 都降低了 0.01,初始状态处于 E_1 的经济追赶为 $E_1 = 20000$。则经济追赶在叠加优势与优势冲突共同作用下于考察期t期末取得的总效果为 $D = 25086.6016$。这时,优势冲突使优势 A_2 和 A_3 各自对经济追赶的贡献率分别减少了1个百分点(共2个百分点),但通过优势间的相互影响,却使经济追赶在期末所取得的结果比不存在优势冲突时减少了4.06个百分点。

现在将这两个例子所描述的状况作反向的比较分析,就可以发现:如果已经知道存在优势冲突,也知道冲突会对经济追赶产生负面影响,并及时采取反冲突措施,结果是使冲突的程度获得了有效降低,降幅提升了优势之间的一致性、兼容性和融合性,使优势 A_2 和优势 A_3 对经济追赶的贡献率分别提高了1个百分点。如果其他条件维持不变,则在叠加优势与反优势冲突共同作用下,经济追赶于考察期t期末取得的总效果是 $D = 26147.4848$。显然,在叠加优势与反优势冲突共同作用下取得的D值明显大于存在优势冲突而没有采取反冲突措施时的D值(25086.6016),即反冲突措施使经济追赶在考察期t获得了更好的效果。虽然反冲突措施使 A_2 和 A_3 对经济追赶的贡献率分别只提高了1个百分点(共2个百分点),却使经济追赶在过去所取得的结果增加了4.23个百分点。这意味着,反优势冲突对增强叠加优势的正面作用、降低冲突的负面影响起到了作用,即反优势冲突对改变叠加优势与优势冲突对经济追赶的此消彼长的影响。

这还说明,如果反优势冲突获得成功,欠发达地区或后发地区的经济追赶就会取得更好的绩效,进而使欠发达地区有可能缩小与发达地区的差距或者进入发达地区行列,让后发地区在发展水平或发展阶段上接近或进入先发地区行列。或者说,虽然反优势冲突并不能消除优势冲突,但可以减少优势冲突的数量,或可以降低优势冲突的程度,进而强化正面势能、弱化负面势能,进而改变叠加优势与优势冲突对经济追赶的此消彼长效应,推动经济追赶获得更快、更有效的发展。

反优势冲突的作用主要是改变叠加优势与优势冲突对经济追赶的此消彼长的影响。

四、优势叠加、优势冲突与反冲突的综合作用机理

综合前面三小节对优势叠加、优势冲突、反优势冲突对经济追赶影响所作的分析,可将优势叠加、优势冲突、反优势冲突对经济追赶的综合作用机理概括为:经济追赶既是叠加优势和优势冲突的函数(其中追赶与叠加优势正相关、与优势冲突负相关),也是反优势冲突的函数(二者正相关);反优势冲突是通过改变叠加优势与优势冲突对经济追赶的此消彼长的影响来实现对经济追赶的影响,因而,反优势冲突与经济追赶是一种复合函数关系。

优势叠加、优势冲突、反优势冲突对经济追赶的综合作用机理的数学模型是:

$$y = f^+(x) - f^-(x) + \phi(u) \qquad (3-5)$$
$$u = g(r) \qquad (3-6)$$

式中,y 表示叠加优势、优势冲突与反优势冲突对经济追赶的综合影响,或称经济追赶在叠加优势、优势冲突与反冲突综合作用下所取得的效果。y 与前面所说的 D 有相同的内涵。

$f^+(x)$ 项为叠加优势对经济追赶的影响,该项前面的数学符号为正,表示其与经济追赶正相关。叠加优势对经济追赶存在这种函数关系 $y = f^+(x)$,其机理在前面已经进行了系统阐述。

$f^-(x)$ 项为优势冲突对经济追赶的影响,该项前面的数学符号为负,表示其与经济追赶负相关。优势冲突对经济追赶存在这种函数关系 $y = f^-(x)$,其机理在前面已经进行了系统阐述。

$g(r)$ 项表示在叠加优势、优势冲突共存条件下,反优势冲突对叠加优势和优势冲突对经济追赶的此消彼长效应的影响。反冲突对这种此消彼长效应的影响主要是放大叠加优势对经济追赶的正面影响、降低优势冲突对经济追赶的负面影响。反优势冲突与经济追赶是一种递增的复合函数关系。

第五节 优势叠加、优势冲突与反冲突下的叠加效应评判

前面已经考察了优势叠加、优势冲突、反冲突对追赶的影响,现在本节要对叠加效应的评判进行分析。即如何判断一个优势叠加进程与叠加优势对经济追赶产生的影响?优势叠加进程与叠加优势给经济追赶带来的是正的叠加效应还是负

民族地区经济追赶中优势的叠加与冲突：机理、效应及应对机制

的叠加效应？或者是，在优势叠加、优势冲突、反冲突并存条件下，如何判断经济追赶的叠加效应？如何衡量反冲突的效果？如何认识反冲突的地位作用？

对此，可以从欠发达地区经济追赶的纵向发展比较、横向发展比较和纵横结合比较三个视角进行考察，其中从纵横结合比较视角进行评判所得出的结论最为科学、最有说服力。

（一）纵向发展比较

对拥有叠加优势的欠发达地区经济增长进行纵向比较，看其是否取得了比前期更快的增长。这里所说的"前期"是指没有形成叠加优势的前一阶段。和"前期"相比，考察期拥有更好的优势，属于优势叠加阶段。

如果是经济获得了比以前更快的增长，则优势叠加进程在纵向上取得了正的叠加效应。此时无法判断优势叠加进程在横向上取得的效应。因为单凭自身经济增长更快还无法推断欠发达地区是否缩小了地区发展差距。此时，优势冲突被控制在一个相对的适度范围，优势冲突的程度处于相对低的级别，反优势冲突的效果处于相对好的水平。

如果拥有叠加优势的欠发达地区取得的是比前期甚至以前都慢的增长速度，则优势叠加进程在纵向上取得的是负的叠加效应。一般情况下，优势叠加进程在横向上取得的叠加效应也是负的。就优势关系角度解释，这时优势冲突没有被控制在一个适度的水平，反优势冲突取得的效果属于最差级别。这时，反优势冲突不仅迫切，而且意义突出。

（二）横向发展比较

从主体之间的发展进行横向比较看，就欠发达地区而言，主要看拥有叠加优势的欠发达地区与发达地区的差距是否扩大了。在这里，假定发达地区在考察期的发展条件没有出现重大变化，和以前基本相同或相似。与此同时，欠发达地区则有重大变化——存在一个优势叠加过程和叠加优势格局，或者是在考察期拥有更好的优势群。

如果与发达地区的差距缩小了，或者与发达地区的差距获得了固化，则优势叠加进程给经济追赶在横向上带来的是正的叠加效应。此时，优势冲突被控制在一个最适度的范围，优势冲突的程度处于最低级别，反优势冲突的效果处于最好的水平。这时，反优势冲突的紧迫性与重要性不突出。因为经济追赶的最终目的是实现追赶与超越。

如果与发达地区的差距扩大了或出现了扩大趋势，则优势叠加进程给经济追赶在横向上带来的叠加效应是负的。此时无法判断在纵向上的叠加效应是正的还是负的。因为单凭地区差距扩大或出现了扩大趋势，无法推断欠发达地区是否获得了比以前更快的增长。但是，有一点是可以肯定的，此时，反优势冲突不仅紧

第三章　经济追赶中优势叠加、优势冲突与反冲突的机理效应

迫，而且意义重大。

（三）将纵向与横向发展结合起来比较和评判

（1）如果拥有叠加优势的欠发达地区取得了比前期更快的增长，与发达地区的差距也缩小了，则叠加优势给经济追赶带来的叠加效应在纵向和横向上都是正的，优势冲突对经济追赶产生的负面效应处于最小级别，正的叠加效应具有最大化发展的可能性。此时，优势叠加进程中优势冲突的程度处于最优级别，优势冲突被控制在最低的程度，反优势冲突取得的成效处于最好级别。这时，反冲突的紧迫性与重要性最不突出。

（2）如果拥有叠加优势的欠发达地区取得了比前期更快的增长，但与发达地区的差距扩大了，则优势叠加进程给经济追赶带来的叠加效应在纵向上是正的、在横向上是负的。此时，优势冲突被控制在一个相对好的适度范围，但还没有达到最优那个级别；优势冲突的程度处于相对低的级别，但还没有达到最低程度的级别；反优势冲突的效果处于相对好的水平，但也没有达到最好的级别。从追赶的最终目标看，可以将此情形认定为追赶无效、反冲突无效。在这种情形下，反冲突不仅紧迫，而且意义重大。欠发达地区获得了比以前更快的增长，与发达地区的差距不一定就必然缩小，这在现实中并不缺乏这种案例。

（3）如果拥有叠加优势的欠发达地区取得了比前期更慢的增速，与发达地区的差距也扩大了，则优势叠加进程给经济追赶带来的叠加效应在纵向和横向上都是负的，优势冲突给经济追赶造成的负面效应大于叠加优势给经济追赶带来的正面效应。此时，优势冲突的程度处于最大的级别，反优势冲突的效果属于最差级别，不管从哪个角度看，都可以认定为追赶绝对无效、反冲突也绝对无效。这时，反优势冲突不仅特殊的紧迫，而且意义也特别重大。

（4）如果拥有叠加优势的欠发达地区取得了比以前更慢的增长，但与发达地区的差距缩小了。这种情形不符合一般经济发展规律，在现实生活中也不存在。

基于前面的分析，经济追赶主要存在四种可能性轨迹与效果（见图 3-3）。

一是欠发达地区的经济增长出现加速发展，与发达地区的差距出现缩小趋势。如图 3-3 的 E_1E_{11} 与 $E_{21}E_{22}$ 之间的距离变化。这是最优的追赶效果。

二是欠发达地区的经济增长出现较快发展，与发达地区的差距出现扩大趋势，但差距扩大的速度比较缓慢。如图 3-3 的 E_1E_{12} 与 $E_{21}E_{22}$ 之间的距离变化。这是次优的追赶效果。

三是欠发达地区的经济增长与以前基本持平，与发达地区的差距出现扩大趋势，差距扩大的速度比较快。如图 3-3 的 E_1E_{13} 与 $E_{21}E_{22}$ 之间的距离变化。这是一种无效的经济追赶。

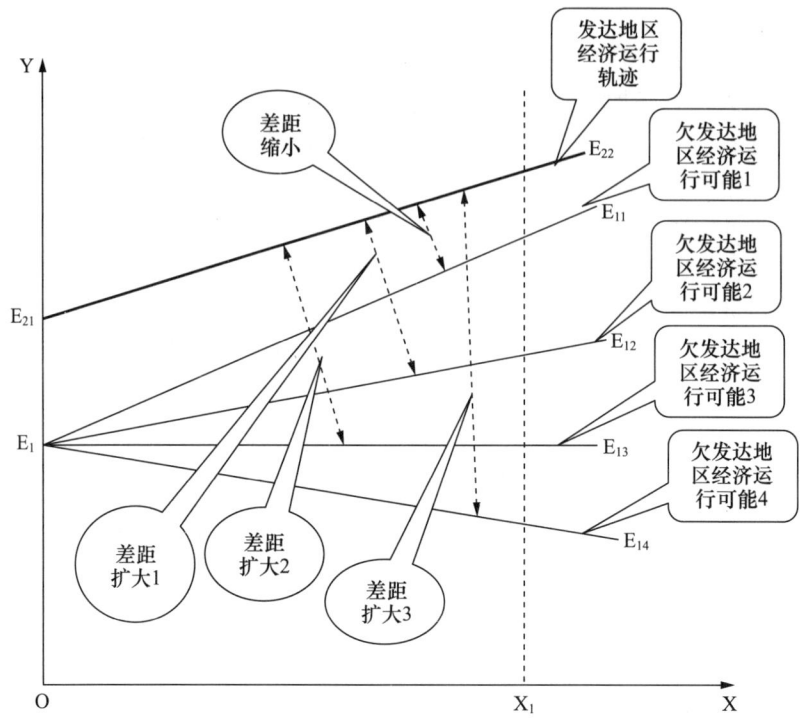

图 3-3 优势叠加、优势冲突与反冲突的叠加效应

四是欠发达地区的经济出现绝对的负增长,与发达地区的差距出现扩大趋势,且差距扩大有加速趋势。如图 3-3 的 E_1E_{14} 与 $E_{21}E_{22}$ 之间的距离变化。这是一种恶化的经济追赶。

在图 3-3 中:Y 轴表示经济追赶效果或经济增长效果。X 轴表示一种有特殊内涵的时间变量,OX_1 代表一个考察期。已经假定,发达地区在考察期 OX_1 的经济发展条件没有出现重大变化,和以前基本相同或相似;欠发达地区在考察期 OX_1 则是优势叠加,拥有叠加优势或更好的优势群,也有可能同时存在优势冲突与反冲突。O 为考察期 OX_1 的起点。

E_1 表示经济追赶或经济增长在考察期 OX_1 起点时的初始状况。在期末 X_1 时,发达地区的经济实现了明显增长,欠发达地区的经济增长则有四种可能性轨迹(E_1E_{11}、E_1E_{12}、E_1E_{13}、E_1E_{14})。

$E_{21}E_{22}$ 表示发达地区增长轨迹与经济水平,发达地区经济在考察期处于持续增长。

E_1E_{11} 表示欠发达地区在优势叠加、优势冲突与反冲突背景下的经济增长(即经济追赶)的可能性轨迹之一,是一条自左下方向右上方明显倾斜的线。这表示，欠发达地区在考察期不仅是持续性加速增长、增速最快，而且与发达地区的差距在缩小，即 E_1E_{11} 与 $E_{21}E_{22}$ 之间的距离存在缩小趋势。

E_1E_{12} 表示欠发达地区在优势叠加、优势冲突与反冲突背景下经济增长（即经济追赶）的可能性轨迹之二，是一条自左下方向右上方明显倾斜的线。这表示，欠发达地区在考察期是持续性较快增长，但还不是以最快的速度增长，其与发达地区的差距呈现扩大趋势，但差距扩大的速度比较缓慢。即 E_1E_{12} 与 $E_{21}E_{22}$ 之间的距离存在缓慢扩大趋势。

E_1E_{13} 表示发达地区在优势叠加、优势冲突与反冲突背景下经济增长的可能性轨迹之三，是一条围绕着水平线小幅波动的线。其表明，欠发达地区的经济增长在考察期基本上处于停滞不前状态，与发达地区的差距呈现扩大趋势，但差距扩大的速度比较快。即 E_1E_{13} 与 $E_{21}E_{22}$ 之间的距离存在较快扩大趋势。

E_1E_{14} 表示发达地区在优势叠加、优势冲突与反冲突背景下经济增长的可能性轨迹之四，是一条自左上方向右下方明显倾斜的线。这表明，欠发达地区经济在考察期处于明显的负增长，与发达地区的差距呈现快速扩大趋势。即 E_1E_{14} 与 $E_{21}E_{22}$ 之间的距离存在快速扩大趋势。属于差距扩大的极端情形。

反优势冲突的目的就是要通过改变叠加优势和优势冲突对经济追赶的此消彼长效应，推动经济追赶尽可能沿着线 E_1E_{11} 这个轨迹运行，防止出现 E_1E_{12}、E_1E_{13}、E_1E_{14} 三种发展轨迹。

基于此，在经济追赶过程中，一部分拥有比较优势和后发优势等各种优势的欠发达地区或后发地区，无法缩小与发达地区的差距，甚至出现差距拉大趋势，可以尝试从优势冲突与反冲突无效这个角度进行解释，或者是注意到了优势叠加与叠加优势，忽视了优势冲突与反冲突。

第四章 我国民族地区的经济追赶

中华人民共和国成立以来，我国少数民族地区的开发建设取得了巨大成就，总量与人均指标都呈现出增长态势。但是，受各种因素的制约，民族地区作为欠发达地区仍继续存在，经济追赶仍在继续进行。这不仅表现在少数民族最为集中、民族地区面积最大的西部地区，而且还表现在5个少数民族自治区。

第一节 东中西三大地带比较视角下的民族地区经济追赶

一、民族地区与东部的差距进一步扩大

从图4-1可以看出，1952~2007年，作为民族地区看待的西部地区在经济追赶上的总体特点是东西部差距进一步扩大。

1952年以来，在东部、中部、西部三大地带中，西部地区在我国GDP所占的份额一直都是最小的，不到1/4，东部地区的占比最大，超过44%。

就西部与中部比较看，1952~2007年，西部和中部在全国GDP的占比总体上都是呈现出一种递减趋势，西部地区从21%下降到17%，中部地区从31%减少到24%；西部与中部之间的发展差距总体上呈现出缩小的趋势，差距从10个百分点缩小到7个百分点。这表明，西部地区在考察期的经济追赶中收到了明显的效果。

就西部与东部比较看，1952~2007年，东部地区在全国GDP的占比总体上是一种递增趋势，从48%扩大到59%，西部与东部之间的发展差距总体上呈现出不断扩大的轨迹，从27个百分点扩大到42个百分点。这表明，1952年以来，

西部地区经济追赶的绩效又是不理想的,西部地区经济追赶的特征十分突出。这还意味着,民族地区今后仍将继续维持"追赶"这种发展特征。

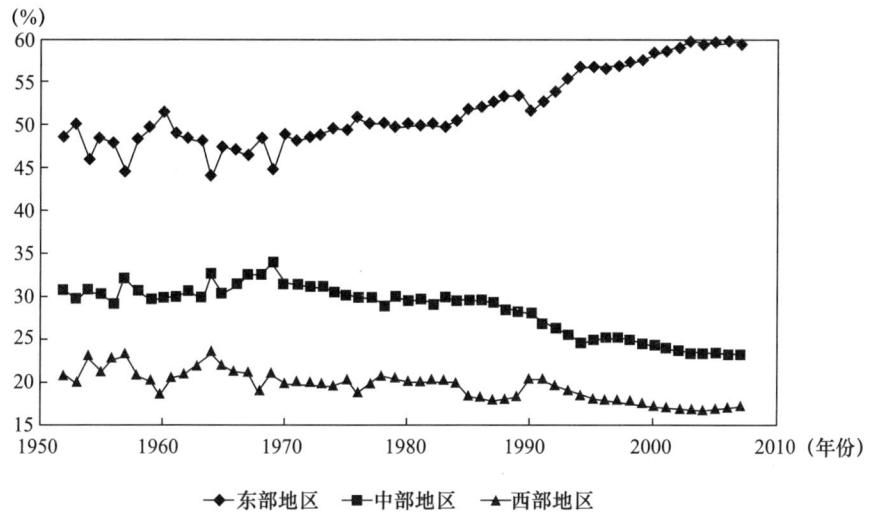

图 4-1　1952~2007 年东、中、西部三大地带的 GDP 份额
数据来源:新中国五十年统计资料汇编;中国宏观数据库;《中国统计年鉴》。

二、民族地区的经济追赶是在波动中推进

从图 4-1 还可以发现,1952 年至改革开放初期,西部与中部在全国 GDP 占比的差距没有出现明显的扩大趋势,西部与东部之间的占比差距也没有出现明显的扩大趋势。这表明,这一时期的民族地区经济追赶收到了很大的成效。

改革开放初期到 2000 年实施西部大开发,西部和中部在全国 GDP 的占比都在缩小,东部的占比不断增加,西部与中部的占比差距出现缓慢缩小的趋势,西部与东部的占比差距出现扩大的趋势,其中 1990 年以后出现了差距加速扩大的趋势。这表明,相对中部而言,这一时期西部地区的经济追赶收到了比较明显的效果;相对东部而言,这一时期西部地区的经济追赶绩效则不理想,经济追赶特征十分突出。

从 2000 年实施西部大开发至 2007 年,西部与中部在全国 GDP 占比的差距基本上处于固化态势,既没有出现明显的扩大,也没有出现明显的缩小;中西部在全国 GDP 的占比呈现下降趋势。西部与东部在全国 GDP 占比的差距则总体上呈现出继续扩大的趋势,2007 年东西部差距扩大的势头才获得控制,差距开始缩

小。这表明,相对中部而言,这一时期西部地区经济追赶的效果还是比较好的;相对东部而言,这一时期西部地区经济追赶的绩效仍不理想,经济追赶特征仍十分突出。

同时表明,西部地区的经济追赶是在波动中推进。就前面所划分的三个阶段看,经济追赶在改革开放以前的这个阶段所取得的绩效是最好的。在20世纪90年代以前,每隔几年,西部在全国GDP的占比就会出现反弹,东部地区的占比则是出现相应的减少。进入90年代以后,西部的这种波动明显减少,波幅也明显变小。

第二节 五自治区与东部比较视角下的民族地区经济追赶

以5个少数民族自治区(广西、西藏、新疆、内蒙古、宁夏)为对象,通过其与由11个省市构成的东部地区(北京、天津、河北、辽宁、上海、江苏、浙江、福建、山东、广东、海南)进行比较,可以揭示出我国民族地区的经济追赶之路。

一、从人均GDP差异看我国民族地区的经济追赶

作为衡量一个国家和地区经济发展水平的重要指标,除了GDP总量外,还有人均GDP。就两者而言,人均GDP比GDP总量更能准确地衡量一个国家或地区的经济发展水平。经济发展不仅表现为GDP的总量增长,而且还应该同时表现为人均GDP的增长。只有人均GDP获得增长,经济才会有实质性的发展。

图4-2显示,中华人民共和国成立以来,五自治区的人均GDP水平获得了不断提高,少数民族地区的纵向经济追赶取得了比较明显的效果。但是,五自治区的人均GDP水平却低于东部地区,其中两者的人均GDP差距在改革开放后出现急剧扩大。两者的人均GDP差值从原来的平均1.5倍增加到了2倍,甚至是3倍。这表明,五自治区的横向经济追赶绩效并不理想,今后仍将继续维持追赶这个发展特征。

从分阶段进一步分析,五自治区的横向追赶具有以下特点。

实行改革开放以前,五自治区与东部地区在人均GDP上的差距大约在1倍左右,差距只有几百元,差距扩大的趋势不很突出。五自治区在这一时期的横向

经济追赶收到了很大的成效。

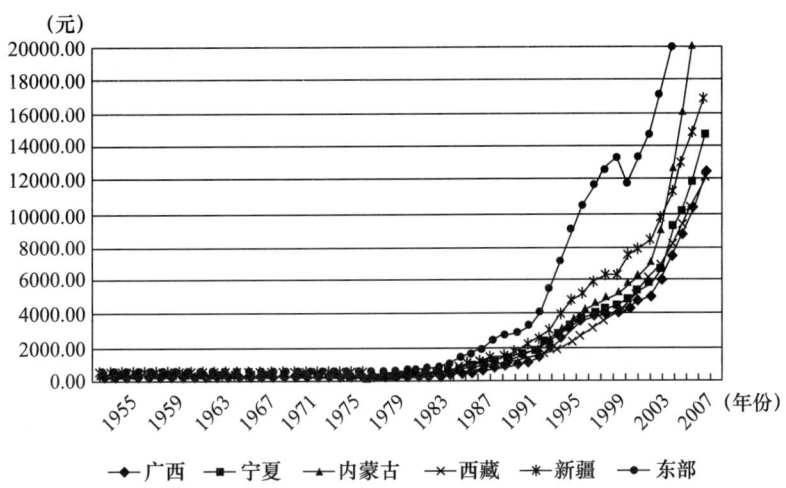

图 4-2　五自治区与东部地区的人均 GDP 差距
数据来源：新中国五十年统计资料汇编、中国宏观数据库、《中国统计年鉴》。

改革开放初期到 2000 年实施西部大开发，五自治区与东部地区在人均 GDP 上的差距出现急剧扩大的趋势，人均 GDP 差值从 1 倍扩大到 2 倍以上，差距从几百元扩大到 7000 元以上，其中广西、西藏与东部的差距接近 10000 元，在实施西部大开发前夕的 1999 年出现了中华人民共和国成立以来的峰值（2.8 倍）。这表明，五自治区在这一时期的横向经济追赶绩效非常不理想。

从 2000 年实施西部大开发至 2007 年，五自治区与东部地区在人均 GDP 上的差距扩大势头得到了抑制，其中内蒙古、新疆与东部地区的差距已经出现缩小的态势，广西、西藏与东部地区的差距出现了相对固化的态势，而没有出现明显的扩大趋势。这表明，实施西部大开发以后，五自治区的横向经济追赶绩效获得了明显的提升。①

这也表明了前面已经得出的类似结论：五自治区的经济追赶收到了比较大的效果，但经济追赶仍任重道远，今后仍将继续维持追赶这种发展特征；五自治区的经济追赶在波动中推进，在实行改革开放以前和实施西部大开发以后，民族地区都取得了比较明显的横向追赶绩效。

---

① 其中一个重要原因，也许是中央在不同时期实施了不同的区域经济发展战略与发展政策。

二、从产业结构差异看我国民族地区的经济追赶

经济结构是衡量一个国家与地区经济发展水平的另一重要指标。经济发展不仅应该表现在人均 GDP 的增长上,同时还应该表现在经济结构的优化上,应该是数量增长与结构优化的统一。从结构角度来看,经济结构的优化主要表现为产业结构的优化升级。

20 世纪 40 年代,英籍澳大利亚经济学家克拉克在继承威廉·配第和费希尔研究成果的基础上,提出"配第—克拉克"定律,指出随着经济的发展,劳动力在三次产业的转移趋势与顺序是第一产业→第二产业→第三产业,即:劳动力首先从第一产业向第二产业转移,其次随人均收入水平的进一步提高,劳动力再从第二产业向第三产业转移。

库兹涅茨在克拉克研究成果的基础上,从劳动力和国民收入在产业间的变动入手,对产业结构演进作了进一步探讨。库兹涅茨研究指出,随着经济发展、年代的延续,劳动力和国民收入在三次产业的演变是:①第一产业的国民收入和劳动力一样,所占比重处于不断下降趋势;②第二产业国民收入的相对比重,大体上是上升的,但第二产业劳动力的相对比重,则大体不变或略有上升;③第三产业劳动力的相对比重,基本上呈上升趋势,但国民收入的相对比重未必同步上升,虽然总体上略有上升,但不是始终如一地上升。

图 4-3、图 4-4、图 4-5 显示,我国五自治区的产业结构水平一直低于东部。

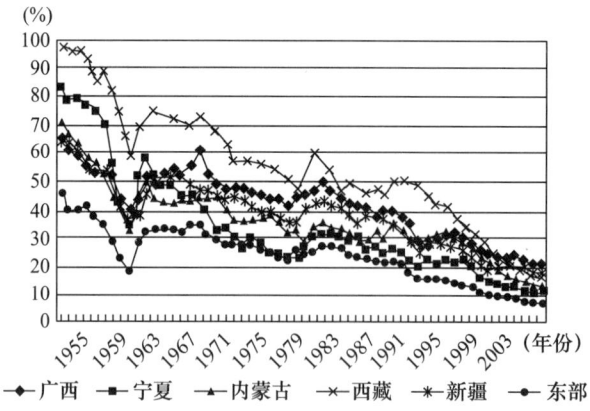

图 4-3 五自治区和东部地区的第一产业占 GDP 比重变化趋势

数据来源:新中国五十年统计资料汇编、中国宏观数据库、《中国统计年鉴》。

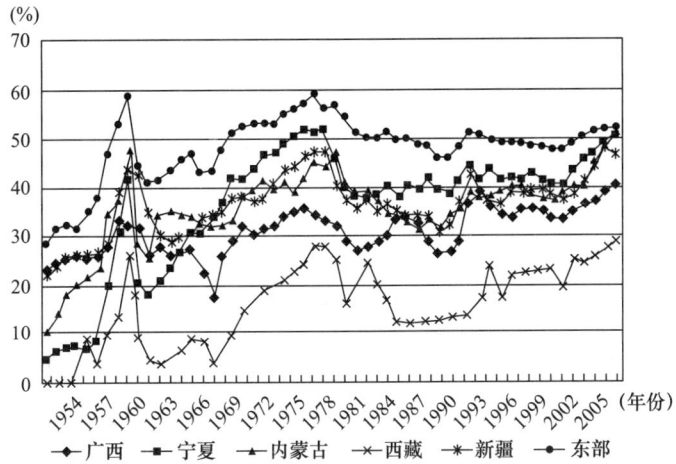

图4-5 五自治区和东部地区第二产业占GDP比重的变化趋势

数据来源：新中国五十年统计资料汇编、中国宏观数据库、《中国统计年鉴》。

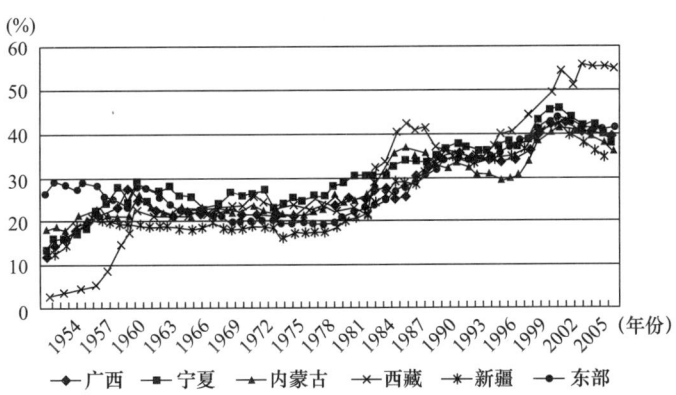

图4-5 五自治区和东部地区第三产业占GDP比重的变化趋势

数据来源：新中国五十年统计资料汇编、中国宏观数据库。

从发展趋势看，五自治区和东部地区在三次产业的结构演进趋势上是一致的，第一产业占GDP的比重呈下降趋势，第二产业和第三产业占GDP的比重呈上升趋势，其中第三产业的升幅大于第二产业，符合三次产业结构演进规律，其中，五自治区在三次产业方面与东部地区的差距具有缩小的趋势。这表明，少数民族地区的横向经济追赶在结构发展趋势方面收到了明显的效果。

但是，五自治区与东部地区在产业结构方面的差距仍一直存在，前者仍明显落后于东部地区。五自治区第一产业占GDP的比重一直明显高于东部地区，五自治区第二产业占GDP的比重则一直明显低于东部地区。这表明，五自治区的工业化水平一直明显低于东部地区，"三农"在向工业化、城镇化、现代化转型发展方面明显滞后于东部地区，或者说，五自治区的工业化质量一直明显逊于东部地区，甚至可以说，高质量的工业化任务在五自治区还没有完成。

虽然西藏和宁夏的第三产业占GDP的比重在多数年份都高于东部地区，其他三个自治区则和东部地区比较接近，但这也不能表明五自治区的产业结构水平已经接近或者已经超过东部地区。因为，五自治区第三产业的快速发展是以低水平的工业化为基础和支撑的，五自治区的工业基础和工业竞争力都明显不如东部各省，他们处于两个发展水平根本不同、差别很大的层次，其中西藏的工业水平在五个自治区中一直是最低的。受此制约，五自治区的服务业水平也明显比东部地区低得多，是一种低层次、低水平的发展。这表明，民族地区在服务业现代化发展方面的追赶任务也十分艰巨。

第三节 民族地区内部比较视角下的民族地区经济追赶

一、绝大多数省区的追赶缺乏突破性

图4-6显示，从西部12个省区市内部GDP比较来看，我国民族地区的经济追赶具有以下特点。1978~2006年，在西部地区内部，拥有最大GDP份额的是四川，一直占25%左右，占份额最小的是青海、宁夏、西藏，一直小于3%，其他省的份额则一直处于5%~11%；12个省区市的GDP份额出现波动性变化，其中，广西、宁夏、云南、青海、贵州、甘肃、四川、西藏、陕西、重庆、新疆11个省区市的变化比较小，只有内蒙古变化（增加）比较大。2006年与1978年相比，GDP份额略有下降的是广西、宁夏、云南、青海、贵州、甘肃、四川，GDP份额基本维持不变的是西藏、陕西、重庆，新疆略有增加，内蒙古则增加较大。这表明，在经济追赶进程中，除了内蒙古，其余11个西部省区市都没有能够脱颖而出，没有取得比较明显的横向追赶绩效。

二、追赶位置的交替性与不变性并存

1978年启动改革开放至2000年启动西部大开发这个时期，在西部地区内部，GDP占比出现（略有）上升趋势或基本维持不变的有六个省市，它们是内蒙古、新疆、云南、西藏、陕西、重庆，出现（略有）下降趋势的是广西、宁夏、贵州、青海、甘肃、四川六省区

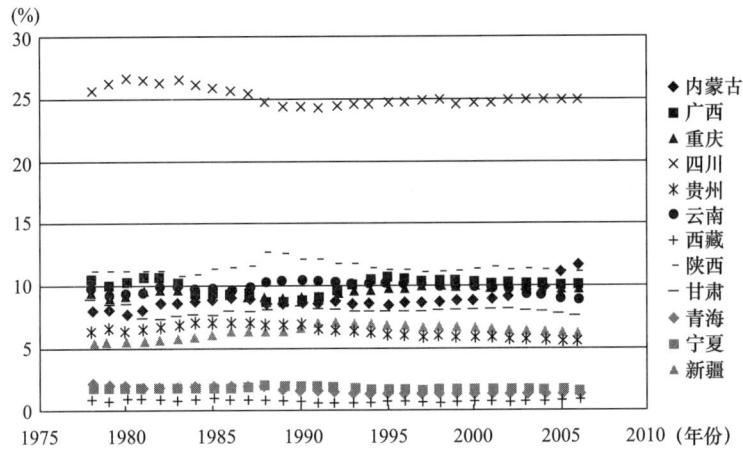

图 4-6　1978～2006 年西部地区内部 12 个省区市的 GDP 份额

数据来源：新中国五十年统计资料汇编、中国宏观数据库、《中国统计年鉴》。

2000 年启动西部大开发至 2006 年这一时期，除内蒙古的占比有较大增长外，西藏、宁夏、青海、四川、陕西五省区的 GDP 份额呈现略有上升或基本维持不变的趋势，GDP 份额出现略有下降的是广西、新疆、云南、贵州、甘肃、重庆六省市。其中，宁夏、青海、四川从占比略有下降这个梯队晋升到占比上升或基本维持不变这个队伍，新疆、云南、重庆从占比上升或基本维持不变的队伍中退出，进入占比略有下降这个梯队。这也表明，在经济追赶进程中，除了内蒙古，其余 11 个省区市的追赶呈现出位置交替的你追我赶态势。

图 4-7 显示，在由广西、云南、贵州、四川、西藏、重庆构成的西南六省区市，1978～2006 年，广西、云南、重庆的占比排名交替明显，贵州、四川、西藏的占比排名则维持不变，排在最后的一直是贵州、西藏。

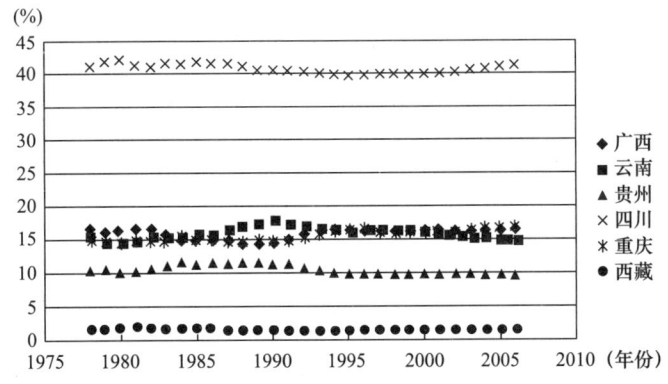

图 4-7　1978～2006 年西南六省区市 GDP 份额

数据来源：新中国五十年统计资料汇编、中国宏观数据库。

基于此，后面将探讨民族地区在经济追赶中的国家区域发展战略与发展政策、区域竞争与区域互补。

第四节 民族地区经济追赶与我国的区域经济发展战略

向某一地区倾斜的区域经济发展战略与政策作为一种优势，会深刻地影响到地区的经济发展。中华人民共和国成立以来，我国先后实施了三种不同的区域经济发展战略与政策：向内地倾斜型、向东部沿海地区倾斜型和向西部地区倾斜型（即西部大开发）。前者在计划经济条件下推行，后两者在经济市场化转型条件下实行。① 这些不同的区域发展战略与政策深刻地影响着民族地区的经济追赶。1995年召开的中共十四届五中全会曾明确指出，今后要逐步地、积极地解决地区差距扩大的问题，要适当调整原有的区域经济发展战略，要积极创造条件缩小东、西部地区差距。② 由于我国总体上实行的是一种外延型的经济增长方式，所以，投资不仅是我国区域经济发展的主要推动力，而且还是衡量区域发展战略与政策的主要指标，其中工业是重点。

一、向内地倾斜的区域经济发展战略与政策

20世纪80年代以前，我国区域经济发展战略与政策是一种计划经济性质的、以投资内地为主的、向内地倾斜的战略与政策。③

（一）向内地倾斜区域发展战略与政策的实施

向内地倾斜区域发展战略与政策的实施可分为各有特点的三个阶段。

第一个阶段是"一五"时期（1953~1957年）。此时期的特点是：以协调沿海与内地的关系为主线，开创工业布局新格局。针对旧中国工业过分集中东部沿海地区的缺陷，我国工业建设的重点在"一五"时期开始向内地转移，但这时期向内地倾斜的幅度还不是很大。五年中，国家投资的区域分配比例是：东部沿海占36.9%，中部占28.8%，西部占18%，不分地区的占16.3%，内地仅比沿海多9.9个百分点。④ 若按三大地带分，沿海占的比重还是最大的。

---

① 李敦祥，付德申. 新中国五十年区域经济发展战略分析［J］. 社会科学家，2000（1）.
② 中共十四届五中全会公报，1995.
③ 张敦富认为，此阶段我国实行的是均衡发展战略。详见张敦富的《区域经济开发研究》（1998）.
④ 刘再兴. 中国区域经济——数量分析与对比研究［M］. 北京：中国物价出版社，1993.

第二个阶段是"二五"及三年调整时期（1958~1965年）。这是一个过渡时期。在这个时期，国家向内地倾斜的力度开始加大，内地与沿海的投资差距呈现不断扩大的趋势。"二五"时期，内地与沿海的基本建设投资比为59.4∶40.6，1963~1965年则扩大到62.5∶37.5。①

第三个阶段是"三五"、"四五"和"五五"时期（1966~1980年）。这时期的特点是，受"文革"和错误估计国际形势（尤其是战争威胁）的影响，国家的基建投资大幅度向西倾斜，区域经济发展的重心向西作战略转移。这主要表现在"三线"建设时期。在"三五"时期的基建投资中，沿海占26.9%，中部占29.8%，西部占34.9%（其余的为其他地区）；同"一五"相比，沿海所占的比重下降了10个百分点，西部上升了16.9个百分点，②西南、西北成为投资重点。到"四五"时期，内地与沿海的基建投资比仍达60.5∶39.5。这种投资大转移在"五五"时期有所减缓。但是，内地与沿海的投资比仍为54.2∶45.8，内地比沿海多8.4个百分点。③

（二）区域经济发展战略与政策向内地倾斜的原因

选择计划经济性质的向内地倾斜的区域经济发展战略与政策，主要是由我国当时的经济理论和政治经济状况决定的。

中华人民共和国成立后相当长的一段时间里，生产关系决定论是我国经济学的主流观点，认为在资源配置上，社会主义与资本主义有质的区别。由于资本主义制度的根本缺陷和剩余价值规律的作用，资本主义国家不可能实现区域经济的平衡发展；社会主义则不仅要追求区域经济发展的平衡，而且可以实现均衡发展。因此，我国区域经济发展战略与政策选择向相对落后的内地倾斜，以尽快实现区域经济的平衡发展。

从经济发展现实看，基于中华人民共和国成立之初我国内地与沿海在经济上表现出的巨大差距，在我国社会主义国家性质和上述主流经济学观点的影响下，也促使我国做出这种选择。中华人民共和国成立初期，我国工业在地域分布与发展水平上极不平衡，东部沿海地区占国土面积不到12%，却集中了70%的全国工业；广阔的内地，除武汉、重庆等少数大城市外，工业极为薄弱，西部少数民族地区更是接近空白状态；西部省份的工业产值仅占全国的11.2%，占国土面积45%的西北及内蒙古，工业产值只占全国的3%。④ 因此，把加速发展内地作为我国区域经济发展的重点，实行向内地倾斜的战略与政策，无疑有其现实根据。

此外，中华人民共和国成立初期的国际环境对这种选择也产生了很大影响。

---

①③ 张敦富．区域经济开发研究［M］．北京：中国轻工业出版社，1998．
② 刘再兴．中国区域经济：数量分析与对比研究［M］．北京：中国物价出版社，1993．
④ 陈栋生．西部经济崛起之路［M］．上海：上海远东出版社，1996．

中华人民共和国成立伊始，以美国为首的西方资本主义阵营就对它实行政治敌视与经济封锁，以便将之颠覆，新的中国政权随时面临战争的威胁。与此同时，退守台湾的国民党政府经常使用各种手段对我国东部地区进行捣乱与破坏，企图反攻大陆。在这种条件下，新成立的中国将经济建设的重点放在内地，无疑是一种极为现实的选择。

(三) 向内地倾斜战略实施阶段的民族地区经济追赶

实行向内地倾斜的区域发展战略与政策，对改变当时我国内地落后面貌、缩小内地与沿海差距，取得了显著成效。其中最为突出的是一定程度上改变了我国工业布局的严重失衡状况，缩小了内地与沿海的工业差距。中华人民共和国成立前，中西部地区几乎没有近现代工业。经过向内地倾斜的持续投资建设，内地形成了包头、太原、兰州、西安、洛阳等在全国具有重要影响的新工业基地，建成了攀枝花钢铁公司等一大批工业骨干企业。内地对东部沿海的工业静态不平衡差，已从1952年的53.03缩小到1975年的36.04。①

与此同时，向内地倾斜战略的实施，促进了我国内地尤其是少数民族地区经济和科教文卫事业的快速发展。从1952年到1978年，当时的西部九省区的国民收入年均增速为6.9%，高于全国平均水平的6.5%。② 图4-1也显示，1952年至实行改革开放之初，西部与中部之间在GDP份额上的差距没有出现扩大的趋势，西部与东部之间在GDP份额上的差距也没有出现扩大的趋势，或者说差距扩大的趋势很不明显。

内地的民族地区之所以取得这种经济追赶绩效，向内地倾斜区域发展战略与政策的实行无疑是主要原因。在这个时期，我国的经济增长采用的是一种中央高度集权、高度指令性计划下的外延增长方式，一种国家包投资、产品经济制度下的增长方式。1953~1980年，我国国营工业固定资产增长了20倍，流动资金增长了18倍，但工业总产值仅增长7.2倍；每百元资金在工业所实现的利润，1966年为34.5元，1976年则下降到19.3元；每百元积累所增加的国民收入，"一五"时期为35元，"三五"时期下降到26元，"四五"时期更是下降到只有16元；基本建设固定资产交付使用率，"一五"时期为83.7%，到"四五"时期下降为61.4%；③ 全民所有制工业的资金利税率，"一五"时期为29.4%，"四五"时期下降到18.7%。④

如果向内地倾斜区域发展战略与政策不能继续保持下去，这不仅会直接影响到中西部地区的后续发展，而且还会直接影响到民族地区与发达地区经济差距的

---

① ④ 刘再兴. 中国区域经济——数量分析与对比研究 [M]. 北京：中国物价出版社，1993.
② 陈栋生等. 西部经济崛起之路 [M]. 北京：上海远东出版社，1996.
③ 张敦富. 区域经济开发研究 [M]. 北京：中国轻工业出版社，1998.

缩小。我国改革开放启动后的区域经济关系可以充分地印证这一点。我国实行改革开放后，直至2000年全面启动西部大开发，中央在这个时期实行的是向东部倾斜区域经济发展战略与政策，以前的向内地倾斜区域发展战略与政策开始退出。在此期间，西部与东部地区的经济差距出现不断扩大的趋势。前面已经多方面地阐述了差距扩大这个现实。

二、向东部倾斜的区域经济发展战略与政策

实行改革开放后，我国改变了原有的区域经济发展战略与政策，选择了以重点发展东部沿海地区、投资向沿海地区倾斜、资源配置方式向市场化转型的区域经济发展战略与政策，优势的天平转为向东部倾斜。

（一）向沿海倾斜区域发展战略与政策的实施

向沿海倾斜区域发展战略可分为两个阶段：前一个阶段是"六五"时期（1981~1985年），后一个阶段是"七五"到"九五"前期。

第一个阶段是沿海地区在基建投资上逐步追平内地的时期。在"五五"时期的后期，国家开始向沿海地区加大投资，沿海与内地的基建投资所占比重由"四五"时期的39.5∶60.5上升到"五五"时期的45.8∶54.2；到了"六五"时期，沿海与内地的基建投资比出现持平，各占50%，东部沿海地区追平了内地①。

第二个阶段是沿海地区基建投资超过内地并进一步扩大差距的时期。进入"七五"时期，国家向沿海地区倾斜的力度进一步加大，投资重点向东转移的迹象更加明显。"七五"时期，沿海与内地的基建投资比上升到55.9∶44.1，沿海地区首次超过内地。②

从整个发展阶段来看，从1981年到1995年，东部沿海地区国有单位固定资产投资所占比重由45.9%上升到54.2%，增加了8.36个百分点；中部地区则由27.9%下降到24.5%，西部地区由17.5%下降到14.3%。③ 与此同时，国家还出台了一系列沿海地区独享的优惠发展政策，鼓励和推动人才、资金、技术等生产要素向沿海地区流动。随着市场化改革开放的逐步推进，东部沿海地区成为我国要素流入的集中地。1985~1995年，东部沿海地区实际利用外资就占到了全国的87.3%，④ "孔雀东南飞"式的资金和人才向东流动成为一种挡不住的潮流。

---

①② 张敦富. 区域经济开发研究［M］. 北京：中国轻工业出版社，1998.
③④ 魏后凯等. 中国地区发陈——经济增长、制度变迁与地区差异［M］. 北京：经济管理出版社，1997.

(二) 区域经济发展战略与政策向东部倾斜的原因

选择向东部倾斜战略与政策主要是由我国当时的思想解放和改革开放市场化取向决定。

第一，解放思想、实事求是思想路线的确立，使我国经济学理论的认识与研究发生了深刻变化，"生产关系决定论"被否定，生产力在经济发展中的主导地位以及"解放生产力"成为经济发展的主导思想，同时区域经济发展不平衡性的观点也得到了应有的重视。这些为向东部倾斜战略与政策的出台奠定了思想和理论基础。

第二，我国改革开放总设计师邓小平提出的让一部分人和地区先富起来，先富带动后富，最终实现共同富裕这一伟大构想，对向东部沿海地区倾斜战略与政策的最终出台与具体落实产生了根本性影响。

第三，选择向东部倾斜战略还与我国改革开放的国家总战略的总体取向有关。党的十一届三中全会开启的这场改革开放，在经济体制上，先是在计划经济体制中引入市场机制，然后探索由计划经济向市场经济转型；在资源要素上，从主要依靠国内资源和国内市场转为同时利用国内国外两种资源、国内国际两个市场。从东部沿海和内地的条件比较来看，东部沿海地区在落实这种改革开放方面具有明显的比较优势。在这种背景下，改革开放首先在东部沿海地区启动。改革开放时期以优先发展东部地区为主，投资与政策向沿海地区倾斜，这是尊重和顺应经济规律的表现。

第四，进入20世纪70年代后，世界经济活动的重心开始出现向亚太地区扩散的趋势，选择向东部沿海地区倾斜的区域经济发展战略与政策，不仅可以使我国的改革开放一开始就接近世界经济活动的活跃区域，而且还可以使我国高效地承接境外的产业转移与投资转移，从而使我国能够更充分地利用国际市场和国际资源，更快地融入世界。这是向内地倾斜战略所无法做到的。

(三) 向东部倾斜战略实施阶段的民族地区经济追赶

向东部地区倾斜区域发展战略与政策的实施，使沿海地区的经济迅速发展起来。1979年到1995年，东部沿海地区的GDP年均增长速度是10.9%，1992~1995年更是高达16.9%。① 东部沿海地区成为改革开放后我国经济增长速度最快、效益最好的地区。

但是，这意味着主要由民族地区构成的西部与东部之间、中部与东部之间经济差距的扩大将无法避免。这在经济总量和人均水平两个方面都表现得很明显。

---

① 魏后凯等. 中国地区发陈——经济增长、制度变迁与地区差异[M]. 北京：经济管理出版社，1997. 为了使比较在统计口径上存在可比性，我们使用的是截至1995年，而不是1999年或2000年的统计数据。

在经济总量方面，20世纪70年代末，东、中、西部在国内生产总值所占的比重分别是52.6%、31.1%和16.3%，1995年变为58.3%、27.5%和14.2%，东部增长了5.7个百分点，西部减少了2.1个百分点。在人均GDP方面，70年代末，东、中、西部的人均GDP分别是463.7元、310.1元和250.8元，1995年分别是6777.4元、3690.7元和2945.3元，东部与中、西部的相对差距分别由33.1%和45.9%扩大到45.5%和56.5%，相对差距分别扩大了12.4个百分点和10.6个百分点。①

从改革开放启动到2000年实施西部大开发这个时期，西部和中部的份额都在缩小，东部的份额在不断增加，西部与东部之间在GDP份额上的差距出现扩大趋势。这既和向东部地区倾斜区域发展战略与政策的实施有关，也和向内地倾斜区域发展战略与政策不能够延续下去有内在联系。在此期间，虽然我国曾强调要提高技术进步对经济增长的贡献率，并一度发动了关于转变经济增长方式的全国大讨论，但外延式或粗放型经济增长仍是我国经济运行的主流和主体，其中在民族地区更是突出。

三、向西部倾斜的区域发展战略与政策

改革开放以前实行的向内地倾斜区域发展战略与政策，在缩小民族地区与东部地区、内地与沿海的经济差距方面无疑是取得了显著的成效，但这是以牺牲整体经济效益和东部沿海地区的发展为代价的。进入20世纪80年代后，实施向东部沿海地区倾斜的区域发展战略与政策，充分利用和发挥了东部沿海地区的比较优势，有效地实现了资源优化配置，推动了我国经济快速增长，提高了我国整体经济效益。但是，民族地区与东部沿海地区的差距却扩大了，且有继续扩大的趋势。虽然这种差距扩大的背景是民族地区也获得了快速发展，只是东部地区发展得更快，但如果对这种趋势不进行有效控制，这不仅会影响到我国全面建成小康社会，而且还会影响到社会稳定、民族团结和国防。以西部大开发所界定的西部地区为例，西部地区占全国土地面积的71%，是我国最大的少数民族地区，5个民族自治区和作为民族自治区看待的青海、贵州、云南都分布于此，陕西、四川、甘肃是我国少数民族人口比较多的省，我国在陆地上主要是通过西部地区与他国接壤和交往。为此，改革开放与向东倾斜区域发展战略推进到一定程度后，调整我国的区域经济战略与政策，在不人为限制东部地区继续快速发展的前提下，加快西部地区的发展，就成为一种客观需要。

从条件上看，我国经过近40年的改革开放与经济快速发展，在新世纪之初

---

① 魏后凯等. 中国地区发展——经济增长、制度变迁与地区差异[M]. 北京：经济管理出版社，1997.

启动了向西部倾斜的区域发展战略与政策——西部大开发,时机已经成熟。我国的改革开放与市场化发展经过30多年的向东倾斜,东部地区的经济发展能力已经获得了非常大的提升,即使向东部倾斜的区域发展政策在此时退出,并同时启动向西部倾斜的区域发展战略与政策,也不会影响到东部地区继续快速向前发展。与此同时,我国一些产能及其产品在东部已经开始接近市场饱和,在西部则存在着旺盛的现实需求。

2000年,中央颁布了《国务院关于实施西部大开发若干政策措施的通知》,随后又专门发布了《国务院西部开发办关于西部大开发若干政策措施的实施意见》,对西部大开发的宗旨、目标、内容及其配套政策做了专门规定和安排,向西部倾斜区域发展战略与政策正式启动。

国务院文件明确指出,实施西部大开发战略,加快中西部地区发展,具有十分重大的经济和政治意义;西部大开发政策的适用范围是广西、云南、重庆、四川、贵州、西藏、陕西、甘肃、宁夏、青海、新疆和内蒙古12个省、自治区和直辖市;西部大开发在2001~2010年的重点任务是:加快基础设施建设,加强生态环境保护和建设,巩固农业基础地位,调整工业结构,发展特色旅游业,发展科技教育和文化卫生事业;目标是:力争在5~10年内,使西部地区基础设施和生态环境建设取得突破性进展,西部大开发取得良好开局。①

为了实现这些预期目标,中央在投资和政策上对西部地区给予了重点支持,其中涉及资金投入、项目安排、投资环境、对内对外开放、人才、科技和教育等众多方面。归纳起来看,中央对西部发展的配套性倾斜支持可分为四大类:一是推动中央和社会增加对西部的投入;二是推动西部的经贸活动,降低成本;三是推动西部发展的环境进一步改善;四是扶持西部培育发展一批主导性支柱性产业和社会事业,② 进而使西部的投资和商贸活动大大增加,使西部变得更具投资吸引力和竞争优势。

西部大开发启动后,以西部地区和5个自治区为考察对象的民族地区与东部的差距快速扩大的趋势得到了一定程度的抑制,民族地区经济追赶的绩效获得了改善。这应该首先归功于西部大开发战略与政策的实施。因为向东部倾斜区域发展战略与政策的退出、向西部倾斜区域发展战略与政策的启动是相对的,只有中央出台向西部倾斜区域发展战略与政策,向东部倾斜区域发展战略与政策的退出才有一个标志与比较。就区域经济发展看,国家关于东部发展的政策并没有发生根本性改变,发生重大改变的是国家关于西部地区的政策,国家将在投资与政策等方面向西部地区进行倾斜。如果没有西部大开发战略与政策的出台,我国的区

---

① 国务院关于实施西部大开发若干政策措施的通知,国发〔2000〕33号。
② 第六章将对此进行详细阐述。

域经济发展战略与政策仍属于向东倾斜型。

从比较的角度看,西部大开发发展战略与向东部倾斜区域发展战略存在着许多共性,它们实施的制度环境没有发生根本变化,都是在制度市场化转型中寻求区域经济快速发展;它们发展的基本方向没有发生变化,都以发展市场经济为导向与方向;它们发展的主要路径与手段相似,都是以改革开放为主。如果从更大的空间来看,则都是在遵循我国市场化改革开放这个前提下进行发展。正因为如此,西部大开发使西部地区可以更好地借鉴东部关于市场化、现代化、改革开放的经验教训,对经济追赶拥有更强的信心。

第五节　民族地区经济追赶与我国的区域竞争、区域互补

在几十年的民族地区经济追赶进程中,在缩小与发达地区差距方面没有能够取得突破性的绩效,没有一个少数民族省区能够脱颖而出,这还与区域竞争和区域互补有关。本节利用 Dendrinos – Sonis 模型及其他相关成果来探讨民族地区经济追赶进程中的区域竞争与区域互补问题。①

一、Dendrinos – Sonis 模型

Dendrinos – Sonis 模型最早由 Dendrinos 和 Sonis 用于研究区域人口流动的竞争性和互补性,其基本思想是:假定一个大的区域系统由若干个子区域组成,资源如劳动力、资金等在区域之间的分配是一种类似零和博弈的关系,一个区域的某个变量的增长会引起另一个区域相应的下降,或者发生相反的情况,即若干个区域之间的某些变量存在着同向的变动。如果区域之间的这些变量存在着此消彼长的关系,则被认为区域之间存在竞争关系;如果这些变量是同向变动的,则可以将其定性为存在互补关系。这个模型后来被一些学者运用于经济方面的分析。Hewings 等运用此模型研究了美国中西部区域经济竞争互补等问题。

假定一个经济体可以划分为 n 个相互独立的地区,在一段时间内,一个地区的份额(如专利,新产品,GDP 等)的增加是否导致另一个地区份额的增加(即互补)或减少(即竞争)。定义 $y_i(t)$ 是 t 时刻地区 i 在整个经济体中的

---

① Dendrinosnos, D. and Michael Sonis. Nonliniear Discrete Relative Population Dynamics of the U. S. Regions [J]. Applied Mathematics and Computation, 1988 (25): 265–285.

GDP 份额，则整个区域系统 GDP 份额的分布为：

$$Y(t) = [y_1(t), \cdots, y_i(t), \cdots, y_n(t)], i = 1, 2, \cdots, n, t = 1, 2, \cdots, T \quad (4-1)$$

式（4-1）可以看成是一个分布动力学的离散系统，则：

$$y_{i=(t+1)} = \left(\frac{F_i[y(t)]}{\sum_{j=1}^{n} F_j[y(t)]} \right), i = 1, 2, \cdots, n; t = 1, 2, \cdots, T \quad (4-2)$$

其中 $0 < y_i(t) < 1$，$F_i[y(t)] > 0$，$\sum_i y_i(t) = 1$，$F_i[y(t)]$ 满足正定的条件，表示 t 时刻地区 i 在区位和时间上的比较优势。选择一个参考地区作为分母，记为第一个地区 $y_1(t)$，得到：

$$G_j[y(0)] = \frac{F_j[y(0)]}{F_1[y(0)]}, j = 2, 3, \cdots, n$$

式（4-2）可以被改写为：

$$\begin{cases} y_i(t+1) = \dfrac{1}{1 + \sum_{j=2}^{n} G_j[y(t)]} \\ y_j(t+1) = y_1(t+1) G_j[y(t)] \end{cases} \quad (4-3)$$

把 $G_j[y(0)]$ 定义为以下 Cobb-Douglas 函数形式：

$$G_j[y(0)] = A_j \prod_k y_{kt}^{a_{jk}}, j = 2, 3, \cdots, n; k = 1, 2, \cdots, n$$

得到如下对数—线性模型：

$$\ln y_j(t+1) - \ln y_1(t+1) = \ln(A_j) + \sum_{k=1}^{n} a_{jk} \ln y_k(t) \quad j = 2, 3, \cdots n \quad (4-4)$$

式中，a_{jk} 是弹性系数，符号为正，表示地区 j 和地区 k 是互补关系，即地区 k GDP 份额的增加会导致地区 j GDP 份额的增加；a_{jk} 的符号为负，表示地区 j 和地区 k 是竞争关系，即地区 k GDP 份额的增加会导致地区 j GDP 份额的减少。模型（4-4）可以用极大自然法来进行估计。

DS 模型的估计结果对分母 $y_1(t)$ 很敏感。$y_1(t)$ 的选择，类似于空间计量模型权重矩阵 W 的选择，在模拟过程中起着重要的作用。关于如何选择分母 $y_1(t)$，当前国际上还没有通用的准则。对此，可根据分析的不同目的来进行选择。如果研究的目标是将每个地区都和最繁荣的地区进行比较，就可以选择最富裕的地区作为分母，相反地，可以选择最贫穷的地区作为分母；还有一种情况就是选择位于最富裕和最贫穷中间的地区作为分母。

二、Dendrinos-Sonis 模型的处理结果

在实证分析中，所有因变量都是它所代替地区 GDP 份额的自然对数值减去

第四章 我国民族地区的经济追赶

选择作为分母的地区 GDP 份额的自然对数值,所有自变量都是它所代替地区 GDP 份额的自然对数值。

表4-1 和表4-2 分别是东中西部地区 GDP 的 DS 模型估计结果和参数估计值的符号。

表4-1 1952~2007 年东中西部地区 DS 模型的估计结果（以西部地区为分母）

	常数项	东部地区	中部地区	西部地区	R^2
东部地区	-3.18635 (0.0191)	-2.99964 (0.0586)	-2.24754 (0.0068)	-2.14684 (0.0018)	0.800004
中部地区	-0.68041 (0.3802)	-0.98431 (0.2821)	0.266832 (0.5686)	-0.9951 (0.0116)	0.592179

注：括号内的数字代表参数估计值的 p 值。

表4-2 东中西部地区 DS 模型的参数估计值符号

	东部地区	中部地区	西部地区
东部地区	-	-	-
中部地区	-	+	-

注："-"代表竞争,"+"代表互补。

在 1952~2007 年,统计显示的参数估计值都是负数,说明 1952~2007 年东部地区、中部地区、西部地区的经济活动都处于竞争关系,意味着一个地区 GDP 份额的增加会导致其余地区 GDP 份额的下降,导致东、中、西部地区的三条 GDP 份额曲线没有相交,而是东部与西部的经济差距越来越大。

表4-3 和表4-4 是西部地区 12 个省区市 DS 模型的估计结果和参数估计值的符号,选择宁夏作为分母,式（4-4）中共有 11 个模型。从表4-3 和表4-4 可以发现,统计显示的参数估计值基本上都是负数,这表明 1978~2006 年西部地区内部 12 个省区市相互间都处于竞争关系。

综合上述分析,在民族地区的经济追赶进程中,如果没有特殊的条件与环境,东中西部之间、西部地区内部各省区市之间的这种竞争关系,不仅使民族地区难以缩小与东部的差距,而且还会成为制约单个省区市能够脱颖而出的因素。

表4-3 1978~2006年西部地区各省区市 D-S 模型估计结果（以宁夏作为分母）

变量	广西		云南		四川	
	估计值	p值	估计值	p值	估计值	p值
常数项	-143.819	0.0234	-95.5606	0.0966	-109.638	0.0011
广 西	-6.29780	0.0493	-4.60326	0.1185	-5.26243	0.0020
重 庆	-8.02024	0.0088	-5.42191	0.0482	-5.67249	0.0005
四 川	-18.5435	0.0268	-11.8750	0.1171	-14.2347	0.0013
贵 州	-4.76083	0.0254	-3.45961	0.0756	-3.80787	0.0009
云 南	-8.74010	0.0147	-4.66982	0.1408	-6.46652	0.0007
西 藏	-0.36995	0.2731	-0.45931	0.1545	-0.44218	0.0125
陕 西	-9.14610	0.0238	-6.31512	0.0861	-7.40539	0.0007
甘 肃	-5.15351	0.0549	-3.97467	0.1096	-4.43429	0.0020
青 海	-1.63503	0.0186	-1.23686	0.0517	-1.20096	0.0011
宁 夏	-2.11564	0.0042	-0.73221	0.2385	-0.89753	0.0097
新 疆	-3.54087	0.0681	-2.72524	0.1299	-3.18446	0.0022
R^2	0.955912		0.885513		0.961559	

变量	内蒙古		广西		重庆		四川	
	估计值	p值	估计值	p值	估计值	p值	估计值	p值
常数项	-102.695	0.0024	-86.0034	0.013	-40.7356	0.0644	-54.2005	0.0109
内蒙古	-3.67213	0.0094	-3.99299	0.0093	-1.79012	0.0639	-2.46699	0.0087
广 西	-5.02726	0.0016	-3.04774	0.049	-1.48465	0.1393	-2.11424	0.0281
重 庆	-3.23394	0.0068	-3.84073	0.0037	-1.53269	0.0582	-2.37239	0.0034
四 川	-12.9046	0.002	-9.88448	0.0188	-4.70265	0.0805	-6.31833	0.0148
贵 州	-4.03516	0.0003	-2.62943	0.0126	-1.66495	0.0171	-1.72156	0.0084
云 南	-4.86528	0.0021	-4.78389	0.0044	-1.96824	0.0569	-2.86557	0.005
西 藏	-0.42346	0.0352	-0.12615	0.5348	-0.1165	0.3939	-0.15655	0.2169
陕 西	-6.25231	0.0017	-4.749	0.0178	-2.9021	0.028	-3.53407	0.0055
甘 肃	-4.59607	0.0017	-2.82511	0.0468	-1.28809	0.1602	-1.98704	0.025
青 海	-0.32041	0.3505	-0.82734	0.0368	-0.51737	0.0487	-0.56794	0.0212
宁 夏	-0.28164	0.5775	-1.15477	0.0482	-0.25628	0.4861	-0.25924	0.4421
新 疆	-2.33808	0.0126	-1.43797	0.1293	-0.79787	0.2025	-1.2882	0.0328
R^2	0.970881		0.965604		0.979849		0.951772	

续表

变量	贵州		云南		西藏		陕西	
	估计值	p值	估计值	p值	估计值	p值	估计值	p值
常数项	-51.6742	0.0289	-76.8222	0.0028	-187.962	0.0002	-3.18292	0.8871
内蒙古	-2.44567	0.0198	-3.67484	0.0015	-8.54203	0.0001	-0.15897	0.8715
广西	-2.40153	0.0293	-3.4726	0.0035	-8.92548	0.0002	-0.36923	0.7241
重庆	-2.13884	0.0155	-3.03084	0.0016	-5.73186	0.001	-0.40428	0.6237
四川	-5.81246	0.0431	-8.42957	0.0062	-19.9792	0.0007	0.282851	0.9182
贵州	-1.82393	0.0134	-2.72161	0.0009	-5.34173	0.0004	-0.59607	0.3879
云南	-2.01017	0.0628	-2.98612	0.0097	-9.15502	0.0001	-0.24905	0.8123
西藏	-0.30485	0.0446	-0.43882	0.0069	-0.54943	0.0432	-0.07033	0.6307
陕西	-3.583	0.0118	-4.38867	0.0034	-10.4234	0.0003	-0.035	0.9787
甘肃	-2.57337	0.013	-3.43104	0.002	-7.06209	0.0006	-0.00896	0.9925
青海	-0.18492	0.4758	-0.78785	0.0075	-2.05902	0.0004	-0.00957	0.9712
宁夏	0.290223	0.4524	0.028913	0.9402	-0.41409	0.5475	-0.32199	0.419
新疆	-1.26952	0.0613	-1.85284	0.0104	-5.7649	0.0001	0.261861	0.6911
R^2	0.887548		0.949856		0.968758		0.87227	

变量	甘肃		青海		新疆	
	估计值	p值	估计值	p值	估计值	p值
常数项	27.53685	0.1938	-11.7255	0.6249	-54.1685	0.0347
内蒙古	1.248142	0.18	-0.66469	0.5284	-2.41922	0.0319
广西	1.688241	0.0937	0.004062	0.9971	-2.48183	0.0374
重庆	0.604748	0.4274	-1.31948	0.1459	-2.46593	0.0113
四川	3.029134	0.2424	-0.35234	0.9045	-6.87374	0.03
贵州	0.817332	0.2043	0.116297	0.8729	-1.93392	0.0156
云南	1.259456	0.2031	-1.33257	0.2437	-2.34165	0.0485
西藏	0.072316	0.5909	0.141607	0.3686	-0.11857	0.4466
陕西	1.368855	0.2655	-0.75665	0.5897	-3.70856	0.0158
甘肃	1.71264	0.0663	-0.30972	0.7618	-1.93676	0.0709
青海	-0.20066	0.4148	-0.47719	0.1062	-0.50349	0.0878
宁夏	0.042009	0.9076	0.397193	0.3515	-0.27537	0.5122
新疆	0.488835	0.4233	-0.57902	0.4139	-0.43075	0.5385
R^2	0.936047		0.972935		0.973778	

表4-4 东中西部地区 DS 模型的参数估计值符号

	内蒙古	广西	重庆	四川	贵州	云南	西藏	陕西	甘肃	青海	新疆
内蒙古	-	-	-	-	-	-	-	-	+	-	-
广 西	-	-	-	-	-	-	-	-	+	+	-
重 庆	-	-	-	-	-	-	-	-	+	-	-
四 川	-	-	-	-	-	-	-	+	+	-	-
贵 州	-	-	-	-	-	-	-	-	+	+	-
云 南	-	-	-	-	-	-	-	-	+	-	-
西 藏	-	-	-	-	-	-	-	-	+	+	-
陕 西	-	-	-	-	-	-	-	-	+	-	-
甘 肃	-	-	-	-	-	-	-	-	+	-	-
青 海	-	-	-	-	-	-	-	-	+	-	-
宁 夏	-	-	-	-	+	+	-	-	+	+	-
新 疆	-	-	-	-	-	-	-	+	+	-	-

注:"-"代表竞争,"+"代表互补。

第六节 我国民族地区经济追赶的经验教训及启示

一、民族地区实施经济追赶必须获得中央倾斜性支持

欠发达地区实施经济追赶必须有优势支持,要充分利用既有优势来增强优势供给。在我国则集中表现为,民族地区的经济追赶与中央的倾斜性支持有着不可分割的联系,是否有中央的倾斜性支持是追赶成败的关键。

中华人民共和国成立以来的民族地区经济追赶实践表明,当中央对民族地区实施倾斜性支持时,民族地区经济就会获得更快、更好的发展。中央在改革开放前实施的是向内地倾斜的区域发展战略与政策,作为民族地区的西部与东部之间的经济差距在这个时期没有出现扩大趋势。改革开放启动至西部大开发推出这个时期,中央调整了我国的区域发展战略与政策,实施了向东部地区倾斜的区域发展战略与政策,西部与东部之间的经济差距出现了持续扩大趋势。中央在21世纪初确立了以西部大开发为内容的向西部倾斜区域发展战略与政策后,西部与东部之间经济差距扩大趋势得到了明显的控制,并出现了差距不再继续扩大的迹象。

在外延型经济增长方式的约束下，这种阶段性向局部地区倾斜的区域经济发展战略与政策，主要体现在项目及资金的倾斜上。在改革开放以前的时期，主要体现为中央从项目到资金对内地实行倾斜，中央财政提供项目所需要的全部资金。向东部地区倾斜的区域发展战略与政策，除了中央财政除从项目到资金对东部沿海地区实行倾斜外，还有系列政策的倾斜——让东部首先实行对外开放，让东部先行利用国外资源和国际市场，西部地区则没有这种待遇。以西部大开发为内容的向西部倾斜区域发展战略与政策，中央财政除从项目到资金对西部实行倾斜性支持外，还从税收、产业、科技进步等方面进行政策倾斜，让在西部从事经贸活动的成本明显降低，让西部经济活动的软硬环境获得大的改善，使西部变得更具投资吸引力和竞争优势。

因此，不论是从一般性经济发展来说，还是从民族地区经济追赶来说，这种倾斜性支持是一种优势或优势供给。

虽然西部大开发战略的实施使西部与东部之间经济差距扩大趋势得到了明显的抑制，并出现了差距不再继续扩大的迹象，但是，①西部与东部的差距仍十分大；②以前推出期限为10年的西部大开发政策不仅期满，而且已经出现政策效应弱化现象；③尽管我国实行改革开放以来都强调要转变经济增长方式，希望增加集约型、内涵型经济增长的含量，但从我国的现实条件看，尤其是从民族地区的现实条件来看，在今后一个比较长的时段里，粗放型、外延型经济增长仍将是民族地区经济追赶的主要形式。为此，今后民族地区的经济追赶仍需要中央继续实行倾斜性支持，将西部大开发等系列既有优势进一步深化，否则，必会出现经济追赶停滞不前的局面。

当然，今后中央在对民族地区经济追赶实施倾斜性支持时，应该有所调整，不宜继续沿用以前的做法。应以提高就业、推动科技进步、刺激社会投资、推动产业升级等为主要内容，宜将落脚点更多地放到企业和个人层面上来，将企业作为提高就业、推动科技进步、刺激社会投资、推动产业升级的主体和主要载体，将提高就业、推动科技进步、刺激社会投资、推动产业升级统一到企业中来，将经济追赶的落脚点和主体放到企业身上来。企业作为以追求利润最大化为目标的理性经济人，在中央对民族地区实施倾斜性支持时，如果民族地区的企业能够获得前面所指出的那些待遇，民族地区的追赶就会有强大的微观基础，民族地区的自我发展能力才算真正确立。

二、创造条件缩短优势转换过程与提升优势转换质量

根据后发优势理论的立场，一直处于落后和后发位置的民族地区在经济追赶进程中并不是没有后发优势，但从现实来看，经济追赶要获得成功却很难。

根据比较优势理论的逻辑，民族地区在经济追赶进程中也不是没有比较优势，但从现实来看，经济追赶要获得成功还是很难。

如果说这些所谓的后发优势或比较优势主要属于潜在优势，显然问题就出在优势的转换上，要么是优势转换过程太长，要么是优势转换质量不高，或者是两者同时并存。前面已经指出，在改革开放前，中央实施的是向内地倾斜的区域发展战略与政策，其中包括内地多数的民族地区。虽然作为民族地区的西部与东部之间的经济差距在这个时期没有出现比较明显的扩大趋势，但西部地区并没有因此而为今后的快速发展抢到先机和制高点。中央在21世纪初就确立了以西部大开发为内容的向西部倾斜区域发展战略，这次对西部大开发的倾斜，力度之大、作用面之广，不仅体现在政策上，同时还体现在资金、物资等各种实质性生产要素上；不仅体现在中央的直接支持上，同时还体现在中东部省市对西部大开发的对口扶持上。西部大开发启动后，西部与东部之间经济差距扩大趋势虽然得到了比较明显的抑制，西部地区经济追赶在2006年出现了一个可喜的迹象——西部的GDP份额出现止跌趋势，但东部地区与五个自治区的人均GDP之比所反映出来的经济差距仍很大，2007年东部地区人均GDP分别是新疆、西藏、宁夏、内蒙古、广西的18.6倍、26倍、21.5倍、12.4倍和25.1倍。与之形成鲜明对照的是，在启动改革开放至西部大开发推出这个时期，中央调整了我国的区域发展战略与政策，实施了向东部地区倾斜的区域发展战略与政策，沿海省市的经济不仅实现快速起飞，而且还持续快速发展，将东西部差距的缺口进一步扩大。

基于此，在尊重市场机制的基础上，政府应该创造配套条件缩短优势转换——从潜在优势向现实优势转换、从政策优势向经济优势转换、从单一优势向综合优势转换的过程，提升优势转换的质量。尤其是在中央西部大开发后续政策出台后，应该充分总结和借鉴前期的西部大开发经验，找准经济追赶的脉搏，加速优势的转换，提升优势转换效率和质量。

目前，在民族地区拥有某些优势的同时，其他一些具有特点、也需要追赶的地区，如东北老工业基地、中部地区等，也有比较优势。在这种条件下，只有在缩短优势转换过程、提升优势转换质量上下功夫，才能有效地确保自己不处于劣势，才是区域竞争之上策。

三、民族地区经济追赶必须与我国经济发展方向保持一致

我国经济改革开放与发展走的是一条渐进式的市场化道路。现在回过头来看，我国区域经济发展与经济市场化存在着明显的正相关，经济发展水平最高、绩效最好的地区，往往也是经济的市场化水平最高的地区。从区域看，我国的市场化是东部先试先行，与此相联系，现代市场经济首先在东部地区获得发展壮

大，东部首先成为我国先富起来的、市场化水平最高的地区；在西部推进市场化的过程中，虽然有东部的经验教训作为借鉴，但由于思想观念等因素的制约，现代市场经济需要经过更多、更久的努力，才逐渐为社会所接受，以至于民族地区经济的市场化水平不是一般地滞后于东部地区，而是差距非常大。

为此，尽管市场化的经济改革开放与发展在民族地区已经推行了30多年，但经济改革开放与发展的市场化问题在民族地区还是没有获得根本性解决。这并不是一个已经过时的问题，而是今后需要继续着力解决好的问题。

市场化的核心问题是市场机制的建立与完善。市场机制的建立与完善在民族地区仍是个突出的问题。通过区域市场机制建立与完善的纵横比较可以发现，政府这只"有形的手"对经济发展进行适度干预是必要的，东部地区在改革开放早期的经验已经表明了这一点，但部分民族地区现在仍将此作为加速经济追赶的主要法宝，地方政府仍像改革开放早期的东部地区那样积极地、直接广泛地参与微观经济活动。对此，我们认为，这既是市场机制在民族地区无法获得高质量建立的原因，也是市场机制在民族地区至今还需要建立与完善的表现。就市场与政府的关系演进看，在改革开放早期，东部地区地方政府是积极地、直接广泛地介入微观经济活动，这种现象在目前已经发生了很大改变。进入21世纪后，随着东部地区经济实力和非公有经济成分的进一步提升，东部地区地方政府已经改变政府调控经济的方式，已经不再像过去那样直接参与微观经济活动，经济发展的主要依靠已经转到市场机制的完善上来。为此，如果民族地区的经济追赶想复制东部所走的方式与路径，追赶就会因市场化进程的滞后而不可能达到预期目标。

在市场机制的建立与完善上，民族地区要有跳跃性思维与做法，要以市场经济的客观要求作为主要标准，应该以不低于东部地区现行做法为底线。应理顺和处理政府与市场、政府与企业、发展与开放的关系，培育发展市场体系。只有这样，民族地区的追赶才有可能通过市场水平的接近而获得成功。

四、民族地区经济追赶要建立人力资源补偿机制

人往高处走，水往低处流，这符合经济人假设。基于此，劳动力，尤其是人才从不发达地区流向发达地区是一个不可逆转的趋势。实践已经表明，市场经济条件下，政府已经没有必要，同时也不宜使用行政手段去阻止人力资源跨地区流动。但是，如果这种人力资源流动变成流失，同时又得不到有效的补偿，民族地区的追赶就会受到真正的威胁。因此，对劳动力、人才流动，我们只能通过建立能正确处理劳动力流动、人才流动与人力资本积累关系的人力资源补偿机制去进行应对。

从过去民族地区的经验教训看，本地区熟练劳动力、人才流动到发达地区以后，其中包括到发达地区就读的大学毕业生，大多不愿意再回来；民族地区人力资本的自发积累往往不能满足经济追赶的需要，不能弥补人力资本流出所形成的空缺。为此，面对本地区熟练劳动力、人才向发达地区流动，人们往往将其与流失画等号，并将此当作民族地区追赶绩效不理想的重要原因。在我们看来，其根本原因在于没有一个有效的人力资源补偿机制，或者说，人力资源流失的背后没有一个有效的人力资源补偿机制。因此，民族地区经济追赶要有一个人力资源补偿机制来调节和处理劳动力流动、人才流动与人力资本积累的关系。

人力资源补偿机制主要是解决熟练劳动力、人才流动到发达地区后给民族地区所造成的空缺，要想满足经济追赶对熟练劳动力与人才的需求，就要维持各种层面的人力资源供求均衡。建立健全人力资源补偿机制，既要通过加强培育以扩大当地熟练劳动力队伍，也要通过建立回乡创新创业激励机制以鼓励外出和在外的人才返回家乡，壮大本土人才队伍，同时还要通过制订更加灵活有效的人才引进利用机制吸引外面人才，壮大外来人才队伍。

第五章 经济追赶中优势叠加与优势冲突的境外案例

美国是市场经济发展最充分、发展水平最高的国家之一,但是美国少数民族地区——印第安地区的经济追赶至今仍是个有待于解决的难题。对我国民族地区在市场化进程中实施经济追赶来说,印第安经济追赶案例有重大借鉴意义。

第一节 分析美国印第安发展的主要数据来源

对全国印第安地区、印第安保留地、BIA 服务人口区进行数据收集并公开提供统计数据的部门主要有两个,一个是美国国家调查统计局(USA Census Bureau,简称 Census),另一个是设在美国政府内务部的专门管理全国印第安事务的印第安事务管理局(Bureau of Indian Affairs,BIA)。本章对美国印第安地区经济追赶进行研究,之所以使用 BIA 的统计数据,并从保留地和 BIA 服务人口切入,主要在于 BIA 提供的统计数据更直接更可靠,能最好地揭示印第安地区的经济追赶。

一、BIA 关于印第安地区的统计报告

第一份 BIA 报告发布于 1982 年,自 1985 年起,BIA 每两年发布一份关于 BIA 服务人口的报告(奇数年的 1 月份发布)。在此,将其统一简称为 BIA 报告。报告的名称大同小异,1982~1995 年为 *Indian Service Population and Labor Force Estimates*,1997~1999 年为 *Indian Labor Force Report*,2001 年为 *Indian Population and Labor Force Report*,2003~2005 年为 *American Indian Population and Labor Force Report*。当年发布的 BIA 报告实际上反映的是上一年 BIA 服务人口及其劳动力的状况。

1992年国会专门颁布了一部《印第安雇佣、培训和相关服务示范法案》(the Indian Employment, Training, and Related Services Demonstration Act),即 Public Law 102-477(简称 P. L. 102-477),法案规定,BIA 至少每两年要对有资格使用由内务部向印第安人提供的印第安服务的印第安人口编辑一份专门报告。

BIA 报告的统计口径是居住在保留区及保留地附近、有资格使用 BIA 资金服务的当地部族成员和来自其他部族的印第安人口。

BIA 通过其设在各地的 BIA 分支机构来收集和整理报告的数据。数据的来源包括部族自己完成的统计资料、由部族进行的住户调查、学校档案、雇佣档案、部族选举统计资料、由部族保存的部族成员关系名单和 BIA 项目服务档案等。除了纳瓦霍部族,每个部族都指派一个专职人员利用一个标准化的调查表来收集居住在保留地和保留地附近、有资格使用 BIA 资金服务的本部族成员和来自其他部族的印第安人的数据,然后提供给部族政府和 BIA。BIA 分支机构收集到的数据要经过其主管领导进行全面的核对和评估,并要证明这些数据是否准确和适当。BIA 服务人口不包括在部队服役和在大学求学的印第安人口及远离保留地居住的印第安人口。

从 BIA 公布的数据看,70%以上的部族能及时向 BIA 提供最新的数据。2001年发布的报告中,有 83%的部族向 BIA 提供了最新的数据;2003年发布的报告中,有 79%的部族向 BIA 提供了最新的数据;2005年发布的报告中,有 73%的部族向 BIA 提供了最新的数据。① 那些没有更新数据或当地 BIA 分支机构认为收集的信息为无效的地区,当年发布的 BIA 报告则使用上一个年度的统计数据,而不是当年的数据。②

二、Census 关于印第安地区的统计报告

美国国家统计局每年发布一份统计简报 (Statistical Abstract);每 10 年进行一次全国人口与住房普查,这种普查在以 0 结尾的年份进行(通常是当年的 4 月 1 日);每 5 年进行一次全国经济普查,经济普查在以 2 和 7 结尾的年份进行。③ 每种普查结束后都会发布相应的普查报告,即 Census。

从地理空间的统计口径上看,国家统计局的报告在统计印第安地区时将其分为印第安地区(保留地和印第安统计区)和印第安地区以外的地区,保留地和保留地以外的印第安地区,不包括纳瓦霍部族的保留地等各种类型的印第安地区来进行统计。

---

① 2001年、2003年、2005年的 BIA 报告。
② 1989年起,BIA 报告会对数据来源和收集方法作专门说明。
③ 全国人口与住房普查是根据宪法要求而进行,第一份全国人口与住房普查报告完成于1790年。

从人口的统计口径上看，国家统计局的报告相应地统计上述地区的人口及其基本的社会经济状况，如就业、家庭收入、住户收入等。

印第安统计区和印第安保留地存在着很大的差异。联邦政府的重要印第安政策在多数印第安统计区不适用。因此，这里所说的印第安地区还不是反映印第安地区经济追赶的最佳切入点和窗口。

在统计局的统计中，保留地与保留地附近地区分别被放到保留地、保留地以外的地区来进行统计，即接受保留地服务、与保留地有密切联系的周边地区及其印第安人口没有被考虑进来。当印第安博彩产业在一些保留地兴起以后，新的就业机会和消费机会会使保留地附近地区及其居民直接受益，其中包括印第安人。显然，仅从保留地常住印第安人口来揭示印第安地区的经济追赶，也存在明显不足。

此外，统计局在对保留地进行统计时，是通过当地的部族政府和 BIA 机构来完成。即 BIA 及 BIA 报告是联邦统计局关于印第安地区统计报告的来源，使用 BIA 报告及相关资料分析印第安地区问题是可行、可靠的。

显然，对同一个印第安问题，如果根据 BIA 报告推导出来的结论与 Census 数据显示的结论不发生冲突，则该研究结论具有可靠性；如果出现偏差，则应该有个合理的解析。

第二节 印第安保留地和 BIA 服务人口

一、印第安地区与印第安民族聚居地

印第安保留地是美国少数民族地区——印第安地区的典型形式，同时还是印第安地区的主体和印第安民族的主要聚居地。

（一）印第安民族

根据 1994 年美国颁布的联邦法律，印第安民族（或叫印第安部族，American Indian Tribe）是指有资格从联邦印第安事务管理局（Bureau of Indian Affairs，BIA）获得资金和非资金服务的印第安部族、印第安族群、印第安民族、印第安村落、印第安村庄、印第安社区和阿拉斯加土著居民，以及列在部族名单上的那些部族实体。① 印第安民族由 550 多个获得联邦确认的部族构成。由于不在美国

---

① Public Law 103-454，即 P. L. 103-454。这份部族名单于 2003 年 12 月 5 日在联邦政策法规颁布机构处进行了颁布。

本土的阿拉斯加和夏威夷在1951年才成为美国两个州,所以本章主要研究美国本土48个州的印第安民族。

(二)印第安保留地

最早的印第安保留地是当印第安部族与美国政府签订条约让渡部族的某些土地给美国政府时,专门为部族储备或保留而没有让渡给美国政府的那些土地。美国政府与部族之间签订这类条约结束于1871年。此后,一些印第安保留地是通过国会法案、行政法令和行政法案来创设。因此,联邦政府确认的印第安保留地(American Indian Reservation)是美国政府为了供部族使用而专门保留或设置的地区及土地。

保留地边界的确定由部族条约、协议,总统签署的行政条例、联邦法令,内务部的法令和司法判决等来决定。联邦确立的一些保留地横跨多个州。

在联邦政府确立的印第安保留地上,当地部族一般都建立有自己的政府——部族政府或保留地政府,并对保留地行使地方政府的权力。①

联邦最大的印第安保留地是横跨亚利桑那州、新墨西哥州和犹他州三州的纳瓦霍(Navajo)保留地,该保留地的面积为1600万英亩,相当于西弗吉尼亚州的总面积。② 联邦最小的保留地面积还不到100英亩。许多保留地的面积不足1000英亩。

一些州政府为本州所确认的部族建立有保留地——州级印第安保留地。州建立的保留地不能像联邦建立的保留地那样享受相同的权利和行使同样的权力。州级印第安保留地不属于本章的研究对象。

在一般的论述中,如果没有特别的说明,印第安保留地是指联邦政府设立的保留地。

(三)保留地是印第安地区、印第安县、信托地的主体

从不同的角度看,印第安地区有不同的表现形式。从印第安民族与联邦政府的关系角度看,印第安地区主要以联邦信托地(Trust Land)的形式与性质存在。从国家行政结构体系上看,印第安县(Indian County)是印第安地区的主体。从印第安民族的聚居地形式看,印第安保留地则是印第安民族的主要聚居地。

从关系来看,印第安地区、印第安县、信托地所包括的面积要大于印第安保

---

① Indian Tribal Governments Regarding Terminology [EB/OL]. http://www.irs.gov/govt/tribes/article/0, id=108431, 00.html。保留地的确立与保留地部族政府的建立不是同时进行。20世纪以前,部族政府作为一种独立存在、有主权的政府还不为社会所承认。印第安部族在与联邦机构打交道时,开始被当作政府来看待是在20世纪70年代。

② 纳瓦霍部族总人口约298200人,仅次于切罗基部族(Cherokee,729500人)。住在Navajo Nation Reservation and Off-Reservation Trust Land(AZ-NM-UT)的印第安人口约174000人,为全国居住印第安人口最多、面积最大的保留地,其中新墨西哥有纳瓦霍部族人口67400人。

留地的总面积。但是，印第安地区、印第安县、信托地和保留地所指的对象大同小异，其中，印第安保留地是印第安地区、印第安县、信托地的主体。

1948年国会对印第安县以法律（Section 1151 of Title 18 of the U. S. Code）的形式给出了一个界定，并一直得到承认。印第安县是指：美国境内所有印第安保留地范围内的区域，以及印第安保留地范围内的道路；美国境内所有附属于印第安部族的印第安社区；所有分配给印第安人、土地所有权证书仍属于印第安人的印第安土地。①

目前，在美国本土48个州，印第安县由350个获得联邦确认、与印第安部族相关的印第安区域组成，其中310个为印第安保留地、40个为印第安统计区。②

美国本土的印第安地区由联邦建立的具有保留地性质的信托地和非保留地性质的信托地，以及可做进一步细分的部族土地，州确认的印第安保留地来组成。③

信托地或联邦托管地是指这样的印第安区域：美国政府为了部族利益而以信托方式持有部族土地的土地证，或者为了印第安部族个人的利益而持有印第安个人土地的土地证，前者属于部族信托地，后者为个人信托地。信托地必须经内务部长或部长授权的代表批准才能转让或抵押。

信托地既有地处保留地境内，也有位于保留地外面，部族对这两类信托地都拥有基本的政府权力。部族政府的所在地通常是保留地性质的信托地或保留地。

保留地是信托地的主体。大约有5620万英亩的土地是由美国政府以信托形式为各个部族和部族个人持有的信托土地。其中多数属于保留地。④

从前面关于印第安县和信托地的分析还可以发现，保留地还是印第安地区的主体。从这个意义来说，印第安地区指的是联邦确认的印第安保留区或印第安保留地。⑤

即印第安保留地可以准确地反映印第安地区的经济追赶问题、联邦政府印第安政策在印第安地区的效应。

---

① 18 U. S. C. § 1151，或18 U. S. C. sec. 1151，或18 U. S. Code § 1151，即Section 1151 of Title 18 of the U. S. Code. U. S. Code Is a Compilation and Codification of the General and Permanent Federal Law of the United States. It Contains 50 Titles and Is Published Every Six Years.

② Jonathan B. Taylor and Joseph P. Kalt. American Indians on Peservations: A Databook of Socioeconomic Change between the 1990 and 2000 Censuses. [J]. Research, 2005 (1): 7 – 14.

③ U. S. 2000 Census.

④ FAQs for Indian Tribal Governments Regarding Terminology [EB/OL]. http://www.irs.gov/govt/tribes/article/0, id = 108431, 00. html.

⑤ 印第安保留区与印第安保留地在书中是内涵相同、可交替使用的概念。

（四）保留地是印第安地区最初的存在形式及延续到今天的印第安地区典型的存在形式

印第安保留地不仅是构成印第安地区的主体，而且还是最初的印第安地区形式及延续到今天的印第安地区的典型模式。

在19世纪末将部族土地按份额无偿地分配给印第安个人以前，印第安地区基本是由单一的印第安保留地这种形式构成。

19世纪末在将部分印第安部族土地分配给印第安个人的过程中，虽然部分印第安人的土地后来转到了非印第安人手中，在一些印第安保留地境内出现了像西洋跳棋盘那样交错并存的局面，但保留地仍是印第安民族集中居住的地方，一半以上的印第安人口居住在保留地及其附近地区。

二、印第安保留地服务的印第安人口

与印第安地区有不同表现形式相类似，印第安人口也有各种表现形式，如印第安人、部族登记人口、印第安保留地常住人口、保留地服务人口等。其中，印第安保留地常住人口、保留地的服务人口最能反映印第安地区印第安人口的经济社会状况。

（一）印第安人

印第安人一般指印第安部族成员，指有1/4及以上印第安血统的印第安部族成员。其中一些部族的注册标准允许少于1/4印第安血统的人注册成为印第安人。①

（二）部族登记人口

部族登记人口，或叫部族注册人口，即部族成员，是指已经被印第安部族领导或部族指定人员确认、并成功注册登记成为部族成员的那些人口。一个印第安人想要注册登记成为某部族的成员，必须首先通过部族领导或部族指定人员的鉴定，鉴定通过后，通过注册登记即成为该部族的成员。部族登记人口既可居住在部族的保留区，也可以居住在其他地区，部族成员的身份不受居住地限制。② 部族成员想要获得来自BIA的资金服务，必须居住在特定的区域——保留地或保留地附近。即部族成员想要成为常住印第安人口或常住印第安服务人口、BIA服务人口，还必须满足居住地方面的要求：必须居住在保留区或保留区附近。

（三）保留地服务的印第安人口：BIA服务人口

保留地服务的印第安人口，不仅包括保留地境内的常住印第安人口，还包括

---

① 25 CFR § 20.1. 即 Title 25 of Code of Federal Regulations, Sec. 20.1. The CFR is divided into 50 titles that represent broad areas subject to Federal regulation.

② 1997年BIA报告 *Indian Labor Force Report*。1997年的BIA报告首次出现和使用"部族登记注册人口"（Tribal Enrollment），并首次对其进行界定。

居住在保留地附近的常住印第安人口。即是 BIA 所说的 BIA 服务人口、常住印第安服务人口、服务人口。BIA 在 20 世纪 80 年代起先后使用过这三个不同表述来表达同一内涵和外延。

自 20 世纪 80 年代起，BIA 都是根据美国联邦政府行政法规中的同一个条文（25 CFR § 20.1.）来界定这三个概念，其都是指居住在保留地和保留地附近并有资格接受 BIA 资金服务（通过当地部族或部族政府）的印第安人口。①

（四）BIA 服务人口占印第安人口的比重

表 5-1 数据显示，1981~2004 年，BIA 服务人口占 Census 统计的全国印第安人口的比重一直维持在 50%~60%。从这个角度看，从保留地服务人口切入可以准确地反映印第安地区的经济追赶问题、联邦政府印第安政策在印第安地区的效应。这也说明，保留地及其附近地区确实是印第安地区的主体。

表 5-1 1981~2004 年 BIA 服务人口占 Census 统计的印第安人口的比重

年份	1981	1986	1988	1990	1992	1994	1996	1998	2000	2002	2004
印第安人口（万人）	151.00	181.07	196.20	208.90	216.80	223.90	230.80	237.90	268.80	274.90	282.50
BIA 服务人口（万人）	73.49	86.12	94.91	100.14	118.40	126.02	144.27	139.79	152.40	158.75	173.12
服务人口/印第安人口（%）	—	50	50	50	50	55	60	60	60	60	60

数据来源：BIA 报告。1982~1995 年 *Indian Service Population and Labor Force Estimates*，1997~1999 年 *Indian Labor Force Report*，2001 年 *Indian Population and Labor Force Report*，2003~2005 年 *American Indian Population and Labor Force Report* 和 U.S. Census。

表 5-2 数据显示，1995~2005 年，BIA 服务人口占部族注册人口的比重一直维持在 80% 以上。从这个角度看，从保留地服务人口切入可以准确地反映印第安地区的经济追赶问题、联邦政府印第安政策在印第安地区的效应。这也说明，保留地及其附近地区确实是印第安地区的主体。

---

① 1982~2005 年 BIA 报告：1982~1995 年 *Indian Service Population and Labor Force Estimates*，1997~1999 年 *Indian Labor Force Report*，2001 年 *Indian Population and Labor Force Report*，2003~2005 年 *American Indian Population and Labor Force Report*。

表 5-2　1995~2005 年部族登记人口和 BIA 服务人口变化

年份	1995	1997	1999	2001	2003	2005
登记人口（万人）	142.83	165.44	169.85	181.65	192.37	197.81
BIA 服务人口（万人）	126.02	144.27	139.79	152.40	158.75	173.12
服务人口/登记人口（％）	88.23	87.20	82.30	83.90	82.52	87.52

数据来源：1982~1995 年 *Indian Service Population and Labor Force Estimates*，1997~1999 年 *Indian Labor Force Report*，2001 年 *Indian Population and Labor Force Report*，2003~2005 年 *American Indian Population and Labor Force Report*。

第三节　印第安地区的优势叠加与叠加优势

经济追赶中，印第安地区曾出现过优势叠加过程，形成过优势叠加局面，并对印第安部族和印第安地区发展产生了重要影响。

一、来自联邦和州政府的税收优惠政策

印第安部族及保留地来自联邦的税收优惠政策是指联邦政府赋予印第安保留地拥有与州相同的税收地位，保留地部族政府拥有与州政府相同的税收待遇，联邦政府免征部族和部族政府的收入税。这是联邦给予保留地的一种特殊而又意义重大的倾斜性政策资源，因为每个保留地的平均面积还不到 700 平方千米，远比州的平均面积要小得多。享受税收优惠，减轻部族税收负担，有助于推动保留地经济发展。

（一）印第安保留地在联邦税收体系中的政策优惠

1. 部族政府在联邦税收体系中拥有与州相同的税收地位且免交联邦收入税

管辖保留地的部族政府所获得的收入和州政府一样免交联邦收入税，这个税收待遇地位是在联邦最高法院 1931 年和 1956 年作出的两个判决中获得确立。法院判决认为，联邦已经规定部族政府不用缴纳联邦收入税。①

1982 年的《印第安部族政府税收状况法案》（*The Indian Tribal Governmental Tax Status Act*）对美国税收法典进行了补充，赋予部族政府和州同等的税收地位。② 这个法案还将税收豁免的范围界定为部族政府有资格融资的基本政府活动，构成政府基本功能的活动所需要的燃料、奢侈品、通信、交通等可以和州政

---

① Choteau v. Commissioner, 283 U.S. 691 (1931); Squire vs. Capoeman, 351, U.S. 1, 6 (1956).
② 26 U.S.C. Sec. 103 (a) (b).

府一样免缴联邦税。

对部族政府享受和州同等的税收地位这一政策,1984 年的《税收改革法案》(*The Tax Reform Act*)指出,要永久使用这一政策来处理印第安部族政府或部族政府的组成机构。

国家税务局的税务裁决也指出,印第安部族作为一个能够创造收入的主体不用缴纳联邦收入税。①

2. 联邦特许成立的部族公司在保留地境内外获得的收入免缴联邦收入税

部族根据 1934 年《印第安重组法案》(*The Indian Reorganization Act*)第 17 部分规定组建的企业不用缴纳联邦收入税,而不管企业创造收入的业务发生在什么地方。

俄克拉荷马州的部族没有资格根据《印第安重组法案》组建企业。取而代之,俄克拉荷马州的部族可以根据 1936 年的《俄克拉荷马印第安福利法案》(*The Oklahoma Indian Welfare Act*)第三部分的规定组建企业。俄克拉荷马州的部族用这种方式建立起来的企业,其所创造的收入也不用缴纳联邦收入税。②

根据州法律、由州法律特许组建的部族企业在 1994 年 10 月 1 日以前所挣得的任何收入也不用缴纳联邦收入税。③

3. 印第安人在保留地从事农业和传统工艺品制造免缴联邦税

美国公民在世界各地取得的收入都要缴纳联邦收入税。因此,如果没有条约或法律规定可以豁免,作为美国公民的印第安人和其他美国公民一样都要承担联邦税。④

在印第安人还没有成为美国公民之前,美国宪法曾规定印第安人不用承担联邦税负,其中包括赌注税和直接税,⑤ 但是,当印第安人变成美国公民后,宪法以前所做出的关于印第安人不征税条文的有效性就不存在了。⑥

联邦最高法院在 1931 年和 1956 年的两个判决指出,如果法令或条约中有豁免印第安人某种收入税的规定,印第安人的这种收入才能免税,否则,印第安人必须和其他美国公民一样缴纳联邦收入税。⑦

---

① Http://www.irs.gov/govt/tribes/index.html. Revenue Ruling 67 - 284.
② Section 3 of the Oklahoma Indian Welfare Act, 25 U. S. C. Section 503 (section 3).
③ Revenue Ruling 94 - 65, 1994 - 2 C; Revenue Ruling 94 - 16, 1994 - 1 CB 19.
④ See Choteau v. Burnet, 283 U. S. 691, 696 (1931); Squire v. Capoeman, 351 U. S. 1 (1956). In Choteau, the Court Also Noted that No Treaties Bore on the Issue in that Case. Choteau, 283 U. S. at 694; see also Allen v. Commissioner, 89 T. C. M. (CCH) 1310 (2005).
⑤ 300. U. S. CONST. art. I, § 2, cl. 3; U. S. CONST. amend. XIV, § 2.
⑥ 1924 年 6 月 2 日《印第安公民身份法案》(*Indian Citizenship Act*)将美国公民身份授予所有在美国出生的土著居民。从此,印第安人变成美国公民有了明确的法律根据。
⑦ Choteau v. Commissioner, 283 U. S. 691 (1931); Squire vs. Capoeman, 351, U. S. 1, 6 (1956).

根据条约、法令或国会法案的规定，印第安个人可以豁免联邦收入税的收入有：第一，直接来自印第安人个人信托地的印第安人个人收入。这种土地的收入包括下面几种：土地的租金收入（含农作物租金收入）；土地的使用费收入；出售土地的自然资源所获得的收入、出售在这种土地上养殖家畜所获得的销售收入；出售这种土地的农产品所获得的收入；使用这种土地进行放牧所获得的收入。① 政策明确指出，直接来自这类个人信托地的印第安人个人收入免征联邦收入税。② 第二，部族成员来自与部族捕鱼权有关的活动的收入可以豁免联邦税和州税。③ 如果这些收入是来自非印第安地区，则要缴纳联邦收入税。第三，印第安人在保留区、印第安学校制造的印第安手工艺品（如弓、箭的零部件等）获得的收入免征联邦货物税。

4. 联邦的印第安地区税收优惠政策对印第安经济发展的影响

联邦政府对印第安政府的收入实行免税政策，对印第安地区公共部门和部族经济发展有重大的直接影响，对印第安地区私人部门的发展也有比较大的间接影响。部族政府和州政府的一个重大不同是，部族和部族公司在非公共部门获得的收入占比远远大于州政府。这样一来，联邦税收豁免政策会使部族从中直接受益：一是保留地的公共部门建设与发展可以从中获得资金支持，为经济追赶创造更好的公共条件。二是税收豁免有利于壮大部族政府刺激保留地私人部门（包括产业）发展经济的财力；这种财政刺激主要是部族政府向保留地私人部门进行利益让渡和利益输送。保留地私人部门的发展是印第安地区经济发展的重要组成部分。三是促使部族政府在非公共领域投资兴办一些就业与创收兼顾的竞争性实业或产业，进而推动印第安地区经济发展。如果没有税收豁免这种优惠，政府基于收益与风险的考虑可能不会在非公共领域投资兴办某些与私人竞争的竞争性企业。与州政府不同，部族政府作为投资主体在保留地上经营有市场化程度高、盈利能力强的企业或产业，其中最为突出的就是作为部族支柱产业之一的博彩业。如果说导致部族政府办的印第安保留地博彩产业大发展的原因有多种，则联邦收入税收豁免政策无疑是重要因素。联邦给印第安的这种免税政策待遇，会直接提高部族政府所办企业的投资收益率，以及政府的财政创收能力和财政收入体量。

联邦政府对印第安人在保留地从事农业和传统工艺品制造实行税收优惠，这是对保留地私人部门发展的一种税收支持，有助于增加保留地的产出与部族收入。因为这种免税政策一般不适用于非印第安地区。联邦政府对保留地印第安个

---

① Revenue Ruling 56-342, 1956-2 C. B. 20, Revenue Ruling 62-16, 1962-1 C. B. 7. Also see http://www.irs.gov/faqs/index.html.

② Revenue Ruling 74-13, 1974-1 C. B. 14; Stevens v. Commissioner, 452 F. 2d 741 (9th Cir. 1971).

③ IRC section 7873.

人的农业活动实行免税政策，有助于推动保留地农业发展，增加保留地收入。联邦政府对印第安人从事印第安手工艺品制造实行免征联邦货物税政策，有助于推动印第安手工艺品加工制造产业的发展，也有助于增加保留地收入。印第安手工艺品加工制造作为一个具有民族特色的传统产业，税收政策对产业的发展壮大具有刺激作用。

（二）部族及其成员在州税收体系中的政策优惠

1. 州一般不能直接对在保留区进行商务活动的当地部族及其成员征收州税

半个多世纪以来，州税在保留地境内一般不适用于当地的部族、联邦特许成立的部族公司和部族成员的活动或财产。1973 年联邦最高法院在 McClanahan v. Arizona State Tax Commission 判决中认为，州不能对发生在保留区境内的活动所创造的印第安收入征税，国会在此以前是不让州对部族成员的收入征税的。① 联邦最高法院在 1973 年的另一个案子 Mescalero Apache Tribe v. Jones 的判决也表达了类似立场。② 1987 年联邦最高法院在 California v. Cabazon Band of Mission Indians 判决中指出，在州对部族和部族成员征税方面，我们一直执行以前既定的政策或原则。③ 制订于 1953 年艾森豪威尔政府时期、后发生过修改的公法 280（Public Law 280）并没有否决州不能对印第安保留地境内的部族和成员征税这一条法律。公法 280 的一些细节随着时间的流逝曾发生过变化，但其基础和基本内容至今没变。

只有在特殊情况下，州政府才可以直接对部族和部族成员征税，其中州可以对印第安个人来自失去信托地性质的部族土地收入征收土地转让税等。1906 年联邦最高法院对 Goudy v. Meath 这个案子的判决认为，当被分到的土地可以转让以后，州对其征收不动产征税是许可的。④ 类似的判决再次出现在 1992 年的联邦最高法院判决中，County of Yakima v. Confederated Tribes & Bands of the Yakima Indian Nation⑤ 这个判决认为，保留地境内印第安个人转让失去信托地性质的部族土地所获得的收入要征税。

2. 州对在印第安地区从事商务的非部族成员实行税与非税并存原则

州政府有权对在保留地境内的非印第安土地上从事交易的非印第安人征税，这种州税是合法的。⑥ 但是，州不能对在保留地上销售农业机械给部族的非印第安人征收交易特许税。联邦最高法院在 1965 年 Warren Trading Post Co. v. Arizona

---

① 411 U. S. 164（1973）.
② Quoting Mescalero Apache Tribe v. Jones, 411 U. S. 145, 148（1973）.
③ 480 U. S. 202（1987）.
④ 203 U. S. 146（1906）.
⑤ See Yakima Nation, 502 U. S. at 261 – 65.
⑥ Erik M. Jensen. Taxation and Doing Business in Indian Country, 2007, Part V – E and Part V – G.

State Tax Commission 这一案子的判决已经确立了这个原则。① 过去几十年来，1965 年作出的这个决定一直没有改变。

1976 年以前，州对到保留地部族商店购买香烟的非印第安顾客是不征收州税的。1976～1980 年，部分州对到保留地部族商店购买香烟的非印第安顾客还是不征收州税。② 从 1980 年起，各州开始对到保留区部族商店购买香烟的非印第安顾客征收州税。联邦最高法院 1980 年在 Washington v. Confederated Tribes of the Colville Indian Reservation 案件的判决中重申，州政府可以对到保留区部族香烟商店购买香烟的非印第安顾客征收州税。③

州政府不能对在印第安地区从事业务的非印第安伐木搬运公司征收两种税：机动车许可证税（一种收入税）和燃料使用税。联邦最高法院 1980 年在 White Mountain Apache Tribe v. Bracker 判决中确立了这个原则。④

此外，联邦最高法院 1982 年在 Ramah Navajo School Board Inc. v. Bureau of Revenue 判决中确立了一个原则：⑤ 州不能对在保留地上建设部族学校的非印第安公司征收入税。

3. 部族及其成员在印第安保留地境外从事经营活动要缴纳州税

州的税收权力在印第安保留地境外一般不受印第安法律约束。州可以对部族及其成员在印第安保留地境外进行的经营活动征税。联邦最高法院 1973 年在 Mescalero Apache Tribe v. Jones 判决中认为，由于 Mescalero Apaches 部族拥有和经营的滑雪胜地地处印第安保留区境外，所以，来自滑雪胜地的收入要向新墨西哥州缴纳州收入税。这也适用于发生在印第安保留地境外的部族成员的活动。⑥ 即在保留区外面工作的部族成员应该就其所取得的收入缴纳州税，即使该部族成员居住在保留区。

（三）部族政府在保留地拥有独立的税收权力

1. 部族政府及税收权力的确立

部族政府及其税收权力的确立经历了很长的时间。

印第安民族先于美国政府而在北美扎根，并拥有绝对独立的主权。

美国政府与印第安各部族作为拥有绝对主权的独立当事人签订有关条约结束

---

① 380 U. S. 685 (1965).
② 美国最级法院 1976 年在 Moe v. Salish & Kootenai Tribes 案中第一次作出州可以对保留区部族香烟商店购买香烟的非印第安顾客征收州税判决后，许多州并没有真正执行这个税法。
③ 447 U. S. 134 (1980); see also Moe v. Salish & Kootenai Tribes, 425 U. S. 463 (1976).
④ 448 U. S. 136 (1980).
⑤ 458 U. S. 832 (1982).
⑥ 411 U. S. 145 (1973).

于 1871 年。① 国会同年在《印第安拨款法案》（Indian Appropriations Act）中宣布，国会有绝对的权力管理印第安事务。②

在美国宪法中只有两个地方涉及印第安人，一个是 Article I, Section 2，根据人口确定众议院名额的分配，将印第安人包括在征税的范围；另一个是 Article I, Section 8，包含有关于印第安人经贸的条款。但没有条款直接界定部族或部族政府的税收权力，而是将此授权给了国会。

伴随着联邦最高法院的判决③和其他的一些法律④出台，国会管理印第安事务的绝对权力或者说 1871 年《印第安拨款法案》开始显示出效力。与此同时，联邦与部族之间的监护与被监护关系也全面确立。

联邦最高法院 1886 年在 United States v. Kagama 的判决中就认为，部族是一个独立存在的、有权力管理他们内部事务和社会关系的民族。但是，在此后的很长一段时期中，印第安部族仍被认为是需要美国政府监护的族群，印第安人被认为是需要白人教化、白人保护的被监护人，部族作为政府所拥有的某些部门要么由联邦政府接管，要么被解散，保留地的当地政府主要由印第安事务管理局构成或代替。部族政府作为一种独立存在、有主权的政府还不为社会所承认。

1934 年颁布的《印第安重组法案》（The Indian Reorganization Act）终结了部族土地分配制度，使部族政府重新被确认为合法的主体，有权力管理他们的内部事务和社会关系，但是，政府应该享有的一些基本权力还是没有获得确立，如征税权力。⑤

1953 年国会制定的现叫作公法 280（Public law 280）的法律授权印第安部族在保留地对自己事务拥有完全的刑事司法管辖权和有限制的民事司法管辖权。

1975 年《印第安自治和教育援助法》（The Indian Self-Determination and Education Assistance Act）的出台，使印第安部族在与联邦机构打交道时开始被当作政府来对待，并行使更充分的权力和履行更多的义务。⑥

---

① Public Law 280.
② See Indian Appropriations Act of 1871, ch. 120, 16 Stat. 544, 566. [codified as amended at 25 U. S. C. § 71 (2000)].
③ U. S. v. Kagama, 118 U. S. 375 (1886); Lone Wolf v. Hitchcock, 187 US. 553 (1903).
④ 1924 年 6 月 2 日《印第安公民身份法案》（Indian Citizenship Act）将美国公民身份授予所有在美国出生的土著居民。从此，印第安人变成美国公民有了明确的法律根据。
⑤ 在联邦系统中，部族的税收权力也许比其他方面更能表明印第安政府的主权和权力的演进。征税权力应该是政府固有的权力，征税权力通常是绝对地属于政府的。
⑥ 25 U. S. Code 4502-4505. Fremont J. Lyden and Lyman H. Legters Editors, Native Americans and Public Policy, University of Pittsburgh Press, 1992 年。1994 年该法进行了修改，授予部族在联邦的印第安项目上享有更多的自治权，部族在联邦项目的资金再分配上拥有充分的自决权，部族有权优先考虑执行部族的政策。

1978年，纳瓦霍部族制订了自己的部族税收法典。这是印第安部族政府制定的第一部部族税收法典。随后，许多部族紧跟纳瓦霍的步伐，建立了本部族的税收机构和税收法典。但是，这并不意味着部族政府的税收权力就可以充分地行使起来。因为纳瓦霍部族制订的部族税收法典并没有获得全面的执行。

实际上，部族政府的征税权力是通过1980年 Washington v. Confederated Tribes of the Colville Reservation 的判决和1982年《印第安部族政府税收状况法案》(The Indian Tribal Governmental Tax Status Act) 来直接予以确立和确认的。

1980年联邦最高法院在 Washington v. Confederated Tribes of the Colville Reservation 判决中认为，"除非部族拥有的主权被联邦法律或部族所处的状况剥夺，否则，对发生在信托土地上、与部族或部族成员有重大关系的交易实施征税的权力，是部族所拥有的主权的基本属性。"① 即部族政府在信托土地上拥有征税权力。1982年，联邦最高法院在 Merrion v. Jicarilla Apache Tribe 判决中支持部族的征税权力。②

1982年的《印第安部族政府税收状况法案》对美国税收法典进行了补充，让部族政府享受和州同等的税收地位。1984年的《税收改革法案》(The Tax Reform Act) 指出，要永久使用这一政策来处理印第安部族政府及部族政府的组成机构。

2. 部族政府在印第安地区独立行使税收权力

从现实看，部族政府利用自己的税收权力在某些方面对在印第安地区投资经商的人予以了税收豁免，免征他们的部分部族税，或者是部族官员根据部族税收法律，使用不同方法给在印第安地区投资经商的人输送了经济利益。例如，由于部族和联邦特许成立的部族公司可以免征联邦和州的收入税，因此，通过在部族与其他投资者之间，或部族公司与其他投资者之间建立交易关系，部族和部族公司就可以将自己免税获得的经济利益部分地输送给在印第安地区投资经商的投资者；在某些背景下，一种使用范围较广的方式是，不能利用税收豁免权利的主体，在从事对部族有经济意义的这类交易时，部族通过交易价格将利益输送给这类前来投资经商的人。③

---

① Washington v. Confederated Tribes of Colville Indian Reservation, 447 U. S. 134, 152 (1980).
② 455 U. S. 130 (1982).
③ There is also potential for abuse, as the director of the Internal Revenue Service's Office of Tribal Governments has noted. See Christie Jacobs, Message from the Director, ITG NEWS, Pub. 4267E, at 1 (Apr. 2004) (noting that promoters "are attempting to use tribal sovereignty and some of the special tax benefits that tribes enjoy… to enrich a select group of individuals").

二、来自联邦政府的产业促进政策

特许印第安部族在保留地投资经营博彩业,这是联邦为部族制订的产业促进政策。这个政策的实行,使博彩业在保留地获得了快速发展,一跃成为部族最大的产业。博彩业为部族的创收与就业作出了重大贡献。

(一) 博彩政策作为印第安地区优势产业政策出台的制度背景

为了对部族经济行使更多的控制权,部族进行了长期的努力,并取得了一定的成效。1934 年颁布的《印第安重组法案》使部族政府重新被确认为是合法的主体。1953 年国会制定的公法 280 (Public law 280) 授权印第安部族在保留区对自己事务拥有完全的刑事司法管辖权和有限的民事司法管辖权。1975 年通过的《印第安自决与教育援助法》使印第安部族在与联邦机构打交道时,部族被联邦政府开始作为政府来对待;该法还授权部族在印第安地区行使更多的经济管理权。

到 20 世纪 70 年代晚期,联邦政府允许印第安部族对自己的经济发展行使更多的控制权。其中最为突出的是部分部族开始摆脱州政府的控制,独立自主地创设部族博彩企业,并获得联邦政府的支持,进而把博彩培育发展成部族的重要产业。一些部族于 70 年代晚期在保留区开始投资经营宾果型 (Bingo) 赌场。其中,佛罗里达州的西米诺尔部族 (Seminole) 于 1979 年在保留地开设了一个宾果赌场。西米诺尔部族经营的赌场付给参赌者的最大奖励 ($10000) 高于州法律规定的上限 ($100),赌场营业时间也比州法律所规定的要长。为此,佛罗里达州试图通过诉讼手段来禁止这个赌场的经营。1980 年 5 月,美国联邦法院认为,依据公法 83-280,佛罗里达州对本州印第安保留地的印第安人赌场的管辖权是不适用的,西米诺尔部族可以继续经营它的赌场。

1980 年联邦最高法院在 Washington v. Confederated Tribes of the Colville Indian Reservation 的判决中重申,州可以对到保留地部族香烟商店购买香烟的非印第安顾客征收州税。① 受此影响,和其他一些保留地一样,加利福尼亚州印第欧市 (Indio) 卡巴逊 (Cabazon) 保留地原来经营的向非印第安人大规模销售香烟的业务一夜间就消失了。② 1980 年 10 月,卡巴逊人开办了拉斯维加斯式赌场作为应对。开业几天后,以违反印第欧市当地禁止扑克赌博法令为由,地方警察查封了

---

① 447 U.S. 134 (1980)。美国联邦最高级法院在 1976 年第一次在印第安案子中作出州可以要求印第安保留区中的部族香烟经营商店向非印第安顾客征收州税,但许多州并没有真正执行。

② Moe v. Confederated Salish and Kootenai Tribes, 1976 and Washington v. Confederated Tribes of Colville Indian Reservation, 1980. In both of these decisions, The Supreme Court held that stases could require tribal smokeshops on reservation to collect state sales taxes from non – Indian customers.

赌场。部族为此向联邦地方法院提出了诉讼。法院就此作出的判决是允许这个赌场继续在保留区经营。法院指出，赌场是设在保留区这个联邦托管地上，保留区不是印第欧市的一个部分。地方法院作出宣判后，州不服判决而向最高法院提出上诉。联邦最高法院 1987 年对卡巴逊部族博彩事件进行判决所依据的理由类似西米诺尔部族事件。法院认为，加利福尼亚州没有权力管理在保留地境内经营的印第安赌场，只有联邦政府有权禁止保留区的博彩经营；部族自己有权决定在保留区开设和经营博彩业；如果州允许某种形式的赌博经营在州内存在，州在法律上就不能去管理保留区类似的博彩经营活动；联邦政府的印第安部族自治政策就包括鼓励部族自足和经济发展；卡巴逊部族开设博彩是合法的。① 最高法院 1987 年在 California v. Cabazon 判决中还认为，印第安博彩对部族自决和自治是至关紧要的，因为它向印第安部族提供工具来创造政府所需要的政府收入，这种收入是政府向部族成员提供基本服务和就业所需要的政府资金。

美国最高法院关于卡巴逊部族博彩事件的判决具有深远的意义。

由于联邦政府没有禁止保留区经营博彩业，许多州虽然对经营博彩实行严格的管制，但还是允许不同形式的博彩经营存在。因此，一些部族就将美国最高法院关于卡巴逊部族事件的判决理解为部族在保留地有开设经营博彩业的权利，可以在保留区开设经营博彩，因此在卡巴逊部族事件宣判后不久就都纷纷开设起了赌场。

既然联邦政府没有禁止保留区发展博彩业的法律，美国最高法院对卡巴逊部族事件的判决是支持保留区开设经营博彩。与此同时，联邦法院通过一系列的判决已经大大地限制了州直接干预保留区发展博彩业的行为。这无疑是给印第安部族在保留区发展博彩业予以了充分的法律支持，甚至可以这样理解，美国最高法院的判决变成了保留区博彩业发展的重要推动力。

继佛罗里达州 Seminole 部族、缅因州 Penobscot 部族、康涅狄格州 Mashantucket Pequot 部族、密歇根州 Upper Peninsula 部族等开设赌场之后，到 20 世纪 80 年代中期，又有 100 多个部族开设了宾果型赌场。

截至 1987 年，保留区共有 17 个由印第安人拥有与经营的拉斯维加斯式赌场，其中 5 个就是对卡巴逊部族事件作出判决后而开设的。此时，美国还是没有一个专门针对保留区博彩业的政策或法律。

在最高法院对卡巴逊部族博彩事件作出判决后的第二年，即 1988 年，国会通过了《印第安博彩业管制法》（*The Indian Gaming Regulatory Act*）。这个法律不仅认可部族有权在印第安土地上开设与经营传统的部族赌博和其他类型的赌博，

---

① U. S. Supreme Court: California v. Cabazon Band of Mission Indians, 480 U. S. 202 (1987).

而且还授权部族制订相关的博彩管理制度。这既是一个专门规范印第安保留区博彩经营活动和管理部族博彩产业的法律,也是一个以法律形式存在、专门赋予印第安地区独立自主发展博彩业的产业政策。其不仅使印第安保留区开设经营博彩合法化,而且还使部族对保留区的博彩业具有垄断性。① 因此,可以说,这是一个向印第安保留区倾斜的联邦产业政策,其会使保留区在发展博彩业上拥有明显的比较优势。

(二) 印第安博彩政策对印第安博彩业发展的制度安排

《印第安博彩业管制法》对印第安博彩业的博彩种类、投资经营主体、经营区域、收益使用、博彩目标、监管、税收等在制度上作出了一系列的规定。

1. 印第安博彩的种类

《印第安博彩业管制法》将印第安博彩分为三种类型。

第一种博彩是指对参赌者有一个最低程度奖励的社交性赌博,或者由个人参与、与部族庆典相联系,或作为部族典礼组成部分的传统印第安赌博。

第二种博彩包括两类,一是宾果型赌博,二是本州法律明确许可的使用纸牌做赌具的赌博。如纸牌对号赌博、纸牌叫牌赌博、非银行卡赌博等。其中宾果型是主体。

第三种博彩包括前两种以外的所有类型的赌博。主要包括自动贩卖式赌博机、集娱乐活动与赌博活动在一起的拉斯维加斯式赌场、银行卡赌博、赛狗、赛马、彩票抽奖等。

2. 印第安博彩业的投资经营主体

《印第安博彩业管制法》规定,在印第安土地投资开设和经营印第安博彩的主体只能是印第安部族或部族政府,部族(部族政府)是印第安博彩的拥有人;没有部族批准,部族以外的任何个人和实体都不能在印第安土地上投资开设或经营博彩业。

如果满足下面两个要求,部族可以批准由部族以外的个人或实体在印第安土地上经营管理第二类型的博彩活动。这两个要求是:一是部族关于印第安土地上经营博彩的管理规定必须包括这些条件。这些条件是:①这类博彩必须是由印第安部族根据有关法令批准其经营,由印第安部族根据有关法令对其进行管理;印第安部族所依据的法令已经经过国家印第安博彩管理委员会(The National Indian Gaming Commission, NIGC)根据本法的规定进行了评估与批准。②交给印第安部族的这类博彩收入只能使用在本法规定的 5 种用途上。③在这类博彩获得的净收入中,交给印第安部族的比例不能小于 60%。④经营这类博彩的所有者要支付

---

① 投资者要在非印第安保留区开设经营博彩业务,要受到联邦和地方政府法律的许多限制,很难获得经营许可。

一定金额的管理费给国家印第安博彩管理委员会。那些由个人拥有、在1986年9月1日仍在经营的第二类型博彩，如果满足这些条件，在本法生效日（1988年10月17日）后仍可以按和以前相同的经营性质、经营规模进行经营，但"仍可继续经营"这种权利不能转让给其他任何个人或实体。二是部族的博彩管理规定和所在州的州博彩管理规定至少有一些地方相同。没有资格获得一个州执照来经营管理第二类型博彩的个人或实体，也没有资格获得一个部族执照在印第安土地上投资经营这些类型的博彩活动。

如果印第安部族打算授权个人或其他实体在印第安土地上投资开设与经营第三类型博彩活动，则要满足下面的条件：一是部族主管单位（部族政府）必须制订和通过一个符合本法要求的授权个人或实体在印第安土地上投资开设和经营第三类型博彩活动的法令或决议。这些法令或决议关于开设经营第三类型博彩活动的条件必须符合本法对开设经营第二类型博彩活动所要求的条件。二是这些法令或决议必须获得国家印第安博彩管理委员会主席的批准。如果国家印第安博彩管理委员会认为，这些法令或决议与印第安部族的管理文件不一致，或者印第安部族主管单位在通过这些法令或决议时受到了不适当的重大影响，则国家印第安博彩管理委员会不会通过这些法令或决议。①

显然，部族以外的个人和实体要想获得资格在印第安土地上投资经营第二、第三类型博彩活动，无疑是很难的。

不用经国家印第安博彩管理委员会主席批准，印第安部族主管单位可以自行废除以前批准的在印第安土地上设立的第二、第三类型博彩。

因此，可以说，部族对在印第安土地上经营的博彩活动拥有唯一的所有者权益，印第安博彩活动或印第安博彩业的直接受益人首先是部族政府。

3. 印第安博彩业合法存在的空间

根据《印第安博彩业管制法》的规定，本法于1988年10月17日生效以后，部族只能在本法规定的印第安土地上投资开设与经营博彩业务。这里所说的印第安土地是指：美国境内印第安保留区范围内的所有土地和由美国政府以信托形式为了印第安部族利益或印第安个人利益所持有的土地，或者土地所有权证书由印第安部族或印第安个人持有、必须服从美国政府有关土地转让约束和印第安部族对其行使政府权力的土地。即联邦政府确认的印第安保留地、非保留地性质的托管地是印第安博彩业合法存在的空间，其中主体是保留地。从这个意义上说，保留区博彩业的发展集中反映了整个印第安博彩业状况。

1988年10月17日，《印第安博彩业管制法》生效后获得的由内务部信托持

---

① The National Indian Gaming Commission (NIGC) was established by Congress to develop regulations for Indian gaming.

第五章 经济追赶中优势叠加与优势冲突的境外案例

有的部族土地,是否可以经营印第安博彩?《印第安博彩业管制法》第 2719 条进行了专门的规定。

第 2719(a)规定,除了第 2719(b)规定的情况外,1988 年 10 月 17 日本法生效后获得的由内务部信托持有的部族土地,除非符合下面两大要求,否则,部族不能在这类土地上投资经营印第安博彩。这两大要求是:

(1)在 1988 年 10 月 17 日本法生效后,这类土地仍处在保留区境内或邻近保留区。

(2)在 1988 年 10 月 17 日本法生效后,没有自己保留区的印第安部族,①其土地位于俄克拉荷马州境内,并处于以前的印第安部族保留区境内(这由内务部部长界定),或者与俄克拉荷马州境内其他信托土地相邻;②其土地是处于俄克拉荷马州以外的其他州,并位于最后获得确认的印第安部族的保留区境内。

第 2719(b)指出,第 2719(a)的规定在下面的条件下并不适用。这里所说的条件为两大方面:

(1)第 2719(a)不适用下面的情况:①经过与印第安部族、相关州和当地官员(包括邻近部族的官员)协商以后,内务部部长认为,在这些新获得的部族土地上建立博彩企业是有利于那里的印第安部族及其成员,而对周围社区无害,而且所在州(该州是允许博彩活动存在的)的州长认同内务部部长的观点,则可以在这类 1988 年 10 月 17 日本法生效后获得的由内务部信托持有的印第安部族土地上投资经营印第安博彩。②1988 年 10 月 17 日本法生效后获得的信托土地是,作为印第安定居点的一部分,作为由内务部部长根据联邦确认程序确认的印第安保留区的一部分,或者作为联邦重新恢复的印第安保留地的一部分。

(2)第 2719(a)的规定也不适用于下列类型的土地。①威斯康星州齐佩瓦族(Chippewa)声称拥有权利的信托土地,这些土地是美国地方法院在 St. Croix Chippewa Indians of Wisconsin v. United States 判决中已经有专门的处理结论。②佛罗里达州 Dade 县境内地处 27 号州际公路 1 英里范围内 Miccosukee 部族大约 25 英亩的土地。

4. 发展印第安博彩业的目的与受益人

针对 1988 年以前就出现的印第安博彩,《印第安博彩管制法》(以下简称《管制法》)是第一部分将其地位和作用界定为创造部族政府收入的手段:"作为创造部族政府收入的手段,许多印第安部族 1988 年前在印第安土地上一直从事博彩经营活动或已经被许可开设经营博彩。"

《管制法》第二部分在论及印第安博彩的地位和作用时,是将部族经营的印第安博彩作为促进部族经济发展、部族自足和加强部族政府的工具。即从联邦政府的角度看,许可印第安部族在保留地发展博彩业,其综合目的或目标是促进印

第安部族发展,其分目标有四个:促进部族经济发展、部族自足、加强部族政府和创造政府收入。其中促进部族经济发展是被放到各分目标之首。之所以作如此安排,因为部族的经济发展状况是决定部族自足、部族政府职能发挥、部族政府收入水平的基础与关键。在保留地经济发展水平普遍很低、部族经济实力普遍很弱、部族政府独立运作的时间不长这个背景下,部族经济发展、部族自足状况、部族政府职能发挥、部族政府收入四者中,经济发展无疑是首要的和最为重要的。

《管制法》同时又宣称,印第安博彩作为创造部族财政收入的工具,国会对其是关注和保护的;为了与国会保持一致,对印第安土地上的博彩业进行专门的联邦授权,为印第安土地上的博彩业确立一个联邦标准,建立一个国家印第安博彩管理委员会是必要的。

虽然《管制法》第 10 部分指出,印第安部族对在印第安土地上经营的博彩活动拥有唯一的所有者权益。但由于部族的代表是部族政府,部族是通过政府来行使权利的。因此,印第安博彩的首要受益人和直接受益人是印第安部族政府,或者说,部族及部族成员是通过部族政府来享受印第安博彩带来的收益。

5. 印第安博彩净收益的使用

印第安博彩管制法规定,扣除各种支出和费用之后的印第安博彩净收入具有 5 个方面的用途:①资助部族政府运转或部族政府项目;②向印第安部族及其成员提供一般福利;③推动部族经济发展;④向福利组织捐赠;⑤为当地政府机构的运营提供资金帮助。来自部族博彩的净收入不得使用在上述 5 个方面以外的其他用途上。

如果满足下面条件,部族第二类博彩的净收入可以按人均分配给部族成员。这些条件是:①部族已经就如何根据上面所规定的 5 种用途分配其所得的印第安博彩收入制订出一个计划。②这个计划必须获得内务部部长批准,该计划要对用在第一和第三种用途的博彩收入如何分配使用进行详细的描述。③在内务部部长和部族主管单位批准的计划中,未成年人的利益和其他有资格从部族获得这种人均分配但某方面受法律限制的人的利益,要给予保护和保留;关于分配给未成年人的父母(或法律监护人)和某方面受法律限制的人的按人均分配的数量,应该是未成年人或受法律限制的人的健康、教育和福利所必需的量。④这种人均分配必须缴纳联邦税。部族做出这种分配时,部族要将这种税收义务告知收到这种人均分配的人。

实际上,部族博彩净收益的使用是这样分配的:2001 年和 2007 年,3/4 的博彩部族将其全部博彩净收入用在部族政府服务、经济和社区发展、相邻社区服务、慈善事业上,1/4 的博彩部族将部分博彩收入按人均分发给部族成员。①

部族博彩创造的净收入在 2006 年是这样使用的:20% 用在教育、小孩、老人、文化、慈善和其他与此类似的目的,19% 用于发展经济,17% 用于卫生健康,17% 用于警察和消防,16% 用于基础设施,11% 用于住宅。②

6. 印第安博彩业的监管

《管制法》指出,印第安博彩实行部族、州和国家三级监管制度。

部族政府是基础和主要的监管者。任何印第安博彩活动的开设与经营都首先需要部族政府为此制订并通过一个法令或决议,这些法令、决议是印第安博彩业的基本制度框架。印第安部族对印第安土地上的博彩活动拥有管辖权。

州对印第安博彩的监管则通过两个方面进行:一是部族在印第安土地上不能投资开设不为本州法律所明确允许的博彩业。二是通过与部族签订契约来对印第安博彩业实施监管,部族与州之间就第三类型印第安博彩活动所订立的契约对第三类型博彩活动具有法律约束力。《管制法》规定,部族要在印第安土地上开设经营第三种类型博彩业务,必须与州进行谈判并签订契约。

国家印第安博彩业管理委员会、内务部、司法部、联邦调查局、税务局等联邦政府机构则行使国家层面的监管权力,其中国家印第安博彩管理委员会是专职监管印第安博彩的机构。

具体言之,印第安土地上的第一类博彩活动由部族独立管辖,不受《印第安博彩管制法》约束。第一种类型博彩只要符合和服从部族管制就可以在保留区上开设经营。

印第安土地上的第二博彩活动继续由印第安部族管辖,但必须遵守《印第安博彩管制法》。即第二种类型博彩既要服从部族管制,也要受州、联邦法律的约束,并接受国家印第安博彩业管理委员会的监管。部族只能在州法律明确允许、联邦法律没有明确禁止的州开设经营第二类型博彩活动。国家印第安博彩管理委员会对第二类型博彩活动的监管,不仅表现在印第安博彩的开设要获得国家印第安博彩管理委员会的批准,而且还表现在印第安博彩的日常经营也要接受国家印第安博彩管理委员会的监管。

与第二类型印第安博彩活动的监管相比较,对第三类型印第安博彩活动的监管主要是在州这一环节上多了一个内容。想要在印第安土地上开设经营第三种印第安博彩,部族必须首先与所在的州专门就第三类型印第安博彩的开设与经营进行谈判并签订一个契约,部族与州之间就第三类型印第安博彩活动所订立的契约对第三类型的博彩活动具有法律约束力。

---

① http://www.indiangaming.org/library/. 2008 年 6 月访问。

② The National Gaming Study Commission Report, 2006.

7. 印第安发展博彩业的税费优惠待遇

《管制法》规定，州只能对第三类型的印第安博彩活动征收专门的管理费用。除此以外，州政府及其行政分支机构都没有权利对经营这类博彩的印第安部族或印第安部族授权经营第三类型博彩活动的个人、实体征税和收取其他专项管理费和费用。州不能以州政府和州行政分支机构没有权利对此类博彩征税收费为由拒绝参加部族提出的订立相关契约的谈判。

部族可以对印第安部族土地上的第二、第三类型博彩活动征税。

根据联邦税法，联邦对部族经营印第安博彩所获得的收入免征收入税，这和联邦政府对印第安政府所取得的收入实行非税原则是一致的，但要交赌注税。

（三）印第安博彩业大发展：联邦产业促进政策生效的产物

《管制法》通过后，印第安博彩业在保留地获得了快速发展，并一跃成为部族政府和印第安保留地最大的产业。可以说，《管制法》是一个让印第安地区和部族拥有明显比较优势的产业政策。

1. 印第安赌场的快速发展

印第安赌场的数量获得了快速发展。1988 年，约 100 个印第安部族共经营有大约 70 家第二、第三类赌场。1997 年，146 个部族共经营有大约 260 家赌场。① 2006 年，223 个部族经营的赌场总数增加到 423 家（含阿拉斯加 3 家第二类赌场，夏威夷没有第二、第三类赌场）。② 如果与 1988 年相比，1997 年的印第安赌场数比 1988 年增加了 2.7 倍，2006 年则是比 1988 年增加了 5 倍。如果与 1989 年比较，则 1997 年的印第安赌场数也比 1989 年增加了 1.6 倍，2006 年的印第安赌场数比 1989 年增加了 3.2 倍。③

在赌场数量快速扩张的同时，赌场结构发生了明显变化，以拉斯维加斯式赌场为代表的主流赌场发展成为的印第安博彩的主体。

在《管制法》通过前，宾果型赌场是印第安博彩业的主体，只有很少的部族经营有拉斯维加斯式赌场。《管制法》通过后，第三类型的博彩成为印第安博彩业发展的主体。1988 年第三类赌场在印第安赌场的占比约为 40%，1997 年、1999 年和 2006 年这个比重已经超过 2/3。

在第三类型博彩中，拉斯维加斯式赌场是主要发展方向。拉斯维加斯式赌场

---

① National Gambling Impact Study Commission Report, Chapter 6 Native American Tribal Gambling. See http://www.indiangaming.org/library/resource-center/index.html.

② American Gambling Association: 2007 AGA Survey of Casino Entertainment.

③ 1988 和 1989 年部族拥有的拉斯维加斯式赌场数均为 30 家左右。1988 年部族拥有第二类和第三类型赌场为 70 家，第三类赌场在印第安赌场中的比重约占 40%。1989 年第三类赌场在印第安赌场中的比重有所上升，如果升到 50%，且赌场数也有所增加，则我们推测 1989 年部族拥有第二类和第三类型赌场大约 100 家。

在 1989 和 1990 年处于缓慢起步阶段。在美国本土 48 个州的印第安保留区，1988 年和 1989 年共有拉斯维加斯式博彩经营单位约 30 家，1990 年约有 40 家。1991 年进入快速发展阶段，直到 1997 年。1991 年有 14 家拉斯维加斯式博彩经营单位在保留区开业，1992 年新开设的拉斯维加斯式赌场达到 17 家，1993~1997 年，每年新增拉斯维加斯式赌场超过 20 家。

美国本土 48 个州的保留地上，印第安部族经营的拉斯维加斯式赌场从 1989 年约 30 家增加到 1999 年 210 家，增加了 6 倍。①

2. 印第安博彩收入的快速增长

印第安的博彩收入在 1988 年为 1 亿美元，1997 年为 74.51 亿美元，比 1988 年增加了 73.5 倍；2006 年比 1988 年增加了 249.8 倍。

印第安博彩合法化发展 10 年后，印第安博彩业收入占全国博彩业收入的比重，1997 年为 14.6%，2006 年上升到 27.4%，2007 年小幅上升到 28.2%。②

表 5-3 显示，印第安博彩业的收入一直处于快速发展阶段，其增速远远快过美国博彩业的速度。

表 5-3　1996~2007 年印第安博彩业收入与美国博彩收入的增速比较

年份	1996	1997	1998	1999	2000	2001	2002	2003	2004	2005	2006	2007
美国博彩业收入的增速（%）			7.9	6.0	5.5	3.1	8.4	6.3	8.1	7.1	7.7	1.5
印第安博彩业收入的增速（%）	15.7	18.3	14.0	15.3	11.8	17.0	14.8	14.3	15.3	16.3	10.2	4.5

数据来源：The figures are based on audited financial statements received by the National Indian Gaming Commission for the 1995~2007 fiscal year; American Gaming Association, Christiansen Capital Advisors LLC.

3. 经营印第安博彩的部族数量稳定增加

1988 年大约有 100 个部族经营赌场，即约 20% 的部族有经营博彩。③ 1997 年增加到 150 个部族，即有大约 30% 的部族在经营博彩。④ 2006 年有 220 个部族

---

① Julie Topoleski. Social and Economic Impacts of Native American Casinos [D]. Ph. D. Dissertation, 2003.

② 印第安数据来源于 http://www.nigc.gov/ReadingRoom/PressReleases/tabid/70/Default.aspx；全国博彩业的来源：American Gaming Association, Christiansen Capital Advisors LLC。

③ http://www.nigc.gov/ReadingRoom/PressReleases/tabid/70/Default.aspx。

④ National Gambling Impact Study Commission Report, Chapter 6 Native American Tribal Gambling。See http://www.indiangaming.org/library/resource-center/index.html.

在经营赌场,即有大约40%的部族在经营博彩。①

4. 印第安博彩业创造了大量的就业岗位

印第安赌场在2001年直接和间接创造了30万个工作岗位。② 在同年的BIA服务人口中,就业总数为40万人,总劳动力为80万人。2006年,印第安赌场直接和间接提供的就业岗位则增加到67万个。③

三、来自联邦政府的加速折旧政策

联邦政府对在保留地投资经商的企业出台了优惠的折旧政策,让在保留地经营的有形资产实施加速折旧,以鼓励保留地外面的投资者到保留地投资经商,刺激部族及其成员加强对保留地的投资,试图推动印第安地区经济发展。

(一)资产的折旧期与物理寿命的关系及一般性折旧原则

美国是根据资产的物理寿命来划分经营性资产的类型及其折旧期。资产的物理寿命决定一种投入经营使用的企业资产应该划归何种类型的资产,同时还决定着资产折旧期的长短。美国基于折旧期划分的资产类型与资产物理寿命的关系,如表5-4所示。

表5-4 资产的类型与其物理寿命的关系

资产类型	资产的物理寿命
3年期的资产	小于或等于4年的资产
5年期的资产	大于4年但小于10年的资产
7年期的资产	等于或大于10年但小于16年的资产
10年期的资产	等于或大于16年但小于20年的资产
15年期的资产	等于或大于20年但小于25年的资产
20年期的资产	等于或大于25年的资产

资料来源:I. R. Code Sec. 168. Accelerated Cost Recovery System。

既然资产的物理寿命决定资产的折旧期,所以,折旧期的长短与其物理寿命呈正相关。一般情况下,美国实行的是折旧期与物理寿命相一致原则。如物理寿命为3年的资产,折旧期3年,物理寿命为10年的资产,折旧期是10年,如表5-5所示。

---

①③ NIGA 研究报告 The Economic Impact of Indian Gaming in 2006.

② Julie Topoleski. Social and Economic Impacts of Native American Casinos [D]. Ph. D. Dissertation, 2003. http://www.indiangaming.org/library/.

表5-5 各类经营性资产的正常折旧期

资产类型	适用的折旧期
3年期的资产	3年
5年期的资产	5年
7年期的资产	7年
10年期的资产	10年
15年期的资产	15年
20年期的资产	20年
供水设施	25年
与住宅有关的出租性的房产	27.5年
与住宅无关的不动产	39年
铁路设施或隧道	50年

资料来源：I. R. Code Sec. 168. Accelerated Cost Recovery System。

（二）在保留地上经营使用的有形资产可以加速折旧

联邦的税法规定，1993年12月31日以后、2008年以前（即1994~2007年）在印第安保留区经营使用且符合条件的资产，允许投资者使用更短的折旧期来收回重置该资产所需要的折旧费。① 其折旧执行标准，如表5-6所示。

表5-6 1994~2007年印第安保留地上的经营性有形资产的折旧期

资产类型	适用于保留地的折旧期
3年期的资产	2年
5年期的资产	3年
7年期的资产	4年
10年期的资产	6年
15年期的资产	9年
20年期的资产	12年
与住宅无关的不动产	22年

资料来源：I. R. Code Sec. 168. Accelerated Cost Recovery System。

---

① I. R. Code Sec. 168. U. S. Code：Title 26，168. Accelerated Cost Recovery System.

保留地上经营使用的有形资产实施加速折旧这一政策，原来设计的有效期是1994年1月1日至2003年12月31日，后来国会将其延长到2007年12月31日。

从表5-7中可以发现，各种经营性有形资产的折旧期在保留地都获得了大幅度的缩短，最小幅度为33%，最大幅度可以达到44%。除了寿命为3年的资产折旧期的缩短程度相对小一些，只缩短了33%，其他各种资产的折旧期的缩短程度都在40%或以上。

表5-7 印第安保留地上经营性有形资产的折旧期缩短程度

资产的类型	一般的折旧期	适用于保留地的折旧期	保留地经营性资产的折旧期缩短程度（%）
3年期的资产	3年	2年	33
5年期的资产	5年	3年	40
7年期的资产	7年	4年	43
10年期的资产	10年	6年	40
15年期的资产	15年	9年	40
20年期的资产	20年	12年	40
与住宅无关的不动产	39年	22年	44

资料来源：I. R. Code Sec. 168. Accelerated Cost Recovery System。

（三）经营性有形资产享受加速折旧政策必须具备的条件

保留地上有资格享受加速折旧政策的企业是指在保留地上设立运营的任何类型经营性企业。①

能够享受这一政策的企业有形资产是其主体和主导部分并且在印第安保留区从事经贸或商务，其基础部分不能在保留地外面使用或不能设在保留地外面；非住宅性质的不动产（即保留地上的商用不动产），位于印第安保留区的不动产出租给他人从事交易或商务，这类不动产也符合条件缩短折旧期。

在保留地投资形成的基础设施，如果基础设施符合下面的条件，这类投资也可以享受加速折旧政策。符合条件的基本设施必须是满足下面所有条件的资产：一是要满足前面所列出的缩短资产折旧期的必需条件；二是要有益于部族的基础设施；三是对公众是有用性的；四是必须与纳税人在保留区从事的商贸经营活动有联系。基本设施资产包括但不限于道路、输电线、供水系统、铁路支线、通信设施。

---

① Publication 946. How to Depreciate Property：4.

（四）保留地企业享受更多折旧扣除优惠的条件

如果保留地企业符合当地企业园区的条件要求，还可以享受更多的折旧扣除额这一优惠。从 1997 年 8 月 4 日以后开始的税收年度，如果在税收年度中能满足下面的所有条件，公司、合伙企业、个人独资企业都可以被认定为企业园区的企业。这些条件是：①在指定区域的公司或合伙企业的业务不仅符合指定区域的条件要求，而且还在经营（此规定不适用于个人独资企业）；②企业至少有 50% 的总收入来自于园区内符合条件要求的经营活动；③企业有形资产使用的实体和主体部分要发生在园区内；④企业有形资产使用的实体和主体部分要用在企业的经营活动上；⑤企业雇员所提供的劳务的实体和主体部分要发生在园区内；⑥企业至少有 35% 的雇员是指定区域的居民（此规定不适用于华盛顿特区的业务）；⑦在由这种企业所拥有的没有经过调整的总资产中，来自某一金融资产的比例或者来自出售给顾客但不能由顾客持有的收藏品的比例要小于 5%。

如果符合园区条件要求、可以提取折旧的有形资产能够满足下面的全部条件，也可以增加折旧扣除额。这些条件是：①园区设置生效以后，经营者在该园区所获得的财产；②经营者从前没有从相关当事人或与经营者属于同一个组织的成员中获得过资产；③经营者的财产数量或规模既不是由经营者指定的某人手中持有的经过调整的资产来决定，也不是由来自某个死者生前的、经过扩大的资产数量标准来决定；④经营者是第一个在指定区域中使用这些资产的人；⑤在资产使用中，至少有 85% 的资产是在指定园区使用、并被用在符合该区域条件要求的经贸和经营活动中。

如果这种资产不再为指定区域的园区企业所使用，政府将按有关规定对该企业资产进行处置。

根据税法第 179 部分的规定，对于符合当地企业园区条件要求的企业，这个增加的折旧扣除额为每个税收年度不超过 2.5 万美元。2003～2009 年调整为不能超过 10 万美元，这给一些投资大的投资者可以提取的最大折旧金额有了更大的选择范围。

没有资格享受加速折旧政策的资产是：基本设施使用在保留区外面的资产，从确定的相关当事人手中直接或间接取得的资产，专门用来经营赌博或为某一赌博活动提供房子以作赌场的资产。

（五）加速折旧政策对印第安地区经济发展的意义

加速折旧政策实行了 14 年。加速折旧政策对印第安地区发展和 BIA 服务人口的意义，可以从企业技术进步和减轻企业税收负担两个角度切入理解。

（1）对经营性资产实施加速折旧有利于降低因技术进步等因素所导致的损失，推动企业加快进行有形资产的技术进步，维护或提升企业的技术竞争力，提升保留地招商引资的竞争力。

技术进步所导致的经营性资产更新换代，往往会使一些物理寿命还没有到期的资产不得不提前退出使用。如果不实行加速折旧来进行应对，就会使企业因此而发生不能弥补的经济损失。

有形资产作为技术进步的重要载体，在技术进步越来越快的条件下，有形资产，如自动化设备，提前退出使用，许多时候主要是由于技术进步所导致，而不是由于物理寿命到期。企业在使用有形资产时，如果一味要坚持到物理寿命终结才实行更新换代，很容易使自己因此而丧失技术竞争力，进而丧失企业核心竞争力和市场份额。这种风险对企业的破坏是致命的。

如果通过缩短折旧期或提高折旧率来对经营性资产实施加速折旧，则既有利于加快企业资产的重置或换代升级，减少资产损失，也有利于推动企业加快有形资产的技术进步，维护企业的技术竞争力。如果提取的折旧额达到了重置投资的数量，则意味着企业可以不受其他条件的约束而对相关资产进行整体置换或更新换代，紧跟技术进步步伐，使用尽可能先进的设备和工具，从而维持或提高自己的技术竞争力。

（2）对经营性资产实施加速折旧有利于降低企业的实际税负，有利于提高保留地企业的盈利水平，从而提升保留地招商引资的竞争力。

折旧期缩短，意味着期限内每年的折旧率和折旧额都相应地提高了，企业同期的税前利润相应地减少了。与此相联系，企业要缴纳的所得税也就相应地减少，企业盈利水平获得相应提高。不管企业的有形资产是提前退出使用还是要一直使用到物理寿命终结，假如其他条件不变，在货币现值与终值关系法则的支配下，缩短折旧期的企业所承担的实际税负要比不缩短折旧期的企业轻。

显然，对保留地的经营性有形资产实行加速折旧政策，既有助于刺激部族在保留地的投资，也有助于刺激外部资本到保留地投资经商，进而增加保留地经济发展的资本供给，为 BIA 服务人口创造更多的就业机会。

四、来自联邦政府的就业促进政策

联邦对雇佣居住在保留地或保留地附近的印第安人就业的企业实行雇佣补贴政策，以提高 BIA 服务人口的就业率，增加印第安地区印第安人的收入。其实，这个就业促进政策也是在鼓励投资者到印第安地区投资经商。

（一）印第安就业促进政策的核心内容

印第安就业促进政策的核心内容是联邦政府对雇佣了生活在印第安保留区或保留区附近的印第安个人的企业提供补贴。这个政策要达到的预期目的是提高部族人口的就业率和收入水平。①

（二）印第安就业促进政策的有效期

印第安就业促进政策的有效期，原来的设计是 1993～2003 年，后来国会将其延至 2007 年 12 月 31 日。

（三）企业享受印第安就业促进政策待遇应该具备的条件

企业要享受印第安雇佣补贴，必须具备的条件是：如果企业在税收年度支付了符合条件的工资给符合条件的印第安雇员，则有权利向联邦税务局申请印第安雇佣补贴。

这类企业既可以是地处指定区域、企业园区或更新区域的企业，也可以是上述区域以外的企业。

就税收年度来说，符合条件的印第安雇员是指符合下面所列 3 个条件的任何雇员：①雇员是一个已经在印第安部族注册登记的部族成员，或者是一个已经在印第安部族注册登记的部族成员的配偶；②雇员的劳务主要是在印第安保留区境内提供给申请印第安雇佣补贴的雇主；③雇员在向申请印第安雇佣补贴的雇主提供这些劳务时，雇员的主要住所必须在保留区或在保留区附近。从这些要求看，企业只有雇佣 BIA 服务人口才有资格享受印第安雇佣补贴。

对申请印第安雇佣补贴的企业来说，下面所说的个人是不符合条件的印第安雇员：①企业按某个等级的年薪支付给印第安雇员（这个等级的年薪包括该印第安雇员在印第安保留地外面提供劳务所获得的工资报酬），这个等级的年薪导致企业支付给该印第安雇员的年薪超过 3 万美元（这个年薪额度在 1999 年税收年度以后会根据通货膨胀进行调整，如 2003 年是 3.5 万美元），如果企业用这个等级的年薪来申请印第安雇佣补贴，则这种类型的印第安雇员是不符合条件的印第安雇员；②某些相关的纳税人；③某些受赡养者；④在本企业拥有股份达 5% 的业主；⑤提供的劳务中包括赌博经营活动的任何个人；⑥在专门为赌博经营活动提供场所的建筑物内提供劳务的任何个人。

符合条件的工资是指雇主对符合条件的印第安雇员所提供的劳务而支付的工资。符合条件的工资通常是根据《联邦失业税收法案》(the Federal Unemployment Tax Act) 来确定。符合条件的工资还包括支付给符合条件雇员的健康保险，不包括列入薪水计算的健康保险。

（四）印第安就业促进政策对印第安地区经济发展的意义

印第安就业促进政策实行了 15 年。这个政策的直接影响是 BIA 服务人口的就业和印第安地区印第安人的收入，间接影响是印第安保留地及周边的投资。这

---

① 政策的具体内容详见 U. S. Code: Title 26, 45a. Indian Employment Credit. , 即 I. R. C. section 45A。

个政策除了直接有助于提高保留地 BIA 服务人口的就业率和收入水平外,还可以间接鼓励投资者到保留地或保留地附近地区投资经商。

对企业来说,如果雇佣 BIA 服务人口就可以从联邦政府获得一定程度的补贴,雇佣非 BIA 服务人口则不能从联邦政府获得补贴;如果原来由非 BIA 服务人口所干的活由 BIA 服务人口也能胜任。那么,在其他条件基本相同时,理性的企业家肯定会首先雇佣 BIA 服务人口。就多数工作岗位来说,多数人能够满足其对雇员工作能力的要求,其中就包括 BIA 服务人口。因此,印第安就业促进政策的推行,一方面会提高 BIA 服务人口的就业率和收入水平,另一方面还会使企业的实际工资支付水平降低、收益相应增加。

既然这个政策对那些愿意雇佣 BIA 服务人口的投资者有一定的补偿作用,其就会有助于改善企业的盈利水平、降低经营风险。受此影响,投资者在印第安地区投资或增加投资的意愿只会增强,印第安地区的招商引资吸引力也应该是有增无减。

这个政策规定,印第安博彩业的企业不能享受这一政策,这意味着联邦政府想利用这一政策来推动印第安地区发展实体经济。

第四节　印第安地区的优势冲突与反冲突

一、印第安地区发生优势冲突的基础

在印第安保留地,公有经济、公共部门、政府一直都很强大,私有经济、私人部门与市场则一直都很弱。① 这既是公有经济挤压私有经济、公共部门挤压私人部门、政府挤压市场的表现,也是优势政策发生冲突的基础。

原始公社性质的公有制度一直是印第安民族的所有制主体。当印第安保留地这种形式的印第安聚居地出现后,这种原始公社性质的公有制合法存在的空间就变成了保留地,保留地的土地及其他主要资源,如矿产资源、水资源、森林资源等,一直由部族占有,部族个人对其没有占有权和支配权。

到 19 世纪末,联邦政府开始将部分部族土地分配给部族成员个人,但是,

---

① Casual observation suggests that the public sector plays an important role on most reservations. Employment in federal agencies and in programs funded by federal agencies and administered by tribes are significant sources of money for reservation economies. Jonathan B. Taylor, Joseph P. Kalt. American Indians on Reservations: A Databook of Socioeconomic Change Between the 1990 and 2000 Censuses [J]. Research, 2005 (1): 7–14.

公有经济、公共部门、政府在数量和质量上仍继续维持着强势。19世纪末出现的将部分印第安土地分配给部族个人这个行为，虽然是为了打破印第安部族土地占有的公有性质，将部族土地按份额无偿地分配给印第安个人，使部族成员个人成为拥有私有财产的所有者，使部族个人成为自耕农，以便让其在经济上实现自给自足，并逐渐融入美国主流社会。但是，这种分到个人手上的印第安土地还不是完全意义上的由个人占有的私有财产。因为在将部族土地分配给部族个人时，联邦土地分配制度强调了印第安人的能力问题，印第安人被认为是有资格、但还没有能力管理好自己事务的人。① 1887年的《道斯法案》(The Dawes General Allotment Act) 规定，所有按份额无偿分配给印第安个人的土地必须由联邦政府以信托形式来掌控一段时期，要有一个信托期。这个信托期的长度初定为25年，政府有权将信托期延长。在信托期内，这种由部族成员个人拥有的土地——信托地，一般不允许转让、抵押或买卖。即在信托期内，这种土地属于信托地，个人对分给自己的土地只拥有非常有限的产权——使用权，土地的其他产权还没有转移到部族个人手上，代表土地全部产权的土地证并没有发放到个人手中。② 这种印第安个人信托地形式在20世纪八九十年代还存在。

与此相联系，私人部门、私有经济与自由市场的力量则一直很弱小，公共部门挤压私人部门、公有经济挤压私有经济、政府挤压市场的现象不仅一直存在，而且很严重。私人部门、私有经济与自由市场的生存空间很小。

在这种背景下，以政策支持为导向，如果政府给印第安保留地创造的优势供给中，既有直接扶持公共部门的，也有直接扶持私人部门的，此时，要避免优势冲突显然是不可能的。

二、印第安地区发生优势冲突的机理

印第安地区所拥有的这些优势有多种表现形式，但都可以将其归结成政策层面，属于叠加的政策优势。所以，印第安的优势冲突即是政策冲突。

就理论上说，对政策冲突进行考察，主要评判点是看政策作用的部门及其作用方向。

如果所有新出台的优势政策都是对同一部门按同一方向进行作用，则存在政策冲突的可能性就比较小。如果新出台的优势政策分别涉及的是公共部门和私人部门，存在政策冲突的可能性就大。因为扩张公共部门的政策容易导致扩张私人部门的政策在政策效应方面打折扣；扩张私人部门的政策也有可能导致扩张公共

---

① Burke Act. American Indian Policy Review Committee, Final Report [J]. Washington D. C.: US. Government Printing Office, 1977 (1): 67.

② 25 U. S. C. § 348 and § 349. 2000.

部门的政策出现效应下降。当然，后面这种情况发生的可能性会小一些，影响也会弱一些。一般情况下，私人主体不会轻易介入公共部门，但政府介入私人部门、政策将公共部门的边界扩充到私人部门则比较容易发生，其主要表现是公共部门挤占私人部门的活动空间。

三、印第安地区优势冲突的表现

（一）税收优惠政策和博彩业促进政策属于扩张公共部门和公有经济的政策

来自联邦的博彩业促进政策和税收优惠政策联合起来发挥作用，会使印第安地区的公有经济获得了新的增长点——博彩业。博彩业是一个进入门槛低、收益率高、投资回收快、科技含量低的行业，可供借鉴的技术与经验都比较多、比较成熟。当1988年《印第安博彩业管制法》赋予部族政府垄断保留地博彩业的投资经营权以后，博彩业成为了部族政府新的、重要的创收渠道与收入源泉。政府的创收能力与创收水平因此而大增。基于此，这会刺激部族政府热衷于投资经营博彩业，推动印第安博彩业快速扩张，进而导致印第安地区的公有经济与公共部门获得快速发展。博彩业在保留地的快速发展已经表明了这一点。因此，《印第安博彩业管制法》赋予部族政府独占保留地博彩业的投资经营权，对保留地公有经济和公共部门的发展具有非常特殊、非常重要的意义。

（二）加速折旧政策和就业促进政策属于扩张私人部门和私有经济的政策

联邦政府出台的加速折旧政策和就业促进政策，其主要作用是鼓励保留地外面的私人投资者到保留地投资经商、刺激部族及其成员加强对保留地的投资。这两个优势政策主要是针对私有经济、私人部门和自由市场，试图以此来推动印第安地区经济发展。这是因为：

第一，就美国的经济制度与投资者结构来看，私人和私有企业是市场的投资主体和主力。作为经济最落后的地区和族群，如果保留地不能从境外获得大量的私人资本，只靠部族政府及其成员个人的投资，印第安地区的经济不可能实现快速发展，不可能缩小与发达地区的差距。

第二，加速折旧政策和就业促进政策主要是对保留地境外私人投资者的补贴。如果没有补贴，保留地境外的私人投资者（主要是非印第安私人投资者）到保留地投资要承担更重的税赋，会处于不利的竞争地位。因为，一般情况下，到保留地投资经商的非部族成员必须同时承担联邦税、州税和部族税，部族政府和部族公司在保留地境内外获得的收入（包括博彩收入）则免征联邦税，州对部族公司在保留地获得的收入无权征收州税。

第三，加速折旧政策和就业促进政策对印第安博彩产业的发展并没有起到推动作用。因为，加速折旧政策和就业促进政策并不适用于印第安博彩产业。博彩业在保留地获得快速发展,并在1994年发展成为保留地的支柱产业,其中主要原因是,部族政府垄断了保留地博彩业的投资经营权,联邦对包含博彩收入在内的部族政府收入实行非税原则。

(三)部族公司和博彩业会对私人部门和私有经济的发展形成挤压

就公共部门与私人部门的关系来看,当公共部门(公有经济)的边界扩张到私人部门(私有经济)时,或公共部门过度扩张时,会限制私人部门的正常发展,这是一种挤出或挤压效应。在博彩业合法化发展之前,部族公司是部族政府和公有经济的主体性企业。1988年印第安博彩业管制法通过后,印第安博彩业获得了快速发展,自1991年起开始成为部族政府的主要产业。1988年印第安博彩收入只有1亿美元,1995~2005年,印第安博彩收入从54.45亿美元增加到225.1亿美元,增加了3.13倍,年均增速为31.34%。印第安博彩获得大发展后,由部族公司和印第安博彩公司构成的公有经济在印第安地区经济的主体地位得到了进一步上升,私人经济的比重则相对弱化,私有经济和私人部门的发展空间变得更小了。

(四)印第安博彩政策不利于私人部门和私有经济发展壮大

印第安博彩政策不利于私人经济发展壮大主要表现在以下几点。

第一,印第安博彩业兴起后,部族政府原有的产业与投资的比较收益会出现下降。部族政府作为这些产业的投资者和经营者,其继续经营的积极性就会因此而受到打击,政府的投资经营重点就会发生变化甚至转移。政府原有的产业与投资中有一些是属于为整个保留地经济提供配套支持的基础性产业,这种支持包括对私人经济和私人部门的支持。因此,如果政府的投资经营重点发生变化或转移,对私人经济的发展是不利的。

第二,部族政府每隔几年就要换届。博彩业作为许多部族都热衷经营且效益好的产业,如果现任政府不继续重视博彩,现任行政长官会很难获得连任。如果候选人对博彩业关注不够,也会很难当选。受此影响,包括部分私人经济在内的非博彩产业,就会遭到政府自觉或不自觉的忽视。

第三,印第安博彩业政策不利于私人投资者发展壮大保留地的私人经济。就存量的私人经济来说,一般情况下,保留区原有的私人投资都会根据当地的产业热点变化而进行相应调整,其中一个调整方向就应该是向博彩相关的其他产业转移。保留区部分原有的私人投资想从原来的行业撤出、进入与博彩相关的其他行业,这是十分理性的。就增量的私人经济来说,既然保留区的产业与投资热点已经转移到博彩及相关行业,因此,增量的私人投资首先考虑进入与博彩相关的行业,这也是十分理性的。但是,作为印第安博彩业主体的第三类型博彩,一般都是集赌博、餐饮、住宿、娱乐、休闲、旅游等为一体,其产业链和产业集群已经十分完善，以致私人的存量投资和增量投资都很难顺利地进行这种转移。转移需求与转移受阻并存这种状态，对发展壮大保留地私人经济是不利的。

四、反优势冲突

对联邦政府为促进印第安经济发展而采取的种种倾斜性措施，有人认为联邦政府的这些优惠政策并没有达到预期目标，甚至有学者认为联邦政府不应该实行某个政策，① 其中受到最尖锐批评的是联邦政府的印第安博彩业政策。对印第安博彩政策持批评态度的人认为，印第安博彩业政策对保留地及周边地区的负面影响，不仅表现在对相关产业的冲击与挤压上，而且还表现在对其他经贸事务和社会事务的冲击上。在讨论印第安博彩的效应时，学者们都会谈到犯罪、个人破产、吸毒、自杀。博彩地区有更高的犯罪率和破产率。博彩在保留地开业以后，不仅当地的犯罪率增加了，② 而且个人破产率也增加了③。1999年美国财政部的研究也得出个人破产增加这个结论。

其实，从学者到政府，他们并没有意识到这是一个优势叠加、优势冲突和反冲突的问题。如果说他们在现实中是进行了反冲突工作。这只能算是下意识的行为。反冲突会因此而不可能取得好的效果。因为，如果联邦政府意识到政策冲突，在印第安地区的公共部门和公有经济一直强势的背景下，就会意识到扩张公共部门和公有经济的印第安博彩政策可能会对当地的私人部门和私有经济造成挤压与伤害，就会预见到保留地加速折旧政策和就业促进政策不会收到很好效果。美国作为以私人部门为主体的市场经济，如果联邦政府想对印第安地区经济追赶进行倾斜性支持与推动，就不应该首先选择扩张公共部门和公有经济的政策，就不应该用政策对公共部门和公有经济进行过多的扩张。

前面已经指出，在印第安保留地享有的众多优惠政策中，可以将它们分为两大类，一类是联邦给保留地公有经济的优惠政策，这主要是印第安博彩业发展政策和部族税收优惠政策；另一类是联邦给保留地私人经济的优惠政策，这主要是联邦的印第安就业促进政策和加速折旧政策。从时间上来看，联邦扩张保留地公有经济的优惠政策先于扩张私人经济的优惠政策而出台，《印第安博彩业管制法》在1988年就由国会通过，印第安就业促进政策和加速折旧政策在1994年才启动。如果说1988年国会通过《印第安博彩业管制法》之前，保留地经济处于

---

① Fremont Lyden, Lyman Legters. Native Americans and Public Policy [M]. University of Pittsburgh Press, 1992.

② Julie Topoleski. Social and Economic Impacts of Native American Casinos [D]. Ph. D. Dissertation, 2003.

③ SMR Research Corporation. SMR Research 1997. http://www.smrresearch.com/countybkr.htm.

一种平衡状态,那么联邦印第安博彩政策的实施则打破了这种平衡,产生了新的矛盾,这种失衡的天平是向公共部门和公有经济倾斜。部族政府拥有的印第安博彩业因此获得了快速发展,并快速成为支柱性产业,私人部门和私人经济则没有取得相应的快速发展。

在公有经济开始变得强大的同时,联邦出台优惠政策扶持私人部门,推动私人经济发展。如果将此视作是联邦政府化解政策冲突或公私部门冲突的手段,可以预见,在保留地博彩政策不变的条件下,联邦的这种做法并不能解决这种冲突,反而会引起新的冲突。

在美国这个市场机制最为成熟、完善的国家,在非印第安地区,公共部门对微观经济活动的介入已经受到严格的限制。在非军工领域,政府根本上不可能垄断一个行业的经济活动。仍以博彩业为例,博彩业在非印第安地区的开设与经营是要受到严格的限制或管理的,但其主要还是由私人部门来投资经营。这说明,私人部门以市场化方式完全有能力经营好博彩业。在印第安保留地,联邦政府走向了反面,私人部门被排斥在博彩业的大门之外,而是由公共部门独占。从增加收入来说,联邦的这个政策安排确实使部族政府或部族的收入大幅增加,但这既不能够掩盖这些优惠政策的冲突,也不能化解这些政策的冲突。

为此,优势政策之间的冲突对印第安地区的经济追赶产生了不利影响,反优势冲突的低效也给印第安地区的经济追赶产生了负面影响。

第五节 叠加优势形成前后印第安经济发展比较

自1994年起,印第安保留地已经形成优势叠加局面,来自联邦政府的税收优惠地位、产业促进政策、加速折旧政策、就业促进政策同时并存。为此,以1994年为临界点,通过比较前后时期的经济发展状况来揭示印第安地区优势叠加与叠加优势效应。如果印第安人口的经济状况获得明显改善,则优势叠加与叠加优势给印第安经济追赶带来良好的效果。

一、叠加优势形成前后时期 BIA 人口的就业状况

从表5-8中可以发现,1982~1993年BIA服务人口的失业率一直维持在46.17%~50.26%,在所考察的6个年份中有4个年份的失业率小于49%。保留地叠加优势局面形成后,1995~2005年BIA服务人口失业率一直维持在48.59%~50.19%,失业率的下限比叠加优势形成以前的时期高出2.42个百分

点，失业率的上限比叠加优势形成以前的时期只低 0.07 个百分点，两个时期的失业率上限相差很小，在所考察的 6 个年份中有 5 个年份的失业率大于 49%。显然，就叠加优势形成前后时期保留区服务人口的就业状况对比来看，优势叠加形成以前的就业水平好过优势叠加时期，就业状况在优势叠加时期并没有获得明显好转。

表 5-8 1982~2005 年印第安保留地服务人口的劳动力失业率（含阿拉斯加）

年份	1982	1985	1987	1989	1991	1993	1995	1997	1999	2001	2003	2005
失业率（%）	46.17	49.48	48.36	47.58	50.26	46.46	49.26	50.19	50.00	49.24	49.31	48.59

资料来源：BIA 报告——1982~1995 年 *Indian Service Population and Labor Force Estimates*，1997~1999 年 *Indian Labor Force Report*，2001 年 *Indian Population and Labor Force Report*，2003~2005 年 *American Indian Population and Labor Force Report*。

在 BIA 服务人口中，1982~1993 年，劳动力数量年均增长 6.28%，就业人数年均增长 6.20%，失业人数年均增长 6.38%，三者的增长速度很接近。1995~2005 年，劳动力数量年均增长 4.26%，就业人数年均增长 4.45%，失业人数年均增长 4.07%，三者的年均增长速度也比较近。因此，优势叠加形成以前的就业水平好过优势叠加时期，就业状况在优势叠加时期并没有获得明显好转，这显然与优势叠加时期就业增速不够快有关，即优势叠加时期的相对就业增速是比较缓慢的。

劳动者的就业状况取决于经济发展状况。如果经济发展良好，就业率会维持在一个比较高的水平上，或者是就业率会呈现出稳步上升趋势，但不会出现就业恶化现象。为此，在优势叠加时期，印第安经济的纵向发展并没有因为叠加优势的存在而发生明显改善。

二、叠加优势形成前后时期 BIA 人口就业者的贫困状况

表 5-9 表明，优势叠加局面形成以前 1982~1993 年，服务人口的就业者贫困率一直大于 32%，介于 32.16%~40.55%。优势叠加局面形成后 1995~2005 年，服务人口的就业者贫困率介于 29.48%~32.63%，比以前有所下降，就业者的总体收入水平有所提高，但就业者贫困率在优势叠加时期仍处于高水平，在所考察的 6 个年份中有 5 个年份的就业者贫困率仍大于 30%，最低的年份也有 29.48%，并没有出现明显的下降趋势。这表明，就业者贫困状况的改善很有限。劳动者的收入状况直接影响到劳动者家庭的生活水平。因此，优势叠加或者是经济发展对改进就业者贫困状态收效甚微。

表 5-9　1982~2005 年印第安保留地服务人口中就业者的贫困率（含阿拉斯加）

年份	1982	1985	1987	1989	1991	1993	1995	1997	1999	2001	2003	2005
贫困率(%)	32.16	40.55	35.78	34.89	33.08	36.15	32.46	30.06	32.06	32.63	32.46	29.48

资料来源：BIA 报告——1982~1995 年 *Indian Service Population and Labor Force Estimates*，1997~1999 年 *Indian Labor Force Report*，2001 年 *Indian Population and Labor Force Report*，2003~2005 年 *American Indian Population and Labor Force Report*.

劳动者的收入状况取决于经济发展水平。如果经济发展水平高，就业者的总体收入水平也会比较高，或者是就业者的贫困率不会维持在一个比较高的水平，更不会出现恶化现象。为此，在优势叠加时期，印第安经济的纵向发展并没有因为叠加优势的存在而发生重大改善。

三、印第安人口实际人均收入与全国的差距变化

BIA 报告在 BIA 服务人口方面只有就业和就业者贫困率两大指标，没有 BIA 服务人口的人均收入、住户收入、家庭收入和其他经济方面的指标。

在国家统计局的统计报告中，即 Census 报告，最为接近的相关指标是印第安保留地和其他信托地的印第安人口收入。统计报告显示，印第安保留地和其他信托地的印第安人的实际人均收入与全国实际人均收入的差距具有扩大趋势。这个结论与前面根据 BIA 报告得出的保留地服务人口失业率和就业人口贫困率这两个结论并不冲突。

印第安保留地和其他信托地的印第安人的实际人均收入与全国实际人均收入的差距，在 20 世纪六七十年代小于 9000 美元，到八九十年代则增加到 13000 美元，且存在继续增加的趋势。

1970 年，印第安保留地和其他信托地的印第安人实际人均收入为 4347 美元，全国实际人均收入为 13188 美元，前者是后者的 32.96%，两者相差 8841 美元。

1980 年，印第安保留地和其他信托地的印第安人实际人均收入为 6510 美元，全国实际人均收入为 16430 美元，前者是后者的 39.62%，两者相差 9920 美元，差距扩大了。

1990 年，印第安保留地和其他信托地的印第安人实际人均收入为 5959 美元（其中的一个原因是 80 年代联邦政府大幅度减少对印第安项目的财政资助），全国实际人均收入为 19374 美元，前者是后者的 30.76%，两者相差 13415 美元，

---

① 1993 年及以前，印第安就业人口的贫困线是雇佣者的年收入小于 7000 美元，1995 年是小于 9048 美元；1997 年起，印第安就业人口的贫困线根据 HHS 当年确定的贫困线（Poverty Guidelines）来决定。就业者的贫困率 = 年收入小于贫困线的就业人数/总就业人数。

差距继续扩大。

2000年，印第安保留地和其他信托地的印第安人实际人均收入为7942美元，全国的实际人均收入为21587美元，前者是后者的36.79%，两者相差13645美元。进入优势叠加的20世纪90年代，印第安保留地和其他信托地的印第安人口的实际人均收入与全国实际人均收入的差距还在继续扩大。

1970~2000年印第安保留地和其他信托地的印第安人实际人均收入与全国实际人均收入之比一直维持在33%~40%这个水平。①

这表明，优势叠加对缩小印第安保留地和其他信托地印第安人的实际人均收入与全国实际人均收入的差距没有收到什么效果。

人均收入取决于就业状况与经济发展水平。如果就业率高、经济发展水平也高，人均收入水平也会比较高。为此，在优势叠加时期，印第安经济的横向发展并没有因为叠加优势的存在而发生重大改善。

第六节　美国印第安地区经济追赶的启示

一、重视对印第安经济追赶经验的借鉴

印第安民族与我国少数民族、印第安地区与我国民族地区存在着许多共同点与差异。基于这些异同，我们必须重视美国印第安的追赶实践，必须善于借鉴印第安经济追赶的经验教训，以减少我国民族地区经济追赶出现的失误，提高我国民族地区经济追赶的效率和效果。

印第安民族与我国少数民族、印第安地区与我国民族地区存在的共同点主要有：两者在本国都属于少数民族地区，都是经济发展水平最低的族群与地区，都是在市场经济进程中实施经济追赶，经济追赶任务仍十分艰巨，缩小差距仍是追赶的首要任务，都存在优势叠加进程与叠加优势。

二者存在的主要差异是：印第安地区是在一个更成熟的市场经济背景下实施追赶，我国民族地区则是在向市场经济过渡、市场经济相对落后的环境下进行经济追赶；随着我国改革开放的发展，我国的市场经济水平将不断提高；在市场条件下实施经济追赶，印第安地区比我国少数民族地区早得多，印第安地区属于先行者。

---

① U. S. Census Summary File 3 (for 2000) and Summary Tape File 3 (for 1990) As Reported in Geolytics (2000a, 2000b). Jonathan B. Taylor, Joseph P. Kalt. American Indians on Reservations: A Databook of Socioeconomic Change between the 1990 and 2000 Censuses [J]. Research 2005 (1): 7–14.

显然，印第安经济追赶的经验教训对我国民族地区实施经济追赶无疑有值得借鉴的客观基础与价值。

二、优势叠加与反优势冲突是个复杂的系统工程

在长期的经济追赶进程中，印第安地区曾拥有一系列比较优势，但经济追赶效果并不理想。从中既可以发现一些问题，也可以引发一些思考。

支持经济追赶的优势政策应该涵盖多个方面。但是，一个欠发达地区要成功实现经济追赶，到底要拥有多少优势才算足够，这没有一个公认的标准。如果以地区经济差距开始出现缩小作为优势足够的下限，在某些条件下，会出现用"足够"无法解释的局面——不断地创造优势，却一直没有出现差距开始缩小迹象。与此相反的另一个极端是：有时候，一个有利机会或优势就会让一个落后地区跻身于发达地区行列。这意味着，欠发达地区的优势供给必须充分考虑自己的实际情况。

在多优势并存条件下，落后地区的经济状况长期没有获得改善，除了优势不足这种可能，还有可能是存在优势冲突或反优势冲突低效所致。从理论到现实来看，既存在优势不足的可能性，也存在优势冲突或反冲突低效的可能性。这意味着优势叠加、优势冲突与反冲突相互联系、相互影响，必须全面审视它们的关系，不宜简单化对待与处置。

优势供给要考虑体制的兼容性问题。对局部少数民族地区的政策支持应该与本国经济体制保持一致。美国的经济体制是以私人部门为主体的市场经济，"小政府、大市场"是美国基本的经济制度。但是，联邦政府对印第安地区经济追赶的倾斜性支持却是优先选择重点扩张公共部门和公有经济的政策，而不是优先重点扶植私人部门和私有经济。在印第安地区的现实中，公共部门和公有经济一直处于强势——"大政府、小市场"。印第安地区与非印第安地区的发展模式与路径完全相反。这种优势政策冲突已经上升为公共部门与私人部门、政府与市场、公有经济与私有经济、印第安地区经济体制（公共部门、公有经济、政府过于庞大）与"小政府、大市场"这一美国基本经济制度之间的冲突。这种冲突是联邦政府印第安优惠政策低效的一个重要原因。如果这种冲突不解决，印第安地区就很难借助外部的资源与市场来推动经济追赶。这意味着，优势叠加进程同时还是一个对优势关系进行兼容性优化处理的过程，没有一劳永逸的优势供给或优势创造。

叠加优势转变为现实的经济优势是一个需要科学处置的复杂过程。在将叠加优势转变为经济优势的过程中，既有可能是高效率，也有可能是低效率甚至零效率。从印第安追赶实践来看，美国支持印第安经济追赶的优惠政策已经涵盖了税收、产业、投融资、技术进步、就业与个人收入等方面，但印第安的经济追赶效果并不理想，优势转换效率并不高。这意味着，欠发达地区对自己所拥有的叠加优势不宜盲目乐观,要把叠加优势的形成过程同时看作是一个优势转变过程,要创造条件来推进叠加优势向经济优势转变。

产业政策在欠发达地区经济追赶中至关重要。如果政策错位,经济追赶就收效甚微。在印第安地区的经济追赶中,联邦产业政策的重点是优先发展部族博彩业。从实际效果来看,这种政策选择并没有达到预期目标。作为公有经济性质的部族博彩业,它的大发展并没有明显地促进部族经济发展,只是增加了部族政府的收入,使部族政府变得更强大。在博彩业兴起前,印第安地区没有现代工业,经济社会发展水平非常落后。在这种情况下实施经济追赶,是优先发展服务业还是优先发展制造业?是优先发展公有经济还是优先发展私有经济?这是产业政策选择必须予以科学解决的问题。从制度设计方面看,联邦的就业促进政策把着力点放到企业、放到私人部门,其符合资本雇佣劳动这种市场经济关系,有助于激发资本雇佣劳动的动能。但在优先发展公有经济、优先发展服务业、公有经济过于强大、公有经济明显挤压私有经济等条件下,私人资本雇佣印第安劳动的能力不会因就业促进政策的出台而获得明显改善。产业政策制约着就业促进政策的作用发挥。

三、经济追赶是一个艰巨而长期的战略任务

第二次世界大战结束后不久,美国就变成了世界上综合实力最强大的发达国家。印第安人口占美国总人口的比重非常低,还不到1%。体量如此小的印第安人口,在这样一个国度进行经济追赶,理应不是个难题。但从现实看,印第安的经济追赶确实是个难题。在叠加优势形成以前,印第安民族在美国一直是收入水平和生活水平最低的族群,印第安地区在美国一直是经济社会发展水平最低的地区。在叠加优势局面形成以后,印第安民族和印第安地区在美国的状况仍没有获得明显改变,仍处于经济社会发展的最低水平。这表明,经济追赶不仅具有艰巨性和长期性,而且这种艰巨性、长期性要超出许多人的想象。

如果印第安民族不打算自动消亡,如果美国国会不打算取消印第安民族,发展印第安地区经济、缩小地区差距,经济追赶就是一个不能回避的战略问题。不论是从联邦政府层面看,还是从印第安部族层面看,在将来一个比较长的时期内,都必须致力于印第安地区或印第安部族的经济追赶,推动印第安经济尽可能快地发展,缩小与发达地区、发达族群之间的差距。

经济追赶作为一项具有艰巨性和长期性的战略任务,我们要完成它,就必须站在战略的高度去把握和实施,要有打"持久战"的思想准备与发展规划,不能以"搞运动"的方式和急功近利的态度去发展欠发达地区的经济。用优势叠加的方式去推动欠发达地区经济快速发展,并不意味着必然缩短实施经济追赶所需要的时间与过程。

第六章 民族地区经济追赶中优势叠加的桂滇案例

从1990年中央开始投资兴建南昆铁路、启动西南大通道建设到2003年确立泛珠合作，桂滇两省区的经济追赶进程可谓优势不断涌现。期间先后形成了大湄公河次区域合作、西部大开发、中国—东盟自贸区构建，一种叠加优势格局已经在桂滇形成。基于各种优势对桂滇经济追赶的作用机理，西南大通道建设、大湄公河次区域合作、西部大开发、中国—东盟自贸区构建、泛珠合作，使桂滇拥有了金融与技术支持优势、政策优势、区位优势、通道优势、区域合作优势、区域一体化优势等一系列优势。

第一节 桂滇优势叠加进程与叠加优势形成概述

1990年5月，国务院决定由中央投资兴建南昆铁路，打造一条我国西南地区出海大通道、一条联系我国东南沿海与西南腹地的便捷通道。同年12月24日南昆铁路东段建设开始动工。1992年中央做出要充分发挥广西作为西南地区出海通道作用这一重大决策后，在我国东南沿海与西南腹地之间由兴建一条南昆铁路上升到建设一个由立体交通网络构成的西南出海大通道，南昆铁路的地位与功能由此发生了相应变化。兴建南昆铁路变成了西南大通道建设的标志，南昆铁路成为了西南大通道的基础和主动脉。南昆铁路西起云南经济政治文化中心昆明市，东接广西三大沿海港口钦州港、防城港、北海港。1997年南昆铁路全线建成通车。以南昆铁路为标志和主动脉的西南大通道将大大缩短云南与我国东南沿海发达地区之间的交通运输距离，云南由此拥有了一个更加便捷的出海大通道。广西沿海则由此成为我国大西南走向海外的最近出海口和大通道。广西面向东南亚、背靠大西南，作为我国西南地区连接海外的重要通道由此变得名副其实，广西的区位优势因此凸显。西南大通道建设同时还为广西和云南提供了巨大的资金支持。

1992年,亚洲开发银行作为发起者、协调人和主要筹资方发起了由中国、柬埔寨、老挝、缅甸、泰国、越南六国组成的大湄公河次区域合作,以加强经济联系,消除贫困,促进发展。基于独特的地理位置,云南成为代表我国参与大湄公河次区域合作的唯一参与省,进而使云南成为此合作的首要受益者和主要受益者。根据中央的决定,从2005年开始,增加广西作为中方参与大湄公河次区域合作的具体参与者。桂滇的经济追赶进程增加了新的优势支持——跨国的区域合作优势与区域一体化优势,桂滇原有的一些相关优势如区位优势等因此获得了强化。

1999年底,中央启动西部大开发战略。2000年中央针对西部大开发颁布了两个重要文件《国务院关于实施西部大开发若干政策措施的通知》和《国务院西部开发办关于西部大开发若干政策措施的实施意见》,在资金投入、项目布局、税收、资源开发利用、人才、科技、教育等方面制订了一系列优惠政策来促使西部12个省区市加快发展。这些优惠政策的有效期初步定为10年。2000年成为西部大开发的元年。桂滇两省区作为西部大开发的组成成员,可以充分利用中央的优势政策及金融、技术和项目支持来加速自己的经济追赶。桂滇的经济追赶不仅再添新优势,而且还进一步丰富了以前形成的优势。

2001年11月6日,第五次东盟与中国领导人会议在文莱首都斯里巴加湾举行,双方一致同意在10年内建成中国—东盟自贸区,并授权相关部门尽早启动自由贸易协定谈判。2002年11月4日,我国和东盟十国在第六次东盟与中国领导人会议上签署了《中国与东盟全面经济合作框架协议》,决定在2010年内建成中国—东盟自贸区。至此,中国—东盟自贸区的建设正式启动,中国与东盟的区域合作与区域经济一体化进程开始加快。在中国—东盟自贸区建设中,桂滇以其独特的区位优势最有可能成为中国与东盟经贸往来主要的门户、通道、连接平台和主要合作平台,最有可能成为中国—东盟自贸区建设的首要受益者和最大受益者。桂滇经济追赶进程拥有的叠加优势从形式到内容都上了一个新台阶——不仅跨国的区域合作优势与区域一体化优势获得了新突破,而且区位优势、通道优势和合作平台优势还获得了新突破。当然,与大湄公河次区域合作相比,中国—东盟自贸区的区域合作与区域一体化程度更高。

2003年7月24日,广东省委书记张德江提出泛珠合作构想,2003年8月8日,沿珠江流域九省区在广州达成共识,争取中央有关部门支持,共同推进与港澳的交流与合作,开拓区域合作的新领域、新途径、新空间,促进泛珠三角资源合理共享和有效利用，营造互补互利、互相促进、共同发展的区域经济多赢格局。① 此后，九省区先后召开了泛珠三角经济圈信息产业、科技创新、交通发展及经济合作会议。2004年6月1～3日，内地九省区和香港、澳门特别行政区政府联合举办了首届"泛珠三角区域合作与发展论坛"，签署了《泛珠三角区域合作框架协议》，泛珠合作正式启动。桂滇作为泛珠合作的成员，基于区域合作与区域一体化机制，其与广东、香港、澳门等发达省区实施紧密合作获得了专门的契机和制度支持。桂滇经济追赶进程中的优势叠加获得了新发展——形成了一种境内的区域合作优势与区域一体化优势。

对桂滇经济追赶来说，西南大通道建设、大湄公河次区域合作、西部大开发、中国—东盟自贸区构建、泛珠合作并不仅仅是一种机遇，用"机遇"来定位它们在桂滇经济追赶中的地位与作用是不够的。②

这些优势对桂滇经济追赶的作用机理，后面将作专门分析。

第二节 西南大通道建设与桂滇的通道、区位及资本支持优势

一、西南地区的经济社会概况

我国西南地区是指广西、云南、贵州、四川、重庆、西藏六个省、自治区、直辖市，土地面积264万平方千米，占全国面积的27.5%，人口2.5亿，占全国人口的21.3%。广西是唯一同时处于"三沿"（沿海、沿边、沿江）位置的少数民族地区，同时拥有沿边、沿江地理位置的省区有云南和西藏。

西南地区是我国少数民族主要的聚居地，居住着壮、彝、白、傣、苗、回、藏、傈僳、哈尼、拉祜、佤、纳西、瑶、景颇、布朗、普米、怒、阿昌、独龙、基诺、蒙古等30多个少数民族，是我国少数民族密度最大的地区。

西南地区自然资源十分丰富，在全球已经探明的140多种矿产中，西南地区就有130多种，其中钒、钛、锡等矿产的储量在世界居首位，铅、锌、铝、铜等几十种矿产的储量在中国位居前列。西南地区同时也是我国第二大林区和热带作

---

① 九省（区）计委主任聚首广州，人民日报—华南新闻，2003年8月14日。
② 对桂滇经济发展来说，国内学者与官员更多的是将西南大通道建设、大湄公河次区域合作、西部大开发、中国—东盟自由贸易区构建、泛珠三角区域合作定位为"机遇"。如余小军（2000）、曹华（2003）等。

物基地。

由于受交通不便等因素制约,西南地区一直是我国欠发达地区,是我国贫困人口最为集中的地区之一。南昆铁路通车之前,我国1/3的贫困人口分布于此。

二、建设南昆铁路、打造西南大通道的背景

随着我国改革开放的推进,交通运输作为制约西南地区经济社会发展与对外开放的瓶颈进一步显现。在此背景下,1990年5月国务院决定由中央投资兴建一条铁路——南昆铁路,打造一条联系我国东南沿海与西南腹地的出海大通道和便捷通道。同年12月24日南昆铁路(东段)建设开始动工。南昆铁路西段于1991年12月19日开工建设。

1992年4月,在国家计委召开的西南及华南部分省区区域规划会议上,时任国务院副总理兼国家计委主任的邹家华会同有关省、区负责人,经过论证,确认了广西得天独厚的区位优势:东毗广东、海南、香港和澳门,南临北部湾,背靠大西南,并与越南接壤。1个月后,中央作出重大战略决策:要充分发挥广西作为西南地区出海通道的作用。

1992年底,国家领导人李鹏考察广西时说:"广西背靠大西南,面向东南亚,区位优势明显。充分发挥广西作为大西南出海通道的作用,对于加快广西乃至整个西南地区的改革开放和经济建设具有重要的战略意义。"①

中央作出要充分发挥广西作为西南地区出海通道作用重大决策后,在我国东南沿海与西南腹地之间由兴建一条路——南昆铁路上升为兴建一个由立体交通网络构成的西南大通道,南昆铁路的地位与功能由此发生了相应变化,建设南昆铁路变成了西南大通道建设的主要标志,南昆铁路成为了西南大通道的主动脉。

三、南昆铁路建设启动后西南大通道建设的推进

南昆铁路建设的启动给西南大通道建设注入了一股新活力和激情。西南出海大通道的另一条交通运输线——西南公路开始修建与改建,其中就包括跨越重庆、四川、贵州、广西四省区市,全长1100千米的重庆—北海高等级公路。重庆—北海高等级公路的广西段建设于1994年开工,重庆段建设于1997年底动工,贵州段建设于1998年5月开工。西南公路于2001年底正式建成通车。

与此同时,广西加快了以交通、通信为主的基础设施建设,积极构筑西南出海大通道的公路主框架和西江内河航道,加快建设连接铁路沿线和沿海重要城市、交通枢纽、外贸口岸、边境地区的交通网络。20世纪90年代以来,为建设

---

① 汪金福,杨越.40年历程党和政府关心广西发展——绿水含情山作证[EB/OL],新华网广西频道,1998-12-06.

西南出海大通道，广西先后投入总计超过 1200 亿元用于铁路、港口、机场、公路、通信等基础设施的建设。

四、西南大通道建设成为桂滇优势的机理与表现

中央投资兴建的南昆铁路作为西南大通道的基础、主线和标志，西起云南、东至广西，横穿云南、贵州、广西三省区。就省际比较来说，广西、云南、贵州以自己独特的地理位置而在空间上对南昆铁路拥有独占性，进而成为西南大通道建设的首要受益者和最大受益者。

南昆铁路建设作为一项浩大的投资项目，其由中央投资兴建，这无疑是对桂滇黔经济发展的重大支持。国家修建南昆铁路的直接投资就是大约 200 亿元。修建南昆铁路既是当时我国的最大扶贫项目，也是当时我国的重大工程。桂滇黔的经济发展水平在全国处于后列，如果由三省区自己去筹资修建这条铁路，在 20 世纪 90 年代可能性显然是非常小的。如果等到 21 世纪再由三省区自己去筹资修建这条铁路，同样是困难重重。桂滇黔作为欠发达省区，经济实力和融资能力都差，在不影响常规性投资和在建投资的条件下，很难筹集到如此庞大的一笔配套资金（500 亿 ~ 1000 亿元）修这条铁路，或者是很难达成修建这条省际铁路这个共识。以修建新南昆铁路作为参考，21 世纪修建这条全长 900 多千米的南昆铁路，大约需要 1000 亿元的投资。根据广西与铁道部在 2008 年签署的《关于加快广西铁路建设有关问题的会议纪要》，拟 2009 年开工建设的新南昆铁路，全长为 785 千米，为国铁 I 级双线电气化铁路，速度目标值为 200 千米/小时，其总投资是 805 亿元。

作为推动桂滇实施经济追赶的优势，国家直接投入的 200 亿元资金还不是关键所在，真正起到优势作用的是隐藏在这条大通道背后的一系列机制——投资乘数效应、交通运输网络完善效应、交通运输里程缩短效应和经贸物流通道效应等。如果南昆铁路打通，西南大通道建成，将使桂滇的交通运输网络更发达、大大缩短桂滇与东南沿海地区和海外的交通运输里程，在桂滇与我国东南沿海地区及海外之间将建立起一条更加便捷的经贸物流大通道，广西的区位优势会因此而显现。

（一）西南大通道建设对桂滇经济追赶具有投资乘数效应

以南昆铁路为主要标志的西南大通道建设的启动与推进，有利于加速与提升桂滇的经济追赶，是桂滇实施经济追赶的优势，其机理在于南昆铁路、西南大通道建设这一重大投资项目对桂滇经济追赶具有投资乘数效应。

投资乘数效应是指投资在经济循环过程中通过对生产的推动作用和对消费的拉动作用，最终使国民经济的产出是初始投资的倍数，或者是大于初始投资。投资乘数理论表明，一个部门的投资增加，一方面，会直接导致资本品的投入增加，对社会生产规模直接起到扩张作用；另一方面，基于国民经济各部门的内在关联性，该新增投资会对其他部门引致新需求，带来其他部门投资和收入的增加，最终使整个国民收入获得成倍的增加。

为了建成横穿云南、贵州、广西三省区的南昆铁路，中央的直接投资大约是200亿元。这200亿元资金对三省区的工程机械、建材、劳务等与建设相关的技术、物资、人力会产生巨大的直接需求，促进三省区相关行业发展的扩张和加速。三省区的经济发展会因此而加快，国民收入会因此而增加。经济发展的加快和国民收入的增加会导致其他资本品和消费品的需求增加，进而刺激其他行业出现相应的扩张和加速。

(二) 西南大通道建设使桂滇的交通运输网络更加发达

西南大通道建设是桂滇实施经济追赶的优势，其机理还在于西南大通道建设使桂滇的交通运输网络变得更加发达。

西南大通道建设是一个以南昆铁路为基础和主线，包括陆路、水路、航空、港口、口岸等交通配套设施建设，将四川、云南、贵州、西藏、广西、重庆西南六省区市主要地区连为一体，西南地区连接我国东南沿海和海外的立体交通网络体系建设。

南昆铁路东起广西首府南宁市，西至云南省会昆明市，北接贵州六盘水市盘县，全长大约900千米，途经广西的隆安、平果、田东、田阳、百色、田林，贵州的册亨、安龙、兴义、盘县，云南的富源、罗平、师宗、陆良、路南、宜良、呈贡等19个县（市）。南昆铁路的辐射范围要比这19个县（市）更广，其在广西的辐射范围可以达到15个县（市）。南昆铁路1997年3月全线铺通，年底完成全线配套并开始运营。该铁路为国家Ⅰ级干线电气化铁路，设计的年输送能力初期为1000万吨，远期为3000万吨。

西南大通道建设为西南地区构筑起一个更为广阔、发达的交通运输网，在将原来交通不便的西南各省市区进一步联结起来的同时，还将桂滇等西南各省市区与发达的东南沿海地区和海外进一步联系起来，进而使其拥有更大的市场空间。以南昆铁路为例，南昆铁路建成后，东与湘桂、黎湛、南防铁路相连，西与成昆、贵昆铁路相接，构成了连接桂滇与东南沿海的大通道；与广西防城、钦州、北海三地的港口群相连，构成了云南由广西出海的大捷径。地处西南内陆的云南与华南沿海和海外的联系会因这个交通网而变得更加紧密，其拥有的市场也会因这个交通网而在广度和深度上同时获得拓展。桂滇经济追赶会因此而获得新的开放合作格局。

(三) 西南大通道建设大大缩短了桂滇与东南沿海地区和海外的运输里程

西南大通道建设是桂滇实施经济追赶的优势，其机制还包括西南大通道大大缩短了桂滇与东南沿海地区、海外的交通运输里程，形成新的区位优势。

第六章 民族地区经济追赶中优势叠加的桂滇案例

对云南与华南之间的联系来说，西南大通道为云南与华南沿海的联系创造了一条更便捷的通道，把具有巨大发展潜力、经济欠发达的云南与经济发达、拥有众多对外港口的华南地区更紧密地连接起来。西南大通道与钦州港、防城港、北海港一起构成一个更便捷的出海大通道，使云南的进出口获得了一个便捷的进出海外市场的大通道。西南大通道使广西真正形成背靠大西南、面向东南亚格局，使广西在加强西南地区与华南地区、海外之间的交流合作中扮演重要的通道角色和平台角色。

南昆铁路建成通车以前，西南地区连接外面的有向东通道和向南通道。向东通道有两种路径：一是铁路+水路，即走川黔线或成昆线→长江航道，到达上海口岸；二是铁路，即走川黔线或成昆线→襄渝线，到达上海或连云港或天津。向南通道也有两种路径：一是公路+水路，即走滇缅公路→澜沧江—湄公河水道，到达越南、缅甸、泰国，二是铁路，即走川黔线→枝柳线→三茂线，到达广州、深圳、湛江。

南昆铁路开通后，西南地区连接外面的向南通道中不仅多了一个路径——经南昆铁路到达北海港、钦州港、防城港或湛江港，而且西南地区进出口物资的运输里程将明显缩短。以铁路计算，成都、贵阳、昆明到上海的距离分别为2353千米、2038千米、2677千米，成都、贵阳、昆明到广州的运距分别为2544千米、1577千米、2216千米。如果物资走南昆铁路，成都、贵阳、昆明到广西防城港，其运距则可分别缩短272千米、363千米、990千米、529千米、1596千米和1135千米。又如，铁路货运由四川攀西地区至广西黎塘及广州，走南昆铁路要比走之前的线路（贵昆→黔桂→湘黔→黎湛→三茂）缩短整整400千米。云南和贵州的货物走南昆铁路到广西沿海港口出海，比走原来线路到湛江港和广州黄埔港出海缩短250多千米和600多千米。

交通运输里程的缩短，不仅节省了时间、提高了效率，而且还节省了运费、提高了效益，进而有助于加快货物、信息、技术、人员、资金的流动速度，使市场变得更加活跃和高效。

（四）西南大通道是一条更便捷的经贸大通道

西南大通道建设是桂滇实施经济追赶的优势，其机理还与此相关：西南大通道不仅是一条交通运输线，而且还是一条集商流、物流、资金流、信息流、技术流、人员流、思想流为一体的经贸大通道，一条让桂滇更快致富的快车道。

南昆铁路经过桂滇的隆安、平果、田东、田阳、百色、田林、富源、罗平、师宗、陆良、路南、宜良、呈贡等十多个县市。随着南昆铁路及其他配套运输设施建设的启动与推进，会对沿线居民思想观念的转变产生巨大冲击，使当地少数民族更自觉、更快地融入我国改革开放大潮和现代市场经济大潮。

前面已经指出，西南大通道建设使桂滇的交通运输网络更加发达，大大缩短了桂滇与东南沿海地区和海外的交通运输里程。基于此，其不仅将桂滇与其他西南省区市的商流、物流、资金流、信息流、技术流、人才、市场越来越紧密地融为一体，而且还将桂滇与我国东南沿海、桂滇与海外更紧密地联系在一起，将我国东南沿海地区和海外的物资、资金、信息、技术、人才、经验等快速便捷地输送到桂滇，给桂滇的资源开发利用创造更多商机和带来更多的支持，促进当地经济优化升级。

西南大通道是一条经贸大通道，这在广西更为突出。西南大通道建设使广西在地理位置上拥有更突出的比较优势：广西不仅地处西南地区通往我国东南沿海地区和海外的通道位置上，而且还是西南地区最便捷的主要出海口之一。这意味着，助推大西南出海所需的物流等相关产业在广西会拥有快速发展的比较优势。

市场、经贸与交通运输网络存在着高度的相关性，交通运输是生产要素和产品空间流动的载体，是经贸交流的动脉，是市场发展的触发器，交通运输网络的触角就是市场的边界。交通运输网络变得发达，有助于生产要素与产品在更大空间进行自由交换和流动，提高区域市场开放合作的程度和效率，形成更大的统一市场。

第三节　大湄公河次区域合作与桂滇的区域合作、一体化发展、项目支持优势

一、大湄公河流域自然与社会经济概况

大湄公河又称澜沧江—湄公河，是一条流经六国的国际河流。发源于我国青海，流经西藏，由云南进入缅甸，穿老挝、泰国、柬埔寨，最后从越南胡志明市南部汇入南海。干流全长 4880 千米，其中，我国云南境内有 1237 千米，老挝境内有 777 千米，柬埔寨境内有 502 千米，越南境内有 230 千米，中缅界河 31 千米，老缅界河 234 千米，老泰界河 976 千米。干流总流域面积 81 万平方千米，其中，我国 16.7 万平方千米，柬埔寨 16.1 万平方千米，老挝 21.5 万平方千米，缅甸 2.1 万平方千米，泰国 18.2 万平方千米，越南 6.5 万平方千米。①

大湄公河流域总面积为 233.19 万平方千米，人口约 2.62 亿人。由傣族、高棉族、老族、缅族等 100 多个民族构成，其中部分民族属于跨界民族。

---

① 云南省政府：云南省促进澜沧江—湄公河次区域经济合作发展五年计划（2004～2008）。

第六章　民族地区经济追赶中优势叠加的桂滇案例

在世界各个流域中，大湄公河流域同时拥有丰富的矿产资源、水及水能资源、生物物种资源，这个状况是多数流域所没有的。大湄公河流域所隐藏的可以开发的矿产资源、水及水能资源、生物物种资源也处于世界前列，同时还有丰富的土地资源和旅游资源可供开发利用。

二、大湄公河次区域合作启动的背景

大湄公河次区域又称澜沧江—湄公河次区域，因此，大湄公河次区域合作又叫澜沧江—湄公河次区域合作。

大湄公河次区域合作由亚洲开发银行（以下简称"亚行"，Asian Development Bank，ADB）在1992年牵头发起。第一届澜沧江—湄公河次区域经济合作会议于1992年10月21～22日，在亚洲开发银行总部马尼拉召开，有柬、中、老、缅、泰、越6个沿岸国家代表团参加，会议正式启动大湄公河次区域合作机制，以加强各国之间的经济联系，促进次区域经济社会发展，实现共同繁荣。

区域经济一体化是指地理上邻近的国家通过制度安排（如签订协议）在区域内逐步取消成员之间的贸易和非贸易壁垒，共同协调成员之间的社会经济政策，形成一个商品、资本、劳动力可以跨国自由流动的统一的区域市场的过程。区域经济一体化的目的是通过成员国之间的分工协作，有效地利用成员国的资源，让成员国获得更大的比较利益，实现成员国共同发展与共同繁荣。其中，区域合作既是实现区域一体化的有效手段，又是区域一体化发展的过程与表现形式。

次区域合作是区域合作的一种形式，它是一种由3个或3个以上在地理上相邻国家的毗邻地区组成的跨边界的区域经济合作。其目的是通过贸易、投资或其他经济合作形式，发挥各自的比较优势，实行优势互补，将具有互补性的几个相邻国家的部分毗邻地区更紧密地联结起来，从而形成一个具有更大经济增长潜力的区域。

次区域合作这种区域经济合作模式首先产生于亚洲，因此，其也被称为"有亚洲特色的区域经济合作模式"和"区域经济一体化的亚洲解决途径"。[①] 其中，东南亚地区先后出现过由新加坡、马来西亚的柔佛州和印度尼西亚的廖内群岛组成的"新柔廖"成长三角，由菲律宾的棉兰老岛、印度尼西亚北部的苏拉威西岛、马来西亚东部的沙巴以及文莱在内的地区组成的"东部成长三角"，由泰国南部五府、马来西亚北部四州以及印度尼西亚苏门答腊岛北部地区在内的地区组成的"北部成长三角"。因此，次区域合作也叫经济增长三角和经济增长多角。

---

① Erja Kettunen. ASEAN and the Growth Triangle: Regional Economic Profile of Integration [J]. Conference Paper, 1995（1）：7-14.

三、大湄公河次区域合作的推进

（一）1992~1994年营造互信阶段：就合作的基本问题进行磋商，营造区域合作互信氛围

在1992年的第一届澜沧江—湄公河次区域经济合作会议上，我国提出了以交通为主的"一条铁路，两条公路，一个机场"的合作建议，会议还决定大湄公河次区域合作部长级会议原则上每年举行一次。①

在1993年的第二届次区域经济合作会议上，亚行第一次在文件中使用"大湄公河"一词。

1994年4月的第三届次区域经济合作会议，明确了交通、能源、环保、人力资源开发、经贸与投资、旅游六个领域的合作框架，并首次使用"部长级会议"一词。会议达成了《大湄公河次区域合作——由倡议走向实施》的重要成果，列出了公路8项、铁路8项、水路和港口8项、机场6项、水电6项、天然气1项等一批具体实施项目，并专项成立了交通论坛、电力论坛，还提出了环保、人力资源、经贸与投资、旅游等领域的初步合作设想。1994年9月召开了第四届部长级会议，推动亚行尽快启动合作项目，使合作落到实处。

（二）1995~1999年合作进入实质性阶段：确定优先合作的领域，启动合作项目

1995年的第五届部长级会议达成了《大湄公河次区域合作——面向挑战》会议文件，将合作领域增加到通信合作，总的合作领域扩充到7个，并筛选出103个优选合作项目。

1996年的第六届部长级会议达成了《不断发展大湄公河次区域合作的势头》的会议文件，提出要大力推进优选项目的实施。

1997年的第七届部长级会议提出，要在合作项目中优中选优，并注意协调硬件项目和软件项目。三个月后，亚洲发生了金融危机，大湄公河次区域合作被迫放缓。

1998年的第八届部长级会议发表了《满怀信心》这一部长联合声明。会议指出，在困难面前仍然要继续高举大湄公河次区域合作的旗帜，把合作推向前进。提出了"经济走廊"的新合作理念，确立了三纵两横的交通走廊，其中南北向三纵为：仰光—曼德勒—昆明、泰国—老挝—昆明、海防—河内—昆明；东西向两横为：岘港—沙湾那吉—彭世洛—毛淡棉、胡志明市—金边—曼谷—仰光。

---

① 历次部长会议的具体内容详见云南省人民政府门户网站，http://www.yn.gov.cn。

（三）2000 年后的区域合作、一体化发展新阶段

2000 年，在东南亚国家基本摆脱亚洲金融危机、经济开始走向复苏背景下，召开了第九届部长级会议。本次会议意在进一步促进大湄公河次区域合作，保持本区域国家经济增长的势头。

2001 年，第十届部长级会议确定了今后十年区域合作的发展方向，并确定了五个战略重点——加强基础设施联网、便利跨境贸易与投资、增强私营部门的参与和竞争、开发人力资源和提高技能水平、加强环境保护和自然资源的可持续利用，同时决定增设农业论坛。

2002 年 9 月，第十一届部长级会议审议通过了大湄公河次区域未来十年发展战略框架，同意优先实施框架内提出的 11 组旗舰项目——南部经济走廊、东西经济走廊、南北经济走廊、电信骨干网、电力网、便利跨境贸易与投资、私营参与和增强竞争力、人力资源开发、环保战略框架、洪水控制与水资源管理、旅游。

2002 年 11 月，第一次大湄公河次区域领导人会议举行，批准了大湄公河次区域未来十年发展战略框架，并决定以后每三年在成员国轮流举行一次领导人会议，这标志着大湄公河次区域合作步入一个新的阶段。

2005 年，第二次领导人会议确立了以"相互尊重、平等协商、注重实效、循序渐进"为主要内容的合作指导原则，发表了《昆明宣言》，签署了便利客货运输、动物疫病防控、信息高速公路建设和电力贸易等多项合作文件，批准了贸易投资便利化行动框架和生物多样性保护走廊建设等多项合作倡议。

2008 年 3 月，参加第三次领导人会议的各国领导人签署了《领导人宣言》。同年 6 月，成员国在昆明达成了"昆明共识"，提出加强东西、南北及南部经济走廊合作，提出要将交通走廊转型为经济走廊。

四、大湄公河次区域合作成为桂滇优势的机理与表现

大湄公河次区域合作的特点是以项目为主导，根据次区域成员的实际需求，由亚洲开发银行提供资金和技术支持。

在大湄公河次区域合作中，成员国围绕基础设施建设、跨境贸易与投资、私营部门参与、人力资源开发、环境保护和自然资源可持续利用五大战略重点，在交通、能源、电信、环境、农业、人力资源开发、旅游、贸易便利化、投资九大重点合作领域进行合作。①

大湄公河次区域合作赋予桂滇经济追赶新优势——跨国的区域合作优势与区

---

① 国家发改委，外交部，财政部. 中国参与大湄公河次区域经济合作国家报告［EB/OL］，新华网，2008 - 03 - 28.

域一体化发展优势。其作用机理与表现主要在于桂滇独特的地理位置、我国政府参与大湄公河次区域合作的制度安排和大湄公河次区域合作机制：2005年以前，云南以区位相邻这一地理条件，被我国指定为中方参与大湄公河次区域合作的唯一代表；2005年起，广西被我国政府增加为中方参与大湄公河次区域合作的另一代表。① 基于此，云南不仅最有可能首先成为大湄公河次区域合作的受益者，而且还有可能成为大湄公河次区域合作的最大受益者；与此同时，广西从中也受益匪浅。

（一）大湄公河次区域合作使桂滇在区域合作和区域一体化发展中形成地缘优势

在大湄公河次区域合作中，相对于国内其他省区市来说，云南被赋予了绝对的地缘优势，广西则位居其次。

大湄公河是从云南进入缅甸，然后穿越老挝、泰国、柬埔寨，最后从越南胡志明市南部汇入南海。在大湄公河次区域合作的区域中，如果以大湄公河为媒介，只有云南直接与缅、老、泰、柬、越相邻；如果就陆地关系来说，云南与缅甸、老挝、越南三国相接，广西与越南接壤。在联结我国与其他大湄公河次区域合作成员的交通运输网络中，大湄公河这一水路交通运输线由云南独享，在现有的陆路交通运输管线中，云南是最主要的通道，多数走向云南。因此，在大湄公河次区域合作中，一方面，桂滇成为中国在大湄公河次区域合作的前沿和具体主体，是中国参与次区域合作唯一的两个具体参与省；另一方面，随着大湄公河国际航运开发和通往东南亚陆路交通建设的推进，以及其他合作项目的启动，基于近水楼台先得月，桂滇无疑会成为最早的和最大的受益者。

当然，如果从比较地缘优势和参与大湄公河次区域合作的历史角度看，云南的比较优势比广西更为突出。个别云南高级政府官员也持类似观点。②

（二）我国参加次区域合作的制度安排使桂滇成为区域合作、一体化发展的最大受益者

根据中央的安排，2005年以前，云南是我国政府参加大湄公河次区域合作的唯一代表和具体参与者。③ 1994年我国就成立了"国家澜沧江—湄公河流域开发前期研究协调组"，协调组包括20多个成员单位，其中云南是唯一的省份。这种制度安排，一方面使云南脱颖而出，首先从大湄公河次区域合作中受益。另一方面使云南的对外开放与合作被提升到了国家战略高度，成为了我国对外开放的

---

① 根据中央的决定，广西2005年起正式与云南一起代表我国具体参加大湄公河次区域合作。详见《中国参与大湄公河次区域经济合作国家报告》。

② 王敏正．大湄公河次区域合作情况及云南的地位和作用 [J]．珠江经济，2006 (8)．

③ 《中国参与大湄公河次区域经济合作国家报告》。

前沿，云南的经济追赶会因此而获得更大的发展空间。从首次大湄公河次区域合作部长级会议到六国领导人会议，我国每次参加会议的代表团成员都有来自云南省政府的官员。

广西从2005年起被中央指定正式代表我国具体参加大湄公河次区域合作。

目前，代表我国具体参加大湄公河次区域合作的省级单位只有云南和广西。作为代表我国具体参加大湄公河次区域合作的单位，桂滇对大湄公河次区域合作的各种方案无疑有重大的影响力，无疑会使次区域合作更加符合桂滇的实际情况和经济需要。这意味着，我国政府参加大湄公河次区域合作的制度安排不仅使桂滇首先受益，而且还是最大的受益者。

（三）合作的机制及内容使滇桂成为区域合作、一体化发展的最大受益者

大湄公河次区域合作的特点是以具体项目为主导来推动与推进区域合作和区域一体化发展。随着合作的扩大与深化，桂滇的受益也会同步发展，其中云南基于其更好的比较优势而首先受益、受益最多。

1. 大湄公河次区域合作的合作机制

大湄公河次区域合作以具体的项目合作为主导，推进六个成员国在相关领域进行广泛合作、加强区域一体化发展。这意味着通过建设一些具有重大辐射功能、前后效应和侧面效应大的项目，可以使包括桂滇在内的相关方的经济合作与优化整合变得更具操作性和更容易出效果。

在大湄公河次区域合作中，亚洲开发银行的角色与作用主要有三：一是作为整个区域合作的协调者；二是提供融资支持；三是提供技术援助。对于投融资能力弱的桂滇和其他五个成员国来说，这无疑是对其经济追赶的一种大力支持。从欠发达地区追赶的经验教训来看，如果缺乏足够的投融资和技术支持，再好的项目也无法付诸实施，投融资和技术往往是制约欠发达地区项目建设的瓶颈。

2. 大湄公河次区域合作的主要内容

在亚行的协调和资助下，大湄公河次区域合作将交通、能源、通信、经贸与投资、旅游、环境与自然资源管理、农业、人力资源开发、禁毒九大领域定为重点合作领域，并确立了上百个合作项目。①

交通领域合作的主要内容是交通设施网的改造与建设，其中部分直接涉及桂滇。在公路方面，主要有昆明—腊戌公路改造、昆明—河口高速公路、腊戌—莱林—景栋公路改造、云南南部—老挝北部—泰国北部—越南北部的公路改造、曼谷—金边—胡志明市—头顿公路、泰国—老挝—越南东西走廊、清莱—昆明公路、老挝南部—磅逊港公路改造、泰国东北部—老挝南部—柬埔寨东北部—越南

---

① 具体的大湄公河次区域合作项目详见《亚行次区域合作项目清单》，2005年6月25日。云南省人民政府门户网站，http://www.yn.gov.cn。

中部公路走廊。在铁路方面，主要有云南—泰国铁路、云南—越南铁路、云南—缅甸铁路、泰国—柬埔寨—越南铁路、通过湄公河大桥把次区域铁路网延伸至老挝、泰国东北—老挝铁路的连接、与老挝矿产开发相连的铁路、泰国—缅甸铁路。在水路方面，主要有澜沧江—湄公河上游航道改造、红河航道改善、湄公河三角洲航运改造、老挝南部—柬埔寨航运改善、金边新港开发、磅逊港改造、越南中部港口改造、盖兰港改造、迪乐瓦港运输系统改造、仰光—迪乐瓦港改造与开发。在航空方面，主要有中国云南机场改造、缅甸机场改造、柬埔寨机场改造、越南机场改造、曼谷第二国际机场改造、次区域空中新航线开发。

能源领域的合作主要是次区域内部电网的连接建设、发电设施的建设、水能开发建设。其中包括：云南景洪电站向泰国输电建设项目，柬埔寨、老挝、越南、缅甸四国与泰国电网联网的建设项目，老挝的南塔河水电站建设项目、通欣河水电站建设项目、南通河水能开发项目，柬埔寨、老挝、越南的色功河和桑河水能开发项目，缅甸、泰国的南温河水能开发项目，椰德那—曼谷天然气管道铺设项目，次区域沿海石油开发项目。

贸易与投资领域的合作主要是通过设立一系列相关机构（如次区域贸易工作委员会、次区域投资工作小组、次区域商业委员会）和制度来改善贸易与投资环境，促进相互间的经贸合作，增大相互间的贸易额与投资量。

旅游领域的合作主要是，建立次区域统一旅游观光区、举办次区域旅游论坛、培训旅游行业人员的基本技能、为资源保护和旅游业发展培训管理者、开展大湄公河旅游发展规划研究。

通信领域的合作主要是通过通信光缆的开发、连接与管理，建成大湄公河次区域信息高速公路。其中包括泰国—老挝—中国云南的光缆、泰国—缅甸—中国云南的光缆、泰国—老挝—越南的光缆、柬埔寨—越南的光缆、泰国—柬埔寨的光缆、老挝—柬埔寨的光缆、缅甸—越南的光缆。

环境与自然资源领域的合作主要是设立相关机构（如环境和资源管理人员培训中心、建立次区域环境监测系统、支持非政府组织的环保活动机构）和制订有关标准（如制订环保立法和环保最低标准、海上石油和有害物质污染应急计划、建立地区性的国家公园和野生动物保护区合作网络），使自然资源的开发利用与环境保护有效地结合起来。

人力资源开发与禁毒领域的合作主要包括远距离教育项目、环境和资源管理人员培训、旅游行业人员基本技能培训、保护资源和旅游管理人员培训、农业和造林活动中疟疾的控制、网络使用能力提高培训、向市场经济转换的人员培训、开发山区和边远地区的人力资源、开发和教育技术人员的合作、艾滋病预防与控制的区域性合作。

随着这些合作项目的启动和推进，中、柬、老、缅、泰、越六国的区域合作不仅变得更加紧密，而且其一体化发展程度也会随之提高。这势必对云南和广西产生重大影响，桂滇两省区会从中获得比较利益。我国的其他省市区则没有这种比较优势与比较利益。

就交通领域来说，如果大湄公河的国际航运开通和云南通往东南亚的公路铁路打通，这个南向大通道将成为云南和其他部分西部省市区走向东南亚的新捷径，这既有利于促进云南实施"走出去"战略、加强区域合作，也有利于云南建成我国西部通往东南亚国家的大通道、大平台。

就能源领域来说，随着已经确立的能源合作项目的启动与推进，桂滇的水电生产将增加一个新的大市场。桂滇都是我国水电生产大省和向外供电大省，桂滇都隐藏着丰富的、有待于进一步开发的水电资源。如果通过大湄公河次区域合作建成规划中的发电设施和电力输送网络，当国内对桂滇生产的电能需求下降时，减少的这部分需求可以通过这个网络向国外输送来消化。如果桂滇想扩大水电生产，可以借助这个电网而获得市场支撑。例如，1998年中泰签署的《关于泰王国从中国购电的谅解备忘录》，就开创了直接利用外资参股建设大型水电站的先例。

就贸易与投资来说，经过多年合作建设，越南和缅甸已经分别变成为云南省的第一大和第二大贸易伙伴，云南对外贸易的半壁江山就是由云南与次区域国家的进出口贸易来支撑。与此同时，东南亚国家也变成了广西最主要的贸易伙伴。随着贸易与投资领域合作的进一步推进，桂滇与柬、老、缅、泰、越等国的经贸关系还将进一步扩展。

第四节 西部大开发与桂滇的产业扶持、金融支持、政策倾斜优势

一、西部地区的概况

西部大开发所指的西部是由四川、贵州、云南、陕西、甘肃、青海、新疆、西藏、宁夏、内蒙古、广西和重庆12个省、自治区、直辖市构成的区域，土地面积约占全国的71%，人口约占全国的30%，国内生产总值约占全国的17%。

西部地区是我国最主要的少数民族地区，我国大部分少数民族人口生活在西部。不仅我国的五个民族自治区（广西、新疆、宁夏、西藏和内蒙古）分布于

此，而且作为民族自治区看待的青海、贵州、云南三省也分布于此。虽然陕西、四川、甘肃在整体上没有被当作省级少数民族地区看待，但其也是我国少数民族人口比较多的省份。

西部地区地域广阔、自然资源丰富。但是，由于地理、历史、社会等原因，以致西部地区一直是我国经济欠发达地区，人均国内生产总值与全国平均水平之比在过去几十年一直维持在50%~70%，人均国内生产总值只是东部地区平均水平的40%左右。

二、西部大开发的历史背景

20世纪80年代，邓小平同志提出了"两个大局"的战略思想。一个大局是沿海地区加快对外开放，较快地先发展起来，内地要顾全这个大局；另一个大局就是沿海地区发展到一定时期，要拿出更多的力量帮助内地发展，沿海地区也要顾全这个大局。①

改革开放在东部地区先试先行，让东部地区率先实现了经济起飞，西部与东部的差距出现扩大趋势。中央对此高度关注。1995年10月，中共十四届五中全会提出，从"九五"开始，要逐步积极解决中西部和东部沿海之间地区差距扩大的问题，今后要重视和支持中、西部地区的发展，要适当调整原有区域经济发展战略，要积极创造条件缩小东西部地区差距。② 1997年9月，中共十五大指出，国家要加大对中、西部地区的支持力度，要从多方面努力缩小地区发展差距。③ 1999年6月江泽民同志在中央扶贫开发工作会议上指出："现在，加快中西部地区发展步伐的条件已经具备，时机已经成熟。"④ 1999年9月，中共十五届四中全会提出要实施西部大开发战略。⑤ 同年11月，中央经济工作会议再次强调要实施西部大开发战略。随后西部大开发战略被列入国家"十五"规划纲要。

西部大开发也是我国为应对国内外经济形势变化而提出的重大战略决策。1997年发生了亚洲金融危机。在危机期间，我国周边国家的货币出现大幅贬值，经济大幅衰退。周边国家货币的贬值对我国出口形成了大冲击，我国出口明显下降，经济下行压力巨大。面对我国出口需求缩减、国民经济持续几年下滑这个形势，扩大国内需求就成为政策调控的主要选择。为此，中央实行了积极的财政政策和稳健的金融政策。其中，实施西部大开发就属于此举的重要内容。

---

① 邓小平文选（第3卷）[M]．北京：人民出版社，1993.
② 中共十四届五中全会公报，1995年。
③ 中共十五大报告，1997年。
④ 江泽民在中央扶贫开发工作会议上的讲话：全党全社会进一步动员起来，夺取八七扶贫攻坚决战阶段的胜利。
⑤ 中共十五届四中全会公报，1999年。

西部大开发具有两个方面的目标要求。一是依托西部大开发来扩大国内需求。西部地区经济发展水平低,这意味着,西部不仅是我国日用品的、巨大的现实市场,同时还是我国许多非日用品的、庞大的现实市场。在亚洲金融危机发生时,我国已经过了近20年的改革开放与快速发展,我国的一些国产产品在东部已经开始接近市场饱和,但在西部地区则存在着旺盛的现实需求。二是依托西部大开发来推动西部经济快速发展,缩小西部与东部的差距。西部地区经济落后、基础设施差、投资水平低,东西部地区差距不仅长期存在,而且还有继续扩大的趋势。这是一个不能再忽视的战略问题。是一个事关邓小平同志指出的第二个大局的全局性问题。西部地区同时还是我国少数民族主要聚居地,我国大部分少数民族人口居住在西部。只有加快西部发展,明显提高西部居民的生活水平,社会稳定、民族团结和边防巩固才有可能实现。

三、西部大开发成为桂滇优势的机理与表现

西部大开发成为桂滇经济追赶优势的机理与表现,主要在于:西部大开发的宗旨和任务是加快西部地区发展;为了加速发展西部,中央不仅专门出台了一系列向西部倾斜的政策,而且在资金、技术、项目、人才等方面还进行了相应的倾斜性支持。这种倾斜会让西部的经贸活动降低成本、西部的营商环境获得改善,进而提升西部的投资吸引力和发展竞争力。西部大开发是一个战略性工程,其政策有效期长达10年。随着西部大开发的推进,有关政策还将作进一步完善。[①] 这样一来,西部大开发不仅让桂滇的经济追赶拥有综合性政策优势,而且还有资金、技术、项目等方面的扶持优势。

(一)西部大开发的宗旨和任务是加快包括桂滇在内的西部地区发展

2000年颁布的《国务院关于实施西部大开发若干政策措施的通知》(以下简称《通知》)、《国务院西部开发办关于西部大开发若干政策措施的实施意见》(以下简称《意见》),对西部大开发的宗旨、目标、内容及配套政策都做了规定和安排。

《通知》指出,实施西部大开发战略,加快中西部地区发展,是我国现代化战略的重要组成部分,具有十分重大的经济和政治意义;西部大开发政策的适用范围是广西、云南、重庆、四川、贵州、西藏、陕西、甘肃、宁夏、青海、新疆和内蒙古12个省、自治区和直辖市。[②]

西部大开发的战略目标是,到21世纪中叶,要将西部地区建成一个经济繁荣、社会进步、生活安定、民族团结、山川秀美的新西部。其中力争用5~10年

---

①② 《国务院关于实施西部大开发若干政策措施的通知》,国发〔2000〕33号。

时间使西部地区的基础设施、生态环境建设取得突破性进展。

西部大开发在2001~2010年的重点任务涵盖基础设施建设、生态环境保护和建设、产业结构优化（巩固农业基础地位，调整工业结构，发展特色旅游业）以及科教文卫建设等经济社会各个方面。

这表明：①西部大开发的宗旨和目的是加快包括桂滇在内的西部地区发展。"加快"在中央文件中获得了强调。加快就是要西部地区的发展提速。西部大开发政策的适用对象包括广西、云南，适用期是2001~2010年。这意味着，从制度安排上看，广西、云南经济发展提速的战役从2001年起就可以开始。②加快包括桂滇在内的西部地区发展，不仅被明确纳入我国现代化战略，而且还是改革开放以来中央首次就此专门出台系列支持政策。这充分体现了中央对西部大开发和西部现代化发展的重视，体现了西部大开发良好的制度保障。③随着西部大开发的推进，西部地区的经济社会状况应该有明显的改善。

（二）西部大开发对桂滇经济追赶实行配套性的倾斜支持

西部大开发是桂滇实施经济追赶的一个优势，其机理还在于，西部大开发不仅使桂滇经济追赶享受优惠的政策待遇，而且还让桂滇拥有资金、技术、项目等配套性倾斜支持。

西部大开发包括经济社会发展的各个方面。为了实现西部大开发的目标，中央给予了配套的倾斜性支持。归纳起来看，中央对西部发展的配套性倾斜支持可分为四大类，一是推动中央和社会增加对西部的各种投入，为西部发展提供要素支持；二是推动西部的经贸活动降低成本，为经济活动向西部转移提供良好的激励；三是推动西部发展的软硬环境进一步改善，为西部发展营造良好的环境；四是扶持西部培育发展一批主导性、支柱性产业和社会事业，为各种投入提供落脚点，为西部发展提供实质性的支撑。

桂滇作为西部大开发的成员，中央的这种倾斜性支持显然也适用于桂滇。以此为基础，桂滇会变得更具投资吸引力和发展竞争力。从这个意义来说，西部大开发应该是桂滇经济发展的一次提速革命。

基于《通知》、《意见》这两个文件的精神，西部大开发对桂滇经济追赶的正面影响主要体现在下面几个方面。

1. 在金融与投资支持方面，多途径增加国家和社会对西部的投入

一是多管齐下，加大国家建设资金对西部的投入力度。在中央财政性建设资金、各类国家和国际政策性贷款中，尽可能多地分配到西部地区；对国家在西部地区新增的重大基础设施建设项目，尽量不给地方财政留下资金缺口；鼓励企业资金投入西部地区重大建设项目。

二是加大国家对西部地区的财政转移支付力度。逐步加大中央对西部地区特

别是民族地区一般性转移支付的规模,在资金分配上对民族地区给予适度倾斜;农业、社保、教科文卫、计划生育及环保等专项补助资金的分配向西部地区倾斜;对国家批准实施的退耕还林还草、天然林保护、防沙治沙工程所涉及的各类补助,主要由中央财政支付。

三是加大金融信贷对西部的支持。银行对西部地区基础产业建设的信贷投入可以加大;国家开发银行要逐年提高用于西部地区新增贷款的比重;保证国债配套贷款项目的贷款到位;可适当延长投资大、建设期长的基础设施项目的贷款期限;扩大以基础设施项目收费权或收益权为质押的贷款发放范围;增加对西部地区农业、生态环保、优势产业、小城镇建设、企业技改、高新技术企业和中小企业发展的信贷支持。

在西部大开发的前5年,中央财政对西部地区重点工程投入的财政建设资金就达到了4600亿元,财政专项、转移支付则累计安排了5000多亿元。1999年以来,由于有国家财政资金的引导,西部地区固定资产的投资水平在全国是最高的,既高于全国平均水平和东部地区,也高于中部地区。①

2. 在项目支持方面,在西部地区优先布局和支持基础性项目建设

可以优先布局的领域包括:基础设施建设(含水利、公路、铁路、机场、管道、电信等),生态环境建设,优势能源、矿产资源开发利用(含水电、优质煤炭、石油、天然气、铜、铝、钾、磷等),城市基础设施建设,特色农业发展,特色旅游业发展,特色高新技术及军转民技术产业化。在西部大开发头5年,在中央财政的支持下,西部地区共启动了60个重点工程,② 布局了"西气东输"、"西电东送"、青藏铁路等一批关系西部大开发全局的重大工程建设。

3. 在推动民间资本进入西部方面,加大激励力度,着力改善营商环境

一是对发生在西部的商务实行税收优惠。《通知》指出,对设在西部地区国家鼓励类产业的内资企业和外商投资企业,在一定期限内,按15%的税率征收企业所得税。民族自治地方的企业经省级人民政府批准,可以定期减征或免征企业所得税。对在西部地区新办交通、电力、水利、邮政、广播电视等企业,企业所得税实行两年免征、三年减半征收。对为保护生态环境,退耕还生态林、草产出的农业特产品收入,在10年内免征农业特产税。对西部地区公路国道、省道建设用地比照铁路、民航用地免征耕地占用税,其他公路建设用地是否免征耕地占用税,由省、自治区和直辖市人民政府决定。对西部地区内资鼓励类产业、外商投资鼓励类产业及优势产业的项目在投资总额内进口自用先进技术设备,除国家规定不予免税的商品外,免征关税和进口环节增值税。2008年以前,我国中

---

①② 魏后凯. 未来西部大开发政策走向 [J]. 新西部, 2005 (5).

东部地区内资企业执行的所得税税率一般是33%，只有少数符合条件的企业可以执行15%的所得税，如部分民族自治地方的企业（要经省级人民政府批准）和经省级有关部门审核合格的高新技术企业。这意味着，在同等条件下，在桂滇从事投资或其他商务活动，仅此一项就可以使企业的盈利水平提高18个百分点。这个18%会使部分企业从亏损转为赢利，或者是从微利转为高盈利。这样一来，西部大开发实行的税收优惠，有利于桂滇提高招商引资吸引力。一些学者也持类似观点。①

二是大力改善西部投资软环境。继续深化西部地区的国企改革，推动国企加快建立现代企业制度；加强区域性商品市场和要素市场的建设；扩大对国内非公有制经济的开放，提高国内非公有制经济的地位；进一步推动政府转变职能，强化政府服务意识，简化项目审批程序，切实保护投资者的合法权益。

三是实行优惠的土地和矿产资源开发利用政策。进一步完善建设用地审批制度，简化审批程序，及时提供并保障建设用地；加大对西部地区矿产资源调查评价、勘查、开发、保护与合理利用的政策支持力度；制定促进探矿权、采矿权依法出让和转让的政策办法，培育矿业权市场。桂滇是我国在矿产资源方面具有品种多、储量大、品位高的省区，广西有14种矿产的储量位于我国前列，云南有十多种矿产的储量位于我国前茅。这对促进桂滇矿产资源的加速开发和深加工具有重大意义。

4. 在市场准入和经营方面，着力扩大西部地区对外对内的开放领域与程度

一是进一步扩大外商在西部的投资领域。扩大西部地区服务贸易领域对外开放，将外商对银行、商业零售企业、外贸企业投资的试点扩大到直辖市、省会和自治区首府城市，允许西部地区外资银行逐步经营人民币业务，允许外商在西部地区依照有关规定投资电信、保险、旅游业，兴办中外合资会计师事务所、律师事务所、工程设计公司、铁路和公路货运企业、市政公用企业和其他已承诺开放领域的企业。

二是进一步拓宽西部利用外资渠道。在西部地区进行以BOT方式和TOT方式利用外资的试点；允许外商投资项目开展包括人民币在内的项目融资；支持符合条件的西部地区外商投资企业在境内外股票市场上市；支持西部地区使用各种方式吸引外商投资；符合条件的在华外商合资企业到西部地区再投资，可以享受外商投资企业待遇。放宽外商投资西部地区基础设施和优势产业项目的限制；积极争取多边、双边赠款优先安排西部地区项目。

三是大力发展西部的对外经济贸易。在对外贸易经营自主权及其标准、西部

---

① 曾富全，吕敏. 西部开发税收优惠效果与北部湾经济区的选择［J］. 学术论坛，2009（4）.

地区发展优势产品出口配额比例、对外承包工程和劳务合作、西部地区企业到境外特别是周边国家和地区投资办厂以及亟须的技术设备进口管理等方面给予放宽和适当照顾。

四是推进对西部的区域协作与对口支援。支持东部、中部地区企业和各种社会力量参与西部地区建设;加强东西对口支援,发展多形式的区域经济合作。

5. 在人才引进方面,用更优惠的政策支持人才向西部流动

努力提高艰苦、边远地区的工资水平,建立艰苦边远地区津贴制度,鼓励和吸引人才在艰苦边远地区工作;进一步改善西部地区高层次人才的工作和生活条件,在科研平台、人才称号、科研经费、助手配备、项目申请等方面给予倾斜;加强西部地区的人才培训;鼓励人才和智力向西部地区流动,实行人才和智力对口支援;对到西部地区工作的各类人才实行来去自由的政策,在人事档案、户口、职级定级等方面给予更宽松的政策支持。

6. 在科技教育方面,加大支持力度

国家各项科技基金、科技计划经费等要向西部地区倾斜,或者设立西部专项资金;中央用优惠政策鼓励西部地区企业提高研发经费的比重;加大科技型中小企业创新基金对西部地区的支持力度。中央将增加对西部地区教育的资金投入;扩大面向西部的高校招生规模;强化对西部教育的对口支援;加快西部教育的信息化建设。

第五节 中国—东盟自贸区构建与桂滇的通道、区位、合作、一体化优势

一、建设中国—东盟自贸区的背景

筹建中国—东盟自由贸易区(China – ASEAN Free Trade Area, CAFTA),一方面在于中国与东盟的政治关系稳定发展、经贸合作日益密切,这是筹建CAFTA的基础;另一方面在于有助全面巩固和进一步发展中国与东盟的关系,推动中国与东盟一体化发展。

从中国与东盟的政治经济关系发展来看,虽然我国与东南亚国家交往的历史悠久,但由于政治意识形态的原因,东盟在其成立初期并没有和我国建立起外交关系,经贸往来主要依靠香港。随着我国恢复在联合国的合法席位,东盟国家才与我国建立直接的贸易往来。20世纪70年代中期,我国先后与马来西亚、菲律

宾、泰国建立了外交关系。进入八九十年代后,我国和东盟的政治经济关系基于我国改革开放的发展而得到全面发展。

1991年,钱其琛外交部部长应邀出席了第24届东盟外长会议开幕式。1997年12月,举行了第一次东盟—中国领导人会议,会议发表的《中华人民共和国与东盟国家首脑会晤联合声明》提出了指导今后双方关系发展的基本原则,将建立睦邻互信伙伴关系作为双方共同的政策目标。1998年,举行了第二次东盟—中国领导人会议,双方同意开辟多种合作渠道,妥善处理分歧和争议,进一步推进睦邻互信伙伴关系发展。1999年的第三次东盟—中国领导人会议上,中方就21世纪加强中国与东盟睦邻互信伙伴关系提出了具体建议,东盟对此进行了积极回应。2000年的第四次东盟—中国领导人会议上,中方提出了建立中国—东盟自由贸易区(CAFTA)的构想。2001年3月,中国—东盟经济合作专家组在中国—东盟经济贸易合作联合委员会框架下正式成立。专家组经过充分研究后认为,中国—东盟建立自由贸易区对东盟和中国都是双赢,建议中国和东盟用10年时间建立自由贸易区。2001年11月,第五次东盟—中国领导人会议认可了中国—东盟经济合作专家组提出的建议,一致同意在10年内建立中国—东盟自贸区,并授权相关部门尽早启动自由贸易协定谈判。从2002年开始,双方先后召开了6次贸易谈判会议。2002年的第六次东盟—中国领导人会议签署了《中国与东盟全面经济合作框架协议》,决定在2010年以前建成CAFTA,CAFTA建设因此而正式启动。

在中国与东盟的经贸关系发展方面,1993年中国是东盟的第八大进口来源地,1996年中国是东盟的第七大进口来源地,2000年中国变成东盟的第五大进口来源地;1996年中国是东盟的第八大出口市场,2000年中国是东盟的第七大出口市场,2001年中国是东盟的第五大出口市场。1991~2000年双边贸易额从79.6亿美元增加到395.3亿美元。尽管2001年国际贸易增长萎缩,但中国与东盟的贸易却增加了21亿美元,东盟已经连续8年成为中国的第五大贸易伙伴,中国则成为东盟的第六大贸易伙伴。①

虽然中国和东盟的经贸关系发展迅速,但仍有巨大的潜力可供挖掘。对东盟来说,中国的13亿人口既是巨大的现实市场,也是巨大的潜在市场。随着我国经济的进一步发展、居民收入水平的进一步提高、对外开放合作的进一步深化,中国和东盟之间的贸易额将会持续快速增加。②

显然,筹建中国—东盟自贸区,既可以巩固中国东盟的双边关系,又可以进一步发展中国和东盟的双边关系,推动区域经济一体化发展。

---

① 来自中国、东盟官方网站。
② 从中国、东盟官方网站提供的数据看,2002~2007年中国东盟之间的贸易额确实是快速增长。

二、中国—东盟自贸区建设的推进

2003年,在第七次东盟—中国领导人会议上,我国宣布加入《东南亚友好合作条约》,并与东盟签署了建立"面向和平与繁荣的战略伙伴关系"的联合宣言。

从2003年3月起,中国与东盟共召开了11次关于CAFTA的谈判会议。2004年的第八次中国—东盟领导人会议上,中国与东盟签署了《中国—东盟全面经济合作框架协议货物贸易协议》和《中国—东盟全面经济合作框架协议争端解决机制协议》,规定自2005年7月20日起,全面启动中国—东盟自贸区降税计划,相互实施全面降税。

《货物贸易协议》签署之后,经过多轮磋商,中国与东盟双方于2007年1月14日签署了中国—东盟自贸区《服务贸易协议》,并于2007年7月1日开始实施,教育、金融、卫生、旅游、电信等将进一步放开。至此,中国—东盟自贸区建设向前迈出了关键的另一步。接着,双方就《投资协议》进行谈判,以确保在2010年前全面建成CAFTA。

三、中国—东盟自贸区构建成为桂滇经济追赶优势的机理与表现

中国—东盟自贸区构建成为桂滇经济追赶优势的机理与表现,主要在于:中国—东盟自贸区的构建使桂滇形成其他省市区无法拥有的地缘优势,以及一种跨国的区域合作优势、区域一体化发展优势。借助中国—东盟自贸区建设,桂滇在我国各省市区中最有可能成为中国与东盟经贸交往主要的通道、门户、桥头堡和平台,最有可能成为中国—东盟自贸区重要的物流中心、经贸中心和生产基地,成为中国—东盟自贸区的首要受益者和最大受益者。

(一)中国—东盟自贸区建设的主要内容

关于中国—东盟自贸区的法律文件主要体现在《中国—东盟全面经济合作框架协议》(以下简称《框架协议》)、《中国—东盟全面经济合作框架协议货物贸易协议》(以下简称《货物贸易协议》)、《中国—东盟全面经济合作框架协议服务贸易协议》(以下简称《服务贸易协议》)、《中国—东盟全面经济合作框架协议争端解决机制协议》(以下简称《争端解决机制协议》)等协议中。其中《框架协议》是CAFTA构建的法律基础,从整体上确定了CAFTA的基本框架,《货物贸易协议》和《服务贸易协议》进一步细化了《框架协议》中关于货物贸易和服务贸易的条款。①

---

① 各个协议全文详见中华人民共和国商务部国际经贸关系司网页,http://gjs.mofcom.gov.cn/。

根据《框架协议》，CAFTA建设包括货物贸易、服务贸易、投资和经济合作等内容，除WTO规则允许例外的产品以及少数敏感产品外，其他所有产品的关税和贸易限制措施将逐步取消。

（1）关于CAFTA的"全面经济合作措施"，《框架协议》第二条指出，所有货物贸易逐步取消关税与非关税壁垒；逐步实现涵盖众多部门的服务贸易自由化；建立开放和竞争的投资机制；对东盟新成员国提供特殊和差别待遇及灵活性；在CAFTA谈判中，给各缔约方提供灵活性；建立有效的贸易与投资便利化措施等。

（2）关于CAFTA的"货物贸易"，《框架协议》第三条指出，各缔约方对各缔约方之间实质上所有货物贸易取消关税和其他限制性贸易法规。

（3）关于CAFTA的"服务贸易"，《框架协议》第四条指出：逐步取消彼此或各缔约方之间存在的实质性所有歧视，和/或禁止采取新的或增加歧视性措施，但WTO《服务贸易总协定》第五条第1款（b）所允许的措施除外；在根据WTO《服务贸易总协定》所做承诺的基础上，继续扩展服务贸易自由化的深度与广度。

（4）关于CAFTA的"投资"，《框架协议》第五条指出，逐步实现投资机制的自由化；加强投资领域的合作；提供投资保护。

（5）关于让各方提前从自由贸易区受益的"早期收获"，《框架协议》第六条对"早期收获"计划适用的产品范围、关税削减和取消、实施的时间框架、原产地规则、贸易补偿及紧急措施等进行了规定。为保证降税进程更为平稳，将早期收获产品按其在2003年7月1日的实施税率分成三类，按照不同的时间表进行削减和取消关税，最后将关税降至零。

（6）关于CAFTA的"其他经济合作领域"，《框架协议》第七条指出，各缔约方同意在农业、信息及通信技术、人力资源开发、投资、湄公河盆地开发五个优先领域加强合作，然后将经济合作再扩展到其他领域。

（7）关于CAFTA一些重要事件的时限，《框架协议》第八条确定的时间表是：货物贸易关税谈判从2003年初开始，2004年6月30日之前结束；中国和东盟老成员国之间建成自贸区的时间是2010年，东盟新成员国建成自贸区的时间是2015年；服务贸易和投资方面的谈判于2003年开始，并应尽快结束；中国自《框架协议》签字之日（2002年11月4日）起给所有非WTO成员的东盟成员国予以符合WTO规则的最惠国待遇。

（二）中国—东盟自贸区建设的目的与作用

1. 中国—东盟自贸区建设的目的

建设CAFTA的目的主要是在区内实现贸易和投资自由化、便利化，促进区内贸易与投资的发展,深化经济联系与合作,进而促进经济结构优化,提高经济效益,推动经济发展。《框架协议》的序言指出:期望通过具有前瞻性的《中国与东盟全面经济合作框架协议》,以构筑双方在21世纪更紧密的经济联系,在各缔约方之间创造一种伙伴关系,并为东亚加强合作和维护经济稳定提供一个重要机制。《框架协议》的第一个条款对建设中国—东盟自贸区的"目标"进行了界定。第一个条款指出,协议的目标是,加强和增进各缔约方之间经济、贸易和投资合作,为各缔约方之间更紧密的经济合作开辟新领域,并为东盟新成员国更有效地参与经济一体化提供便利,缩小各缔约方发展水平差距。

2. 中国—东盟自贸区建设的作用

根据中国与东盟签订的协议,所有正常类产品最终都要实现零关税。这个关税逐步削减与取消的过程实际上就是相互间不断开放市场的过程。

例如,按照CAFTA降税安排,泰国橙汁的关税税率在2010年1月1日由原来的60%削减到零关税。中国之前从来没有向泰国出口过橙汁,泰国橙汁关税大幅削减后,中国橙汁的竞争力大大提高,对泰出口成为可能。又如,印度尼西亚汽车零件的关税税率在2012年1月1日由原来的15%削减至零关税,中国的汽车零件出口竞争力会因此而提高,有助于扩大对印度尼西亚的出口。

据《货物贸易协议》规定,2005~2010年中国与文莱、印度尼西亚、马来西亚、菲律宾、新加坡、泰国六国的绝大多数货物贸易实现零关税,2015年中国与越南、柬埔寨、老挝、缅甸四国的绝大多数货物贸易实现零关税。这意味着,互补性强、比较优势明显的产品和服务在中国与东盟之间可以顺畅地进出,在中国与东盟之间进出的产品和服务会有更低的成本,进而扩大中国—东盟自贸区内部的贸易规模,促进中国和东盟的经济发展。

(三)桂滇拥有建成中国与东盟经贸交往主要通道、门户和平台的基本条件

1. 跨境交往的历史基础

由于桂滇与部分东盟国家相邻,以至于桂滇与越南、缅甸、老挝等东盟国家的交往比其他省市区有更长的历史、更丰富的内涵。例如,跨界民族在广西、云南、越南、缅甸的存在,会使桂滇与这些东盟国家的国际交往带有民族内部往来的性质,这种性质会使桂滇与东盟国家的经贸往来与合作更容易发生,更容易深化,互信度更高。

2. 良好的基础设施

提出构建中国—东盟自贸区的时候,一个由铁路、高等级公路、水运、航空和港口组成,与部分东盟国家实现相连,在国内跨省运营的立体交通运输网络在桂滇已经基本形成。随着中国—东盟自贸区建设的推进,桂滇想建成中国与东盟

民族地区经济追赶中优势的叠加与冲突：机理、效应及应对机制

经贸交往主要的通道、门户和平台，以及重要的物流中心、经贸中心和生产基地，桂滇良好的交通运输网络可以提供保障。

在广西，一个集陆、海、空、江为一体的立体交通网络已经基本构成。一个里程接近3000千米的广西铁路已成网络，通过以湘桂线、黔桂线、枝柳线、黎湛线、南友线、南昆线为主干的跨省铁路网络，经广西可以直达越南河内。公路总里程超过50000千米，其中建成通车的高速公路有桂林—柳州—南宁—北海（1999年建成）和柳州—宜州（2000年建成），南宁—友谊关的高速公路已经开始规划。新建和扩建的桂林、北海、柳州、南宁和梧州等机场已经开通国内外航线近100条，可与吉隆坡、曼谷、河内等城市实现通航，可以覆盖20多个国内城市。沿海的防城港、钦州港、北海港的万吨级深水泊位兴建工作已经完成，广西的港口吞吐量已由1990年的320万吨增至1998年的1293万吨，拥有万吨以上深水泊位18个。① 广西在边境线上拥有东兴、凭祥、友谊关、水口4个国家一类口岸。

在云南，一个公路、铁路、水运、航空并举，东、中、西三路连接东盟的立体通道格局正在形成。② 2001年全省公路总里程达到6.4万千米，居全国第一；以昆明为中心的高等级公路网将初步形成，一个出省、通边的高等级公路骨架网即将建成；昆明至曼谷的高等级公路全部修建完成后，昆明到曼谷只需24小时。由贵昆线、成昆线、南昆线、内昆线为主干的跨省铁路网络经过云南可以直达越南河内。中、老、缅、泰四国澜沧江—湄公河国际航运已于2001年6月26日开始正式通航。建成运营或即将投入运营的民用机场接近10个，已经开通国内外航线近100条，可直飞曼谷、新加坡、河内等部分东盟国家的首都。云南拥有国家一类口岸11个、二类口岸9个。

3. 自然资源优势

桂滇拥有丰富的自然资源，是我国自然资源最为丰富的地区之一。在中国—东盟自贸区建设中及建成后，桂滇想建成中国与东盟经贸交往主要的通道、门户和平台，以及重要的物流中心、经贸中心和生产基地，桂滇所拥有的自然资源可以提供支撑。

桂滇所拥有的矿产资源品种多、储量大、品位高。广西的锡、锰、铝、锑等14种矿产的储量在中国位于前列。云南的部分矿产储量在中国也位于前列，黄磷产量占全国的1/2，磷矿占全国的1/3。

桂滇水能资源开发潜力巨大。广西可开发的装机容量为1751万千瓦，居我

---

① 广西壮族自治区人民政府：广西壮族自治区人民政府批转自治区计委关于落实自治区政协充分发挥我区大西南出海通道作用建议案意见的通知，2000年3月3日。

② 张莹. 云南对外开放回眸［EB/OL］. 人民网, 2002 – 11 – 01.

· 148 ·

国第六位。云南水能资源可开发的装机容量约9000万千瓦,居我国第二位。

桂滇在农林资源方面特色明显,拥有品种繁多的农产、水产、水果、林木等,这是许多省所无法相比的。例如,广西拥有的水果品种达700多种,森林覆盖率达41.5%,森林蓄积量为2.77亿立方米。

4. 产业优势与特色

经过改革开放近40年的发展,桂滇已经培育出一批在国内具有优势、与其他省市区具有互补性的优势产业和特色产业。这既是桂滇与国内外企业开展产业合作的有利条件,也是桂滇借中国—东盟自贸区建设之机建成中国与东盟经贸交往主要通道、门户、平台,重要的物流中心、经贸中心和生产基地的产业基础。

云南的磷矿及磷化工产品高浓度磷复肥、黄磷、磷酸的产量位居我国第一,硫酸产量位居全国第三。云南的烟草业在国内拥有最大的市场份额。云南是我国"西电东送"和"云电外送"的基地之一。

广西的铝、电力、汽车配件、制糖等产业在国内拥有明显优势。广西是全国最大的铝工业基地,也是我国最大的锰工业基地之一。广西的电力长期外输广东。广西是我国最大的产糖省区。柳州是我国重要的机械制造产业基地,汽车及配件工业在我国已经形成较大影响。

5. 中国昆明进出口商品交易会与中国—东盟博览会

中国昆明进出口商品交易会1993年落户在云南昆明,每年举办一次。昆交会是由商务部和云南、四川、重庆、贵州、广西、西藏六省区市及成都市人民政府联合主办,海内外多家机构参与协办,以东南亚、南亚国家为重点的区域性进出口商品交易会。昆交会作为集对外经贸洽谈、商品展览、招商引资、经济合作等为一体的国际商务平台,对云南所拥有的通道、区位、政策、资源、产业、区域合作、区域一体化发展、资金技术项目支持、互补性等优势具有优化整合功能,对云南扩大开放合作,深化与东南亚、南亚各国的交流合作,有积极的推动作用。

中国—东盟博览会2004年落户到广西南宁,每年举办一次。博览会由中国与东盟十国经贸主管部门以及东盟秘书处共同主办,广西壮族自治区人民政府承办。博览会以推动商品贸易、促进投资合作、发展服务贸易、开展高层论坛与文化交流为主要内容,以促进中国—东盟自贸区建设,共享合作成果与发展机遇为主要宗旨。这是一个对广西拥有的通道、区位、政策、资源、产业、区域合作、区域一体化发展、资金技术项目支持、互补性等优势具有优化整合功能的国际经济合作机制和平台。博览会对提升广西在中国与东盟交流合作中的地位,促进广西扩大开放合作具有重要作用。

（四）中国—东盟自贸区构建使桂滇形成通道、区位、跨境区域合作与一体化发展优势

中国—东盟自贸区建设的兴起，使桂滇在国内诸省市区中形成独特的地缘优势——通道优势、区位优势，以及跨境区域合作与区域一体化发展优势。

从地理位置来看，桂滇地处中国—东盟自贸区的中心地带，处于中国与东盟经贸交往主要的通道、门户、桥头堡位置上。

广西既地处我国华南经济圈、西南经济圈与东盟经济圈的结合部，又地处中国—东盟自贸区的中心地带。是中国与东盟经贸交往主要的通道、门户、桥头堡，是中国唯一与东盟既有陆地接壤又有海上通道的省区，地缘竞争优势突出。我国东中部的部分省市经广西通往东盟可以明显地缩短运输里程、提高运输效率、降低运输成本。

云南也地处中国—东盟自贸区的中心地带，是中国与东盟经贸交往主要的通道、门户、桥头堡。云南与东盟成员国越南、老挝、缅甸三国接壤，通过澜沧江—湄公河还与泰国、柬埔寨相连，是中国连接东盟国家便捷的重要通道之一，也具有突出的地缘竞争优势。与海上通道相比，我国部分内陆省区市使用经云南通往东盟国家的这一通道，可以大大缩短运输里程和运输成本。

桂滇的这种地缘竞争优势使其在中国—东盟自贸区建设进程中最有可能建成中国与东盟经贸交往主要的通道、门户、桥头堡和平台，进而使桂滇成为新崛起的重要物流中心、重要经贸中心，从而有效地推动桂滇的经济追赶。

第六节 泛珠三角区域合作与桂滇的区域合作、区域一体化发展优势

一、泛珠三角区域合作提出的背景

泛珠三角区域合作是指以珠三角为中心，受珠三角辐射较强、相互联系较为紧密的珠江流域沿岸省区的合作，成员包括广东、广西、云南、贵州、海南、福建、江西、湖南、四川九省区和香港、澳门两个特别行政区。因此，也叫"9＋2"区域合作。九省区占全国土地面积的1/5，占全国总人口的1/3，占全国经济总量的1/3。港澳的GDP总量在泛珠合作初建时有1万多亿元。此外，广西、云南、贵州是少数民族省区。

以珠江水系为纽带，经济联系密切的省区建立区域合作关系有利于共赢发展。

（一）泛珠合作是大珠三角地区经济进一步发展的需要

改革开放以来，大珠三角地区经济获得快速发展。这除了得益于改革开放在广东先试先行一步，还得益于广东与香港、澳门的合作——大珠三角区域合作。改革开放启动后，广东通过港澳积极承接国际产业转移，与港澳形成了"前店后厂"的互动式发展关系。在广东历年实际利用的外资中，港澳资金占70%以上；陪伴着资金引进的是大量的港澳企业和港澳项目；广东大部分的进出口是对香港的出口或经香港的转口；广东很多企业是通过港澳走向世界；港澳还为广东带来了大量的先进技术、管理经验和市场信息；广东的入境游客有80%来自港澳。2003年，广东的地区生产总值达到13450亿元，比1978年增加了71倍，年均增长达到13.4%；生产总值、财政收入分别占全国的1/9、1/7，实际利用外资和进出口总额分别占全国的1/4和1/3。①

香港、澳门从大珠三角区域合作中也获得了众多发展机遇和巨大利益。大陆改革开放近40年来，80%的香港制造业转到广东发展，香港70%以上的物流来自广东。在提出泛珠合作的前几年，港澳的国内游客五成以上来自广东。1978~2003年，香港GDP由3560亿港元增加到13610亿港元，香港的国际金融中心、信息中心、物流中心地位因此得到巩固。②

在提出泛珠合作时，以香港为中心、半径为200千米的区域，已经聚集了近3万亿元的GDP总量，已经建成全球最大的加工中心和最密集、最活跃的城市群。港珠澳大桥建成后，香港至澳门、珠海的陆路距离缩短至30千米，行车时间不超过半小时，粤港澳100多个城镇纳入到3小时辐射圈。珠三角已经被发展成为一个大都市圈。聚集起来的这种巨大经济能量要获得进一步发展，必须突破现有的珠三角边界，向外寻找发展的腹地、支撑的源资及市场空间，进行新的区域合作和区域一体化发展。

（二）中国—东盟自贸区构建对发展泛珠合作有重大影响

中国—东盟自贸区的构建，使我国的区域经济合作与一体化发展由此进入一个新的阶段和格局。在中国—东盟自贸区中，珠三角、海南、广西、云南是中国与东盟的交汇区域，与东盟在地理上陆海相连，在与东盟国家建立经贸合作关系、实行融合发展方面具有最大的便利性。

粤港澳要实现进一步发展，就必须扩大发展腹地与辐射空间。大珠三角合作要适应我国及周边新的发展形势，就必须改进合作方式、拓宽合作平台。基于这种便利性，中国—东盟自贸区的构建，既为粤港澳扩大发展腹地、大珠三角改进区域合作提供历史性契机，也为粤港澳和大珠三角将契机变为发展现实提供现实

---

① 国家统计局. 中国统计年鉴2004 [M]. 北京：中国统计出版社，2005.
② 根据历年《广东统计年鉴》、《中国统计年鉴》整理。

性条件。

（三）内地与港澳关于建立更紧密经贸关系安排有助于推动泛珠合作发展

2003年6月，按照"一国两制"的方针和世界贸易组织规则，中央出台了《内地与香港关于建立更紧密经贸关系的安排》和《内地与澳门关于建立更紧密经贸关系的安排》(Closer Economic Partnership Arrangement, CEPA)。由于广东独特的地理位置以及与港澳经贸文化关系，以致使广东在内地与港澳建立更紧密经贸关系进程中更具实质性意义和可操作性，广东会首先成为受益者和最大受益者。

中央出台的《关于建立更紧密经贸关系的安排》同时也使广东面临新的合作与竞争环境，为突破大珠三角合作、发展泛珠合作带来机遇与条件。根据内地与港澳关于建立更紧密经贸关系的安排，除了广东，与港澳比较近的省区外，其他省区也有良好的条件与港澳建立紧密的经贸关系，通过互补性合作，实现快速发展。对广东来说，这是一种新的合作与竞争格局。如果广东不参加进来，不利用这个机会发展更广泛的区域合作，广东与港澳的一体化发展就无法突破大珠三角这个范围，大珠三角合作发展的效果就会大打折扣。

二、泛珠三角区域合作的提出与推进

2003年7月，时任中共中央政治局委员、广东省委书记张德江首次正式提出泛珠合作构想，指出广东要"积极推动与周边省区和珠江流域各省区的经济合作，构筑一个优势互补、资源共享、市场广阔、充满活力的区域经济体系。"①该构想很快便得到其他省区的积极响应与配合。8月，内地九省区计委主任聚集广州，就泛珠合作初步达成共识。10月，举行了第一届泛珠三角经济圈信息产业厅局长会议。11月中旬，中国泛珠三角区域创新合作第二次会议召开，九省区的科技厅厅长及香港、澳门主管科技的官员就建立"9+2"珠江三角区域科技联席会议制度达成初步协议；11月底，泛珠三角经济圈交通发展研讨会召开，九省区和重庆市就区域交通合作达成协议。12月，举行了首届"珠江区域经济合作论坛"。

2004年6月，首届"泛珠三角区域合作与发展论坛"在香港、澳门、广州三地举行，各方共同签署了《泛珠三角区域合作框架协议》，泛珠合作正式启动。

三、泛珠三角区域合作成为桂滇优势的机理与表现

基于泛珠合作的内容与机制，以及桂滇与大珠三角的诸多互补性，泛珠合作

---

① 泛珠战略将对接"十一五"规划 [EB/OL]. 人民网, http://www.people.com.cn.

可以使桂滇追赶形成新的优势——国内区域合作优势和区域一体化发展优势。桂滇可以依托与粤港澳近距离的区域合作与一体化发展，推动桂滇相关领域进一步开放合作和加快经济社会发展。当然，就省际比较来说，桂滇拥有的这个泛珠合作优势不像前面所列的某些优势那样具有高度的垄断性，作为泛珠合作成员的其他省贵州、海南、福建、江西、湖南，也可以达到同样或相近的程度。但对于其他非成员省区来说，泛珠合作却是桂滇经济追赶的比较优势。

（一）泛珠合作的宗旨、内容与机制

1. 宗旨与原则

《泛珠三角区域框架合作协议》指出，按照"一国两制"方针，我国香港、澳门特别行政区基本法和其他有关法律的规定，合作在 CEPA 框架内进行。坚持区域协调发展和可持续发展，充分发挥各方的优势和特色，互相尊重，自愿互利，按照市场原则推进区域合作，形成合作互动、优势互补、互利共赢、共同发展的新格局，拓展区域发展空间，共创美好未来。

合作的原则是自愿参与、市场主导、开放公平、优势互补、互利共赢。

2. 十大合作领域

根据《泛珠三角区域框架合作协议》，"9+2"成员主要是在基础设施、产业与投资、商务与贸易、旅游、农业、劳务、科教文化、信息化建设、环境保护和卫生防疫 10 个领域进行合作。通过合作，将在泛珠三角区域内形成十大一体化协作网络：能源输送网、交通运输快达网、产业与经贸协作网、旅游营销网、农产品销售网、劳务流动网、信息交流网、文化和人才交流网、环保协作网、卫生防疫协作网。

3. 合作要求

《泛珠三角区域框架合作协议》要求着重从下列四个方面推动合作：创造公平、开放的市场环境，促进生产要素合理流动和优化组合；加强基础设施建设的协调；全社会共同推进，逐步构筑著名品牌，增强整体影响力、竞争力；促进可持续发展。

4. 合作机制

为保证有效地开展合作，《泛珠三角区域框架合作协议》确立了一个多层次的合作协调机制：内地省长、自治区主席和港澳行政首长联席会议制度；港澳相应人员参加的政府秘书长协调制度，政府秘书长协调机构中设立日常工作办公室，办公室负责区域合作的日常工作；部门衔接与落实制度，"9+2"成员的有关主管部门负责相互间的协商及衔接落实。

（二）泛珠合作对桂滇经济追赶具有促进作用

1. 十大合作领域的启动与推进有助于促进桂滇经济发展

"9+2"区域通过在十大领域进行合作，在区域内部建立十大一体化协作网络,这对桂滇相关领域的改进和发展是个大促进。

一是基础设施领域。在能源、交通等基础设施建设方面,各方积极推进长效合作关系的建立,加快构建适应区域合作发展要求的综合交通网络,逐步实现区域内交通运输一体化。例如,积极实施"西电东送"等国家能源发展战略,鼓励省际就煤炭、天然气等开展能源的产销合作,加快跨省、跨境和出海通道的建设,加快推进云南国际铁路、东南沿海铁路等已经列入国家发展规划的跨省(区)铁路项目建设,增加区域内的飞行航线,促进区域内河运、海运事业发展及与其他运输系统的衔接,积极推动区域内输油、输气管道建设。

二是产业与投资领域。支持区域内的企业开展技术、生产、投资合作,形成优势互补、协作配套、共同发展的产业布局,提高整个区域的产业水平。

三是商务与贸易领域。在区域内大力开展贸易合作与发展。共同推动 CEPA 的落实。在区域内推行工业制品和农产品质量标准、检验检测标准和认证标准的互认,加强地方和企业标准制订的合作,促进商品自由流通。

四是旅游领域。全面推进区域旅游合作,建立区域旅游信息库,在区域内逐步推进无障碍旅游,联合策划推广区域精品旅游线路,打造区域旅游品牌。

五是农业领域。开辟农产品绿色通道,支持建立农业龙头企业对接机制,加强农业科技、特色农业以及农产品产供销合作,促进区域食品安全体系的建立。

六是劳务领域。开展劳动力供求信息传递交流和劳务输出输入的组织合作,促进劳动力在区域内规范、有序、合理地流动,建立和完善劳动职业技能培训、技工教育、转移就业、职业技能鉴定和资格相互认证制度。

七是科教文化领域。加强各方高等院校和科研院所的合作,加快推进各类基础性科技教育资源的联网共享,建立区域创新体系,逐步建立区域性科技项目合作机制和成果转化平台,推进区域产业协作和战略合作联盟。

八是信息化建设领域。建设区域信息化交流网,建立区域信息交流协作机制,加强区域信息技术的研发和应用合作。

九是环境保护领域。建立区域环境保护协作机制,制定区域环境保护规划,加大珠江流域特别是中上游地区生态建设力度,提高区域整体环境质量和可持续发展能力。

十是卫生防疫领域。建立卫生防疫协作机制,加强疫病防控组织工作和疫病防治科技攻关的协作。

随着十大合作领域的确定及启动:①桂滇与大珠三角地区实施紧密合作获得了专门的契机和制度支持,桂滇与大珠三角地区及其他地区的原有合作获得了进一步巩固与深化。虽然桂滇与其他地区的合作原来就存在,但其规模和相关制度安排大多是一对一的省际合作,还有很大的发展与深化空间。②在发达地区——

大珠三角的带领与影响下,必会使桂滇在这十大合作领域获得相应的提升与改善。在泛珠合作所涉及的十大合作领域,在"9+2"中,桂滇作为欠发达地区,其硬件和软件大多处于最低水平。现在通过制度安排,让处于发达地区行列的大珠三角扮演引领者角色,这是桂滇追赶标杆的提升和实施过程的新突破。③桂滇经济活动的边界可以借助十大一体化网络而实现有效扩大,缩小桂滇与其他发达省区在市场边界和活动空间方面的差距。在泛珠合作的十大领域,在"9+2"中,桂滇的网络化和一体化总体水平也是最低的。

2. 泛珠合作使广西更具通道价值和区位优势

在泛珠合作启动前,广西基于自己在西南与东南沿海、中国与东盟之间独特的地理位置,已经形成通道优势、区位优势。泛珠合作的启动,使地处泛珠三角中心地带的广西更凸显其通道价值和区位优势。尤其是两广独特的文化、地缘关系,相同和相似的文化、生活习俗、语言,这是其他内地省市所不具备的,这种文化地缘关系优势对加强两广合作、强化广西的通道价值和区位优势具有关键的作用。

(三) 泛珠合作进一步强化桂滇的区域合作、一体化发展优势

在泛珠合作启动前,桂滇基于自己在中国与东盟之间的地理位置,已经形成独特的跨境区域合作与区域一体化发展优势,以及一定程度的国内区域合作。基于桂滇与粤港澳的互补性,泛珠合作使桂滇形成新的优势——国内区域合作与一体化发展优势,进一步丰富了桂滇原有区域合作、区域一体化发展优势的内涵与外延。

按照地理位置和经济发展水平,"9+2"区域可以划分为粤港澳(大珠三角三地)、西南四省、华南四省三大块,整个区域层次分明,拉动和辐射的双向性和互动性强。粤港澳,即大珠三角,有着强大的经济实力、高度的开放性,在全国乃至世界具有重要的经济地位,在泛珠合作中处于核心区和辐射源的中心地位。大珠三角经济发达,工业化程度高,拥有资金、技术、人才、信息、市场等优势,但基于生产成本高、自然资源相对短缺、现有发展空间小等原因,使大珠三角需要其他成员的支持。处于华南的湖南、江西、海南、福建在泛珠三角区域中属于中等发展水平,与粤港澳既有互补性,也有相似性。属于西南地区的广西、云南、贵州和四川是泛珠三角区域中发展水平最低的地区,有丰富的自然资源、低廉的劳动力资源和巨大的潜在市场,与粤港澳有互补性,合作空间巨大。

首先是市场互补。大珠三角的许多工业品正面临广东及东部市场基本饱和的窘境,急需寻找新市场,桂滇则有很大的市场空间。大珠三角生产的许多农产品已经没有性价比优势,具有性价比优势的桂滇农产品急需向外拓展市场。大珠三角的劳动力价格已经很高,桂滇的劳动力成本仍存在明显的比较优势。如果大珠

三角与桂滇之间存在有效的信息、营销、协作和运输交通等相关网络与合作机制，这种市场互补性会形成双赢结局。

其次是产业互补。改革开放以来，经过近40年的高速发展，珠三角地区的经济实力得到了极大的提升，已经经历了工业化的前期和中期阶段。随着劳动力成本、土地使用费用的上升，珠三角许多劳动密集型、资源密集型产业的竞争优势在逐步丧失，产业结构优化升级变得迫切。珠三角只有将这些产业向有承接能力的其他地区转移，腾出空间发展技术密集型和资本密集型产业，才能维持经济竞争力。如果成熟产业不向周边地区扩散，周边地区的经济发展水平跟不上来，就会造成产业链、供应链断层，影响发展腹地的拓展。按照梯度理论，桂滇应是接受这些产业转移的重点区域。这些产业在桂滇还有非常大的发展空间。

再次是资源互补。大珠三角紧缺的资源刚好是桂滇所富有的，大珠三角拥有的正是桂滇所急需的资源。改革开放以来，广东既是矿产、能源和劳动力等资源相对缺乏、价格相对高的地区，也是资金、技术、经营管理经验的富集地区；桂滇的矿产、能源和劳动力丰富而廉价，但缺少资金、技术、管理经验和市场网络。珠三角要继续维持其世界加工制造中心地位，桂滇可以提供相应支持。桂滇要实施经济追赶，大珠三角也能提供相应支持。

最后是政策互补。作为少数民族省区，桂滇可以享受民族区域自治政策优惠。根据民族区域自治政策，地方民族自治政府有权根据当地的情况制定一些更灵活的发展政策。根据国家的产业、投资、税收等政策，在符合条件的民族地区投资经营，可以享受一系列相应的政策优惠。作为西部大开发成员，在桂滇投资经营可以享受西部大开发政策。与此形成反差的是，随着其他地区改革开放的推进，珠三角原有政策的比较优势已经出现弱化，先发展起来的珠三角想让中央继续为其出台和以前一样优惠的政策，已经不大现实。

桂滇与粤港澳的这些互补性既是泛珠合作对桂滇经济追赶具有促进作用的基础，也是桂滇在泛珠合作中形成新优势——国内区域合作与区域一体化发展优势的基础。基于桂滇与粤港澳的互补性，泛珠合作使桂滇形成国内区域合作与区域一体化发展优势。泛珠合作使桂滇原有的各种优势得到进一步强化。

第七章 民族地区经济追赶中优势叠加效应的桂滇实证分析

就理论层面分析看,在纵向发展方面,叠加优势应该可以使桂滇获得比以前更快的发展,以GDP为代表的一系列经济指标在优势叠加阶段应该发生比以前更明显的扩张;在横向发展方面,叠加优势还应该可以使作为追赶者的桂滇缩小与发达省市的差距,或者是固化与发达省市的差距。最佳的叠加优势效应应该是二者兼收,次效应是比以前发展得更快、与发达省市的差距没有缩小。[①]

第一节 纵向比较的广西叠加优势效应分析

一般情况下,推动经济增长的主要因素是劳动、资本、消费和出口。广西作为进出口依存度低的省份(1978~2009年为9.83%,1990~2009年为11.63%),影响经济增长的主要因素就自然而然地变成劳动投入(L)、资本投入(K)和消费(FC)。

一、从劳动、资本、消费、GDP的变化方向看广西叠加优势效应

(一)叠加优势下广西的GDP运行效应

基于《广西统计年鉴2010》的相关数据,根据"各年实际GDP = 1978年名义GDP × GDP可比价格指数(1978年 = 100)"公式,就可以推算出1978~2009年广西的实际GDP,如图7-1所示。

图7-1揭示出了以1978年不变价格表示的1978~2009年广西地区生产总值(GDP)变化轨迹。

---

① 本章研究得到苏方林教授的帮助。

从图7-1可以发现，1978~2009年广西的实际GDP增长分为3个增速不同的阶段：1990年以前，增速比较慢；进入20世纪90年代，增长明显加速；从2001年起，增长进一步加快，明显的快过以前。广西的GDP增速在1990~2009年要明显地比1978~1990年快得多，1990年在广西的GDP增长中是一个具有重要分水岭意义的时间节点。

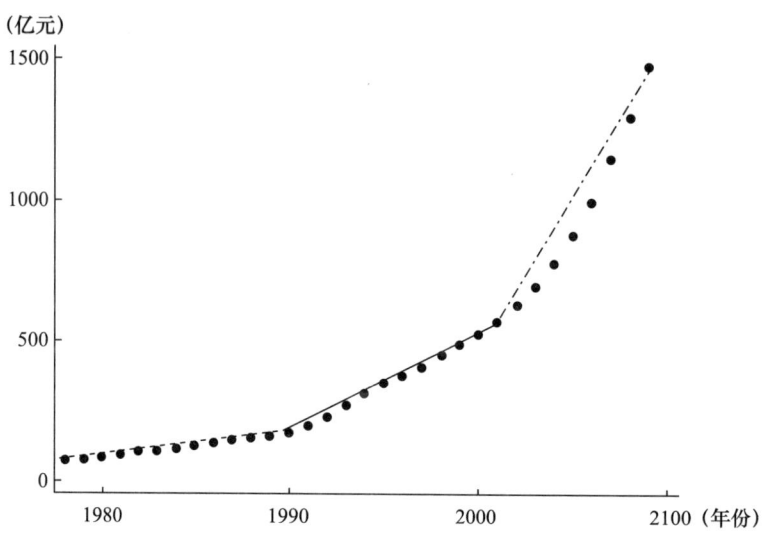

图7-1　1978~2009年以不变价格表示的广西地区生产总值

数据来源：《广西统计年鉴2010》。

从纵向比较来看，叠加优势在广西GDP增长上表现出明显的叠加效应：在优势叠加时期，GDP出现快速增长与加速增长效应，叠加优势在广西形成了明显的GDP加速增长效应。

（二）叠加优势下广西劳动投入运行效应

劳动（L）投入指标主要有经济活动人口、从业人数和标准劳动强度的劳动时间等。经济活动人口指标包含了大量的非市场活动人口，没有对失业人口进行修正。标准劳动强度的劳动时间在实际中难以科学计算。现行的社会从业人员指标虽然对流动人口中从业人员的统计不够充分，但还是能比较准确地反映出劳动投入的状况，并易于进行计算。基于此，本书选择广西历年从业人员数作为劳动投入指标。图7-2揭示了1978~2009年广西从业人数的运行轨迹。

从图7-2可以发现，1978~2009年广西从业人员数量变化可分为两个不同阶段：1995年以前，增速比较快；1995年以后，增速放缓，波动明显。

广西劳动投入的运行轨迹与广西 GDP 的运行轨迹存在明显的不同。从纵向对比来看,叠加优势反映在广西劳动投入增长上没有表现出叠加效应:在优势叠加时期,GDP 实现快速增长与加速增长的同时,广西劳动投入开始放慢、增速缓慢。

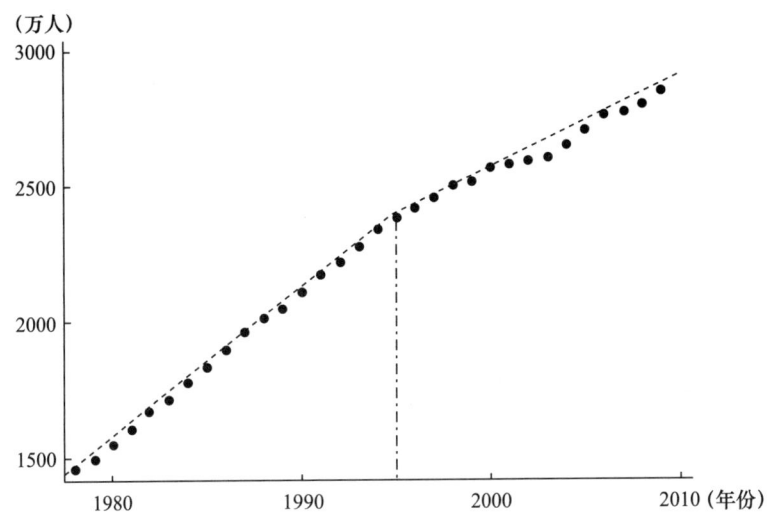

图 7－2 1978～2009 年广西的从业人数

数据来源:《广西统计年鉴 2010》

(三) 叠加优势下广西资本投入运行效应

本研究用固定资本存量的变化来衡量资本投入的变化。

目前,国际上测算物质资本存量的基本方法是永续盘存法,张军(2004)、龚六堂(2004)、胡永远(2005)、郝枫(2006)等对部分省区的资本存量进行了估算。张军等人采用这个方法估算了我国各个省份 1952～2000 年的固定资本存量数据,本文部分数据直接取自其中。

永续盘存法将过去投资流量的积累作为本期的物质资本存量:

$$K_t = K_{t-1}(1-\delta) + I_t \tag{7-1}$$

公式中,K 为不变价物质资本存量,I 为当年不变价资本形成总额,δ 为物质资本年折旧率,假定每年折旧率相同。通过迭代可以将式(7－1)变为:

$$K_t = \sum_{j=1}^{t}(1-\delta)^{t-j}I_j + (1-\delta)^t K_0 \tag{7-2}$$

式中,K_0 为初始物质资本存量,初始资本存量对当期资本存量估计的影响逐步减弱。

永续盘存法需要估算的变量还有各年实际固定资本投资额、资本存量折旧率或重置率和基年资本存量等。

把历年名义固定资本投资额经过固定资本投资价格指数进行缩减，就可以得到各年的不变价资本投资或形成流量。

根据《广西统计年鉴2010》给出的1978～2009年广西的名义资本形成总额、名义固定资本投资额、可比价资本形成和固定资本投资指数，运用类似计算实际GDP的方法即可计算出历年广西的实际固定资本投资额，即广西各年的实际固定资本投资 = 基年名义资本投资 × 各年不变价固定资本投资指数（1978年 = 100）。

本书将估算的初始年份定为1978年，因此，需要估算广西1978年的资本初始存量。

张军等人以1952年价格估算出的广西1978年不变价固定资本存量为130亿元，同时他们还算出了广西1978年对1952年的固定资本投资价格指数为1.067。假定资本存量价格指数与固定资本投资价格指数相同，则可以推算出广西以1978年价格计算的资本存量。折旧率取张军等人估算的全国平均折旧率，为9.6%。据此，可以根据式（7-1）或式（7-2）推算出广西1978～2009年间以1978年不变价表示的资本存量，如图7-3所示。

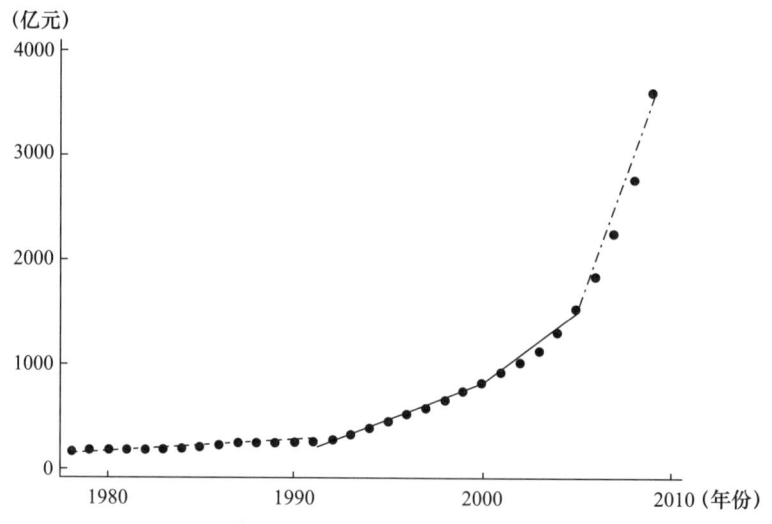

图7-3　1978～2009年广西的资本存量

数据来源：《中国统计年鉴2010》

图7-3揭示了以1978年不变价格表示的1978～2009年广西资本投入的变化轨迹。

从图 7-3 可以发现，1978~2009 年广西的资本投入增长分为 3 个增速不同的阶段：1992 年以前，增速比较慢；1992~2000 年，广西的资本投入明显加速；从 2000 年起，广西的资本投入进一步加快，明显地快过以前。

广西的资本投入运行轨迹与广西的 GDP 增长运行轨迹比较相似。

从纵向对比来看，叠加优势在广西的资本投入方面表现出明显的叠加效应：在优势叠加时期，GDP 实现快速增长与加速增长的同时，广西的资本投入也出现了明显的快速增长和加速增长，叠加优势在广西形成了明显的投资效应。

（四）叠加优势下广西社会消费运行效应

FC 表示最终消费。根据《广西统计年鉴 2010》给出的相关数据，可以推算出以 1978 年价格表示的 1978~2009 年广西总消费，如图 7-4 所示。

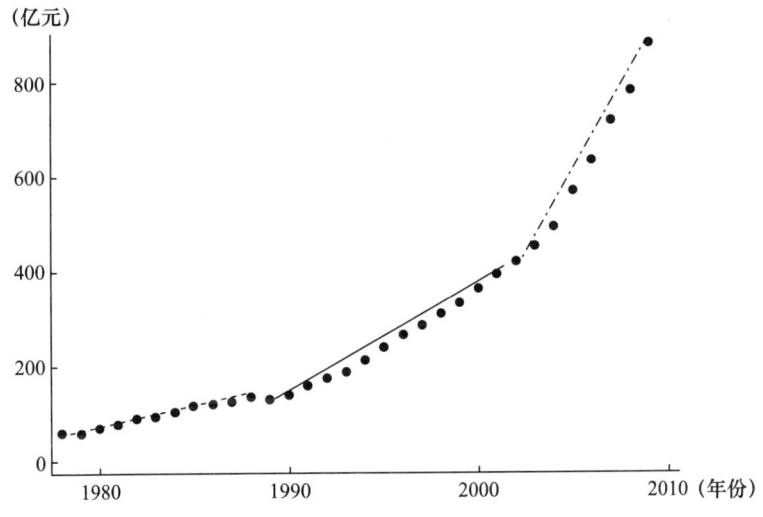

图 7-4　1978~2009 年广西的最终消费

数据来源：《中国统计年鉴 2010》。

图 7-4 揭示出了以 1978 年不变价格表示的 1978~2009 年广西社会消费的变化轨迹。

从图 7-4 可以发现，1978~2009 年广西的社会消费增长分为 3 个增速不同的阶段：1990 年以前，社会消费增速比较慢；20 世纪 90 年代，广西社会消费增长加速；从 2002 年起，广西社会消费增速进一步加快，明显地快过以前。

广西的社会消费变化轨迹与广西的 GDP 增长变化轨迹也很相似。

从纵向对比看，叠加优势在广西消费增长上表现出明显的叠加效应：在优势叠加时期，GDP 实现快速增长与加速增长的同时，社会消费也出现了明显的快速增长和加速增长，叠加优势在广西形成了明显的消费效应。

（五）叠加优势下广西 GDP、L、K、FC 关联效应

将图 7-1 至图 7-4 叠放在一起进行考察可以发现，1978~2009 年广西的劳动力投入、资本投入和消费增长与 GDP 在运行方向的一致性方面所存在的关系特征是：劳动力投入与 GDP 变化的轨迹关系明显地不同于资本投入、消费增长与 GDP 变化的轨迹关系。

一是从 1995 年起，广西劳动投入数量的增速明显下降，有些年份（如 2002 年、2003 年、2007 年）的劳动投入数量接近零增长。因此，在劳动力质量不可能明显提升情况下，广西 GDP 进入 1990 年后呈现快速增长和加速增长，劳动投入量的变化应该不是主要动能和终极动因，即劳动投入不应该成为主要解释变量。

二是在 1978~2009 年这么长的考察期内，广西的资本投入、消费与 GDP 的变化轨迹基本一致。1990 年以前，即非优势叠加阶段，广西的资本投入、消费与 GDP 都处于低增速阶段；进入 1990 年以后，即优势叠加阶段，资本投入、消费与 GDP 都呈现快速增长和加速增长态势。因此，优势叠加时期推动广西 GDP 快速增长和加速增长的主要动能和终极动因应该来自投资和消费，即投资和消费应该成为主要解释变量。

在考察期内，对桂滇投资增长直接贡献最大的首先是西南大通道建设，其次是西部大开发，最后是中国—东盟自贸区建设、泛珠合作、大湄公河次区域合作，其中前两者与后三者在贡献上存在着重大差异。如果就关系来说，后三者的运行会影响到前两者的效果。

西南大通道建设属于投资主导型，主要作用于广西、云南、贵州。西部大开发属于投资+政策主导型，作用面为西部 12 个省区市。中国—东盟自贸区建设、泛珠合作和大湄公河次区域合作主要属于政策主导型，其对桂滇的直接作用力和约束力远远小于西南大通道建设和西部大开发。就对投资增长的直接贡献来说，相对于西南大通道建设和西部大开发，中国—东盟自贸区建设、泛珠合作和大湄公河次区域合作对桂滇的贡献属于非常小，接近于可以忽略不计这种级别。在 20 世纪 90 年代，中央为了修南昆铁路先后投入了约 200 亿元的直接投资，广西在西南大通道建设过程中总共投入了超过 1200 亿元用来建设铁路、公路、机场等基础设施。在西部大开发前 5 年，中央对西部地区 12 个省区市累计投入的财政建设资金和转移支付就超过 1 万亿元。在中国—东盟自贸区建设中，投入的中央财政资金有部分用在了桂滇的基础设施建设上，但其无法和西南大通道建设、西部大开发的投入相比，桂滇在中国—东盟自贸区建设中更重要和更主要的受益是区位和自贸区机制。泛珠合作主要是建立省（区）际经济合作机制，相关省

区针对合作的资金投入十分有限。大湄公河次区域合作主要以国家间政策合作、建立合作机制为主，合作发起者亚洲开发银行的资金投入有限，成员国的资金投入也有限，所确立的建设项目主要是一些在所在领域具有引导性的项目，项目对成员国不具有强制性。

后面将对劳动、投资、消费和GDP的增长进行量化比较分析，以进一步验证这里所得出的结论。

二、从劳动、资本、消费、GDP的增长看广西叠加优势效应

（一）叠加优势下广西GDP增长效应的量化分析

根据上一节的相关计算，还可以得出1978~2009年广西的地区生产总值、劳动、资本、消费，如表7-1和表7-2所示。

表7-1 1978~2009年广西的GDP、L、K、FC、IEGDP、FDIGDP

年份	GDP（亿元）	L（万人）	K（亿元）	FC（亿元）	IEGDP（%）	FDIGDP（%）
1978	75.85	1456	146.29	58.50	0.060360	0.000260
1979	78.43	1493	151.50	59.55	0.059347	0.000290
1980	86.43	1550	160.28	69.92	0.058679	0.000252
1981	93.34	1605	165.80	77.75	0.057249	0.000216
1982	105.01	1668	163.99	90.65	0.050219	0.000190
1983	108.48	1713	166.62	94.64	0.058316	0.000182
1984	115.96	1776	175.44	104.67	0.077117	0.000256
1985	128.72	1831	187.17	116.19	0.084886	0.000691
1986	136.95	1896	204.14	120.25	0.098727	0.001801
1987	149.55	1961	221.29	126.14	0.121944	0.001562
1988	156.28	2012	228.79	135.48	0.095953	0.001359
1989	161.91	2046	234.71	129.11	0.092858	0.001198
1990	173.24	2109	237.02	139.96	0.095648	0.000674
1991	195.25	2171	243.25	158.57	0.105041	0.000746
1992	230.98	2217	258.70	174.90	0.139741	0.002788
1993	273.25	2275	310.37	188.55	0.137331	0.010004
1994	314.78	2336	374.28	213.06	0.176907	0.006802
1995	350.66	2383	438.62	238.84	0.179583	0.004471
1996	379.77	2417	507.11	265.11	0.138386	0.003924
1997	410.15	2454	569.58	285.52	0.139963	0.004842
1998	451.16	2499	643.94	309.79	0.129231	0.004636

续表

年份	GDP（亿元）	L（万人）	K（亿元）	FC（亿元）	IEGDP（%）	FDIGDP（%）
1999	487.26	2515	729.75	332.72	0.073619	0.003233
2000	525.75	2566	814.85	362.00	0.081104	0.002522
2001	569.39	2578	903.42	392.77	0.065258	0.001685
2002	629.74	2589	1007.17	421.05	0.079717	0.001653
2003	693.98	2601	1130.49	450.94	0.093657	0.001617
2004	775.87	2649	1297.18	492.88	0.103395	0.000861
2005	878.28	2703	1528.24	568.78	0.104985	0.000950
2006	997.73	2760	1836.69	634.19	0.110779	0.000943
2007	1148.39	2769	2245.69	716.00	0.118749	0.001175
2008	1295.38	2799	2764.68	779.73	0.128783	0.001383
2009	1475.44	2849	3595.26	879.53	0.125008	0.001334

注：IEGDP 为进出口占 GDP 的比重，FDIGDP 为外商直接投资占 GDP 的比重。

数据来源：《广西统计年鉴 2010》。

表 7-2　广西 GDP、L、K、FC 的增长比较

时期	GDP		L		K		FC	
	净增幅（倍）	年增速（%）	净增幅（倍）	年增速（%）	净增幅（倍）	年增速（%）	净增幅（倍）	年增速（%）
1978~1990 年	2.28	7.13	1.45	3.14	1.62	4.10	2.39	7.54
1990~2000 年	3.03	11.74	1.22	1.98	3.44	13.14	2.59	9.97
2000~2009 年	2.81	12.15	1.11	1.17	4.41	17.93	2.43	10.37
1990~2009 年	8.52	11.93	1.35	1.60	15.17	15.39	6.28	10.16

数据来源：《广西统计年鉴 2010》。

从表 7-1 和表 7-2 可以发现，1978~1990 年的 12 年非优势叠加时期，广西 GDP 增加了 2.28 倍、年均增速 7.13%；1990~2009 年的 19 年优势叠加时期，广西 GDP 增加了 8.52 倍、年均增速 11.93%。其中，1990~2000 年的 10 年中，广西 GDP 增加了 3.03 倍、年均增速 11.74%；2000~2009 年的 9 年中，广西 GDP 增加了 2.81 倍、年均增速 12.15%。

这也反映了前面已经指出的结论：1978~1990 年，广西 GDP 增速比较慢，年均增速为 7.13%；进入 20 世纪 90 年代，广西 GDP 增长明显加速，年均增速比前一时期快了 4.6 个百分点；从 2001 年起，广西 GDP 增长进一步加快，年均

增速比上一时期快了 0.4 个百分点；广西 GDP 增速在 1990～2009 年要明显地比 1978～1990 年快得多，前者比后者快了 4.6 个百分点。即从纵向对比来看，叠加优势在广西 GDP 增长上表现出明显的叠加效应：在优势叠加时期，GDP 出现快速增长与加速增长，经济加速增长效应明显。

（二）叠加优势下广西劳动投入效应的量化分析

表 7－1 和表 7－2 显示，1978～1990 年的 12 年中，广西从业人数增加了 1.45 倍、年均增速 3.14%；1990～2000 年的 10 年中，广西从业人数增加了 1.22 倍、年均增速 1.98%；2000～2009 年的 9 年中，广西从业人数增加了 1.11 倍、年均增速 1.17%；1990～2009 年的 19 年中，广西从业人数增加了 1.35 倍、年均增速 1.60%。

这具体验证了前面提出的结论：1995 年以前，广西从业人数增速比较快；1995 年以后，增速放缓，波动明显；优势叠加阶段的 1990～2009 年广西从业人数年均增速比 1978～1990 年（为 3.14%）降低了 1.54 个百分点。广西劳动投入的增速变化与 GDP 的增速变化存在明显的不同轨迹。即从纵向对比来看，叠加优势在广西劳动投入上没有表现出叠加效应：在优势叠加时期，GDP 形成快速增长与加速增长的同时，劳动投入增速反而明显放缓。

（三）叠加优势下广西资本投入效应的量化分析

表 7－1 和表 7－2 揭示，1978～1990 年的 12 年中，广西资本存量增加了 1.62 倍、年均增速 4.10%；1990～2000 年的 10 年中，广西资本存量增加了 3.44 倍、年均增速 13.14%；2000～2009 年的 9 年中，广西资本存量增加了 4.41 倍、年均增速 17.93%；1990～2009 年的 19 年中，广西资本存量增加了 15.17 倍、年均增速 15.19%。

这也准确反映了前面已经指出的结论：1978～1990 年，广西资本存量增速比较慢，年均增速为 4.10%；进入 20 世纪 90 年代，广西资本存量增长明显加速，1990～2000 年 10 年的年均增速比前一时期快了 9 个百分点；从 2001 年起，广西资本存量增长进一步加快，年均增速比上一时期快了 4.8 个百分点；广西资本存量增速在 1990～2009 年要明显地比 1978～1990 年快得多，前者比后者快了 11.3 个百分点。广西资本投入的变化与广西 GDP 的变化轨迹基本一致。即从纵向对比来看，叠加优势在资本投入上表现出明显的叠加效应：在优势叠加时期，资本投入快速增长与加速增长，投资扩大效应明显。

（四）叠加优势下广西社会消费增长效应的量化分析

分析表 7－1 和表 7－2 可以发现，1978～1990 年的 12 年中，广西消费增加了 2.39 倍、年均增速 7.54%；1990～2000 年的 10 年中，广西消费增加了 2.59 倍、年均增速 9.97%；2000～2009 年的 9 年中，广西消费增加了 2.43 倍、年均增速 10.37%；1990~2009 年的 19 年中，广西消费增加了 6.28 倍、年均增速 10.16%。

这也准确反映了前面已经得出的结论：1978~1990 年广西消费增长比较慢，年均增速为 7.54%；进入 20 世纪 90 年代，广西消费增长明显加速，1990~2000 年 10 年的年均增速比前一时期快了 2.4 个百分点；从 2001 年起，广西消费增长进一步加快，年均增速比上一时期快了 0.4 个百分点；广西消费增速在优势叠加（1990~2009 年）时期明显地比以前快得多，快了 2.6 个百分点。广西消费的变化与广西 GDP 的变化轨迹基本一致。即从纵向对比来看，叠加优势在广西社会消费上表现出明显的叠加效应：在优势叠加时期，社会消费快速增长与加速增长，消费扩大效应明显。

（五）叠加优势下广西 L、K、FC、GDP 关联效应的量化分析

不论是 1990~2000 年，还是 2000~2009 年，或是 1990~2009 年，在这 3 种分期下，广西资本存量的增速都明显地快过广西消费的增速，前者比后者分别快了 3.2、7.56 和 5.2 个百分点；广西资本存量的规模增长都明显地快过广西消费的增幅，前者分别增加了 3.44、4.41 和 15.17 倍，后者只分别增加了 2.59、2.43 和 6.28 倍。

广西资本和消费的增速都比劳动投入快得多，广西从业人数在这三个时期的年均增速只有 1.98%、1.17%、1.60%，从业人数规模只分别增加了 1.22 倍、1.11 倍、1.35 倍。

基于劳动、投资、消费与经济增长的关系，前面得出的结论在此获得印证：广西经济在优势叠加阶段呈现快速增长和加速增长，投资和消费是主要动能和主要成因。

三、广西叠加优势效应的回归分析

（一）基本思路

本小节的回归分析在思路上主要是围绕前两小节研究所得出的基本结论，试图验证前面指出的相关结论和观点。前面指出，广西经济在优势叠加阶段出现快速增长和加速增长，从因素的独立作用角度看，主要是得益于投资和消费，即投资、消费是叠加优势背景下经济增长的主要解释变量。

这里进行的回归分析除了要涉及前面已经讨论过的 GDP、K、FC 等变量，还要涉及一个虚拟变量。虚拟变量（Y1990）用以刻画叠加优势对广西经济增长的影响。1990 年 12 月南昆铁路动工，代表优势叠加阶段的起始，1990~2009 年为优势叠加阶段。对 1990 年以前的时段，虚拟变量（Y1990）取值为 0；对 1990 年以后的时段，虚拟变量（Y1990）取值为 1。

(二) 回归结果

根据表7-1, 利用EViews软件对不同阶段的K、FC、GDP等变量及其关系进行回归处理, 并得到不同条件下的回归结果, 如表7-3和表7-4所示。

表7-3 1978~2009年K、FC等影响广西经济的回归结果

变量	系数	标准误差	t值	p值
C	-7.461684	3.521294	-2.119018	0.0446
LOG (K)	0.230806	0.071029	3.249463	0.0034
LOG (L)	1.099365	0.510404	2.153913	0.0415
LOG (FC)	0.631931	0.138919	4.548910	0.0001
LOG (IEGDP)	0.023383	0.026010	0.899002	0.3776
LOG (FDIGDP)	0.015413	0.006389	2.412464	0.0238
AR (1)	0.737482	0.106372	6.933073	0.0000

注: 调整后的 $R^2 = 0.999$, $F = 7845.635$, $p = 0.000$, $DW = 1.556$, $AIC = -4.571$。

表7-4 叠加优势背景下K、FC影响广西经济增长的回归结果

变量	系数	标准误差	t值	p值
C	-4.343580	1.773356	-2.449356	0.0227
LOG (K)	0.445687	0.062404	7.141958	0.0000
LOG (FC)	0.444213	0.092311	4.812124	0.0001
LOG (IEGDP)	-0.097082	0.037093	-2.617282	0.0157
LOG (FDIGDP)	0.022331	0.007647	2.920297	0.0079
Y1990×LOG (K)	-0.344839	0.123891	-2.783400	0.0108
Y1990×LOG (FC)	0.460683	0.132175	3.485395	0.0021

注: 调整后的 $R^2 = 0.999$, $F = 7719.393$, $p = 0.000$, $DW = 1.515$, $AIC = -4.799$。

1. 1978~2009年K、FC等影响广西经济的回归结果

表7-3是没有对叠加优势给予专门强调的回归结果。由于1978~1990年是非优势叠加阶段, 1990~2009年是优势叠加阶段。因此, 表7-3的回归结果并没有对叠加优势进行强调, 而是一般性考察1978~2009年K、FC、L、GDP的关系。

从表7-3可以发现, 1978~2009年资本、劳动及消费对广西经济增长都起了很大作用, 进出口和外商直接投资所起的作用则很小。在其他条件不变情况下, 资本存量每增加1%, 广西GDP平均增长0.23%; 劳动投入每增加1%, 广西GDP平均增长1.10%; 消费每增加1%, 广西GDP平均增长0.63%; 进出口

占广西 GDP 的比重每增加 1%，GDP 平均增长 0.02%；外商直接投资占广西 GDP 的比重每增加 1%，GDP 平均增长约 0.02%。

2. 优势叠加阶段 K、FC 等影响广西经济的回归结果

表 7-4 是以 1990 年为界、对非优势叠加阶段与优势叠加阶段进行对比分析的回归结果。在此，叠加优势作为一个独立的整体得到了专门的强调。1978~1990 年是非优势阶段，1990~2009 年作为优势叠加阶段，是指西南大通道建设、西部大开发、中国—东盟自贸区建设、泛珠合作、大湄公河次区域合作等几种优势在这个阶段并存。

以 1990 年为界，通过对非优势叠加阶段与优势叠加阶段前后两个阶段的相关变量进行对比分析，可以发现优势叠加阶段的叠加效应，叠加优势背景下 K、FC 对广西经济增长的影响。

回归结果显示，在其他条件不变的情况下，在非优势叠加阶段，资本存量每增加 1%，广西 GDP 平均增长 0.45%；消费每增加 1%，广西 GDP 平均增长 0.44%；资本和消费对 GDP 增长的贡献基本相同，投资和消费都是推动广西经济增长的重要因素。到了优势叠加阶段，资本存量每增加 1%，广西 GDP 平均增长 0.10%，单位资本增量对经济增长的作用明显下降，下降了 0.35 个百分点，即下降了 78%；消费每增加 1%，广西 GDP 平均增长 0.9%，单位消费增量对经济增长的作用明显提高，提升了 0.46 个百分点，即提高了 105%；单位消费增量对经济增长的贡献比单位资本增量所起的作用大了 0.8 个百分点，即大了 8 倍。在优势叠加阶段，投资和消费推动广西经济增长的效率发生了重大变化，单位消费增量对经济增长的拉动作用比非优势叠加阶段提升了很多，单位投资增量对经济增长的推动作用比非优势叠加阶段下降了很多。

（三）对回归结果的分析

这个回归结果并没有与前面两节得出的结论相冲突。如果在优势叠加阶段出现单位资本增量和单位消费增量对经济增长的作用双双明显下降，且贡献率低于非优势叠加阶段，才能表明回归结果与前两节得出的结论可能相冲突，才能考虑推动经济增长的主要因素是否已经发生替代。此时，把投资与消费都看作是优势叠加阶段广西 GDP 增长的主要因素，可能还缺乏足够的说服力。但是，这种情况并没有出现，在优势叠加阶段并没有出现单位资本增量和单位消费增量对经济增长的贡献率双双下降。由此，就不能认为回归结果与前两节得出的结论相冲突。

虽然在优势叠加阶段出现单位资本增量对经济增长的作用明显下降，且贡献率明显低于非优势叠加阶段，但同时还出现了单位消费增量对经济增长的作用大幅上升，净升幅达到 1.05 倍，其贡献率是非优势叠加阶段的 2.05 倍。这表明：

一是经济增长越来越依靠消费,消费对经济增长的拉动作用越来越突出,消费拉动经济增长的效果变得更好。随着我国经济发展水平、居民生活水平以及市场化程度的提高,消费开始出现转型升级,消费从以非耐用消费品为主开始转向非耐用消费品与耐用消费品兼顾,进而发展到以耐用消费品为主。消费升级的这个过程,往往伴随着消费乘数及消费乘数效应的扩大,这是一般性规律和现象。这意味着,扩大居民消费应该是今后继续推动广西经济增长的正确方向。

二是投资或资金的使用效率和效益不仅没有提高,反而是降低了。投资作为推动广西 GDP 增长的主要因素,其对 GDP 增长起主要作用的是投资量的增加,而不是投资效率和投资效益的提高。这符合广西和我国经济增长的外延型、粗放型特征。从我国改革开放以来的实践和外延型经济增长的经验教训来看,在国企改革远没有完成、私有经济培育发展任重道远并存条件下,即使我国的经济发展水平、居民生活水平以及市场化程度都获得明显提高,投资的效率和效益并不一定是出现同向提高,投资的使用效率和效益出现下降或反复是完全有可能的。在投资的效率和效益下降时,如果其他条件不变,要维持经济持续快速增长,投资扩张加速就成为必然。即使是在单位消费增量对 GDP 的贡献率提高时,投资也不一定放慢,而是有可能出现投资继续快速扩张,这是因为,在欠发达地区或国家,在外延型、粗放型经济增长方式下,投资无疑是推动经济增长的主要源泉,单位消费增量在拉动 GDP 增长方面的贡献率提高不能代替投资增加对 GDP 增长所起的推动作用。前面已经指出,不论是 1990~2000 年,还是 2000~2009 年,或是 1990~2009 年,广西资本存量的规模增长都明显地快过广西消费的增幅,前者分别增加了 3.44、4.41 和 15.17 倍,后者只分别增加了 2.59、2.43 和 6.28 倍;广西资本存量增幅与广西消费增幅的差距有扩大趋势,已经从 0.85 扩大到 1.98,再进一步扩大到 8.89。这意味着,转变经济增长方式在投资领域并没有取得实质性突破,今后的任务仍很艰巨。

第二节 纵向比较的云南叠加优势效应分析

云南和广西一样,都是进出口依存度低的省份,因此,影响云南经济增长的主要因素就是劳动、资本和消费。

本节继续沿用前面分析广西的思路与方法对云南进行实证分析。为避免重复,在广西和云南分析中都涉及的一些共性内容,在对云南进行实证分析时能省略则尽量省略。

一、从劳动、资本、消费、GDP的变化方向看云南叠加优势效应

(一) 叠加优势下云南的GDP运行效应

基于《云南统计年鉴2010》的相关数据，1978~2009年云南的实际GDP运行轨迹如下，如图7-5所示。

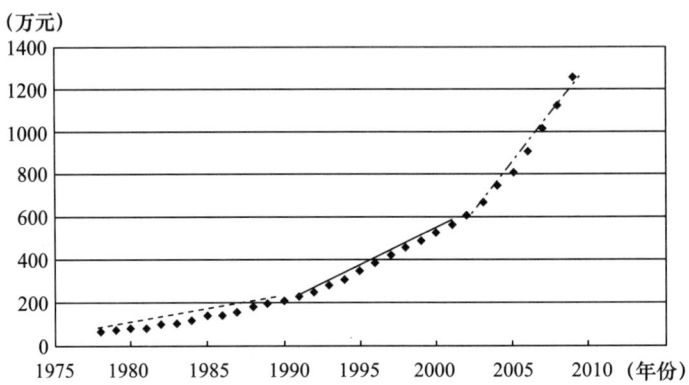

图7-5　1978~2009年以不变价格表示的云南地区生产总值

数据来源：《云南统计年鉴2010》。

从图7-5可以发现，1978~2009年云南的实际GDP增长分为3个增速不同的阶段：20世纪90年代以前，增速比较慢；进入20世纪90年代，增长明显加速；从2002年起，增长进一步加快，并明显地快过以前。云南的实际GDP增速在1990~2009年要明显地比1978~1990年快得多，1990年也是一个具有重要分水岭意义的时间节点。

从纵向对比来看，叠加优势在云南GDP增长上也表现出明显的叠加效应：在优势叠加时期，GDP出现快速增长与加速增长效应，叠加优势在云南也形成了明显的GDP加速增长效应。

这是一个与广西基本相同的运行轨迹与效应。

(二) 叠加优势下云南劳动投入运行效应

云南历年从业人员数据来自《云南统计年鉴2010》。图7-6展示了1978~2009年云南从业人数的运行轨迹。

从图7-6可以发现，1978~2009年云南从业人员数量变化可分为两个不同阶段：1993年以前，增速比较快；1993年起，增速放缓，波动明显。

云南劳动投入的变化轨迹与云南GDP的变化存在明显不同，叠加优势反映在云南劳动投入的增长上没有表现出叠加效应：在GDP实现快速增长与加速增

长的优势叠加时期,云南的劳动投入增长缓慢,慢于非优势叠加时期。

这也是一个与广西基本相同的运行轨迹与效应。

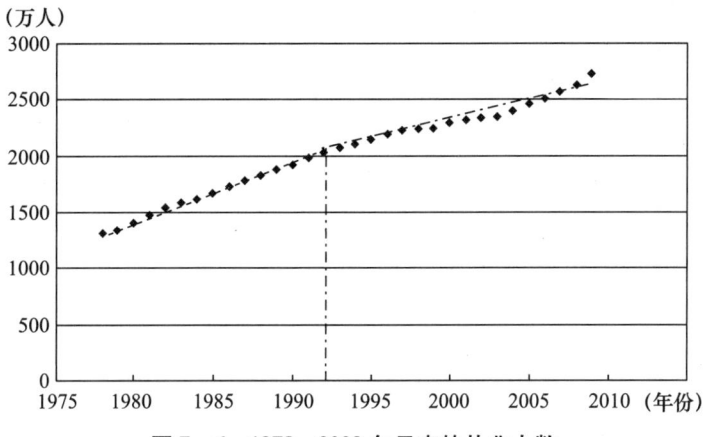

图 7-6　1978~2009 年云南的从业人数

数据来源:《云南统计年鉴 2010》。

(三) 叠加优势下云南资本投入运行效应

和分析广西相同,本研究仍用固定资本存量变化来衡量资本投入变化,并用永续盘存法来估算云南的资本存量或资本投入。

借助张军等的研究成果,得到 1978~2009 年以 1978 年不变价表示的云南资本存量,如图 7-7 所示。

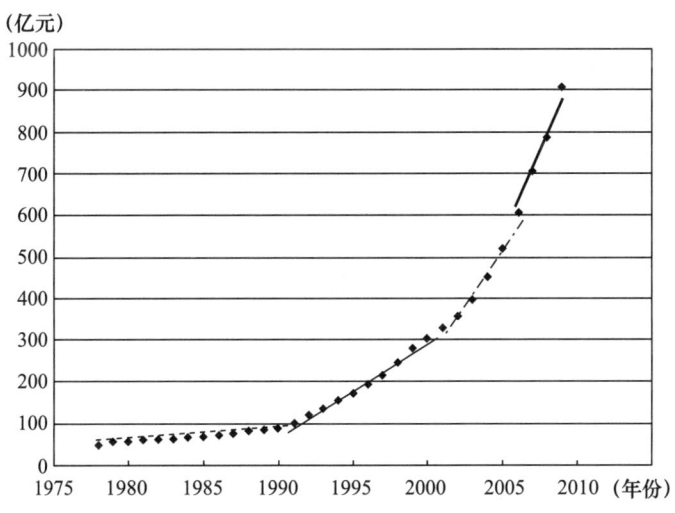

图 7-7　1978~2009 年云南的资本存量

数据来源:《云南统计年鉴 2010》。

图7-7揭示出了以1978年不变价格表示的1978~2009年云南资本投入运行轨迹。

从图7-7可以发现,从更细的分期来看,1978~2009年云南资本投入增长分为4个增速不同的阶段:1991年以前,增速比较慢;1991年以后的20世纪90年代,云南资本投入明显加速;从2001年起,云南的资本投入进一步加快;到了2006年,资本投入又比以前更快。从大的分期上看,则分为3个阶段:1991年以前增速比较慢,20世纪90年代资本投入明显加快,2000年以后投资进一步加快。

云南的资本投入变化轨迹与云南的GDP增长变化轨迹很接近。

从纵向对比来看,叠加优势在云南资本投入增长上也表现出明显的叠加效应:在优势叠加时期,云南资本投入出现了明显的快速增长和加速增长,投资扩大效应明显。

这是一个与广西基本相同的运行轨迹与效应。

(四)叠加优势下云南社会消费运行效应

根据《云南统计年鉴2010》,可以算出以1978年价格表示的云南1978~2009年社会总消费状况,如图7-8所示。

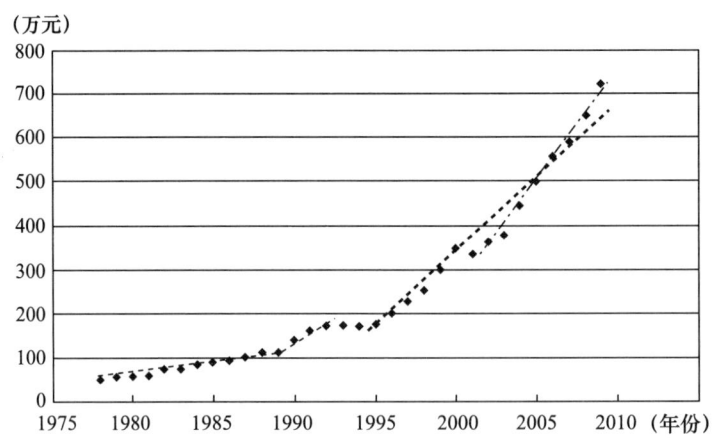

图7-8　1978~2009年云南的最终消费

数据来源:《云南统计年鉴2010》。

图7-8揭示出了以1978年不变价格表示的1978~2009年云南社会消费变化轨迹。

从图7-8可以发现,1978~2009年云南社会消费增长分为3个增速不同、波动明显的阶段:1990年以前,消费增速比较慢;进入20世纪90年代,虽然2003年和2004年的社会消费处于零增长和负增长,但90年代消费的总体趋势是

第七章 民族地区经济追赶中优势叠加效应的桂滇实证分析

加速增长,并明显地快过 90 年代以前的时期;从 2002 年起,云南的社会消费增速进一步加快,也明显地快过以前。

云南的社会消费变化轨迹与云南的 GDP 增长变化轨迹很接近。

从纵向对比来看,叠加优势在云南消费增长上表现出明显的叠加效应:在优势叠加时期,云南的社会消费出现了明显的快速增长和加速增长,消费的扩大效应明显。

这也是一个与广西基本相同的运行轨迹与效应。

(五)叠加优势下云南 GDP、L、K、FC 关联效应

将图 7-5 至图 7-8 叠放在一起进行考察可以发现,1978~2009 年,云南的劳动投入、资本投入、消费增长与 GDP 在运行轨迹上所存在的关系特征与广西很相似:和广西一样,云南的劳动投入与云南 GDP 变化轨迹的关系明显地不同于资本投入、消费增长与 GDP 变化轨迹的关系。

一是从 1993 年起,云南劳动投入的增速明显下降或放缓,有些年份(如 1999 年和 2003 年)的劳动投入接近零增长。因此,在劳动力质量没有明显提升的情况下,云南 GDP 进入 1990 年后呈现快速增长和加速增长,劳动投入应该不是主要动能和终极动因,即劳动投入量不应该成为优势叠加时期云南 GDP 增长的主要解释变量。

二是在 1978~2009 年这么长的考察期内,云南的资本投入、社会消费与 GDP 的变化轨迹基本一致。20 世纪 90 年代以前,资本投入、消费与 GDP 都处于低增速阶段;进入 90 年代后,资本投入、消费与 GDP 都呈现快速增长和加速增长态势。因此,优势叠加时期推动云南 GDP 快速增长和加速增长的主要动能和终极动因应该来自投资和消费,即投资和消费应该成为主要解释变量。

前面已经分析指出,在考察期内,对桂滇投资增长直接贡献最大的首先是西南大通道建设,其次是西部大开发,最后是中国—东盟自贸区建设、泛珠合作、大湄公河次区域合作,其中前两者与后三者在贡献上存在着重大差异。西南大通道建设属于投资主导型,主要作用于广西、云南、贵州。西部大开发属于投资+政策主导型,作用面为西部 12 个省区市。中国—东盟自贸区建设、泛珠合作和大湄公河次区域合作主要属于政策主导型,其对桂滇的直接作用力和约束力远远小于西南大通道建设和西部大开发。

因此,总体上看,云南经济进入优势叠加阶段后实现快速增长和加速增长,是得益于优势叠加;就关联角度看,主要得益于西南大通道建设和西部大开发带来的大幅度投资增长及消费增长。这是一个与广西相同的结论。

下一节通过对劳动、投资、消费及其对云南 GDP 增长的影响进行量化对比分析,以进一步印证这里所得出的结论。

二、从劳动、资本、消费、GDP 的增长看云南叠加优势效应

（一）叠加优势下云南 GDP 增长效应的量化分析

基于上一节的计算还可以得到 1978~2009 年云南的 GDP、L、K、FC，如表 7-5 和表 7-6 所示。

表 7-5 1978~2009 年云南的 GDP、L、K、FC、IEGDP、FDIGDP

年份	GDP（亿元）	L（万人）	K（亿元）	FC（亿元）	FDIGDP（%）	IEGDP（%）
1978	69.05	1313	51.61	52.03	0	0.023799
1979	71.19	1343	55.57	57.76	0	0.022506
1980	77.24	1404	58.94	57.85	0	0.020043
1981	83.27	1480	60.81	60.47	0	0.024407
1982	96.17	1544	62.54	73.81	0	0.023398
1983	104.25	1583	63.73	76.99	0	0.024228
1984	119.37	1620	66.46	84.47	0	0.025134
1985	134.89	1672	69.47	91.43	0.000278	0.037302
1986	140.69	1731	72.58	95.33	0.000671	0.050267
1987	157.99	1778	76.04	103.89	0.000780	0.055608
1988	183.27	1827	80.78	110.74	0	0.054873
1989	193.90	1881	84.47	115.15	0.000768	0.056811
1990	210.77	1923	89.71	138.16	0.000275	0.058085
1991	224.68	1990	101.50	161.63	0.000305	0.056632
1992	249.17	2033	117.95	173.66	0.002062	0.059773
1993	276.83	2072	135.43	173.52	0.007137	0.061798
1994	310.60	2109	153.29	170.06	0.017784	0.117750
1995	346.94	2149	171.79	175.83	0.015374	0.129556
1996	385.45	2186	192.73	203.35	0.009861	0.105302
1997	422.84	2224	216.48	226.83	0.008160	0.095797
1998	457.09	2241	248.06	253.98	0.006586	0.086044
1999	490.45	2244	278.71	297.59	0.006705	0.072330
2000	527.24	2295	304.11	351.26	0.005274	0.074619
2001	563.09	2323	329.98	337.14	0.002499	0.076993

续表

年份	GDP（亿元）	L（万人）	K（亿元）	FC（亿元）	FDIGDP（%）	IEGDP（%）
2002	613.77	2341	359.39	364.93	0.003996	0.079675
2003	667.78	2353	399.17	377.55	0.005425	0.086390
2004	743.24	2401	451.09	448.10	0.003742	0.099108
2005	810.13	2461	519.77	500.38	0.004047	0.110512
2006	904.11	2518	605.04	555.37	0.005913	0.121880
2007	1014.41	2574	704.34	589.16	0.005704	0.126936
2008	1121.93	2638	783.33	648.57	0.009281	0.114677
2009	1257.69	2730	908.15	721.77	0.010075	0.089115

注：IEGDP 为进出口占 GDP 的比重，FDIGDP 为外商直接投资占 GDP 的比重。
数据来源：《云南统计年鉴 2010》。

表 7-6 云南 GDP、L、K、FC 的增长比较

时期	GDP		L		K		FC	
	净增幅（倍）	年增速（%）	净增幅（倍）	年增速（%）	净增幅（倍）	年增速（%）	净增幅（倍）	年增速（%）
1978~1990 年	2.05	9.75	0.46	3.23	0.74	4.72	1.66	8.48
1990~2000 年	1.50	9.60	0.19	1.79	2.39	12.98	1.54	9.78
2000~2009 年	1.39	10.14	0.19	1.95	1.99	12.93	1.05	8.33
1990~2009 年	4.96	9.85	0.42	1.86	9.12	12.96	4.22	9.09

数据来源：《云南统计年鉴 2010》。

从表 7-5 和表 7-6 可以发现，1978~1990 年的 12 年非优势叠加时期，云南 GDP 增加了 2.05 倍、年均增速 9.75%；1990~2009 年的 19 年优势叠加时期，云南 GDP 增加了 4.96 倍、年均增速 9.85%。处于优势叠加时期后半段的 2000~2009 年的 GDP 增速，即大于非优势叠加时期的 1978~1990 年，也大于优势叠加时期前半段的 1990~2000 年。如果考虑到优势叠加时期后半段的 GDP 基数远比前半段和非优势叠加时期都大，这意味着，优势叠加时期云南的 GDP 也是快速增长和加速增长的。

即从纵向对比来看，叠加优势在云南 GDP 增长上也表现出明显的叠加效应：在优势叠加时期，GDP 出现快速增长与加速增长。

这是一个与广西类似的结论。

(二) 叠加优势下云南劳动投入效应的量化分析

表7-5和表7-6显示，1978~1990年的12年中，云南从业人数增加了0.46倍、年均增速3.23%；1990~2009年的19年中，云南从业人数增加了0.42倍、年均增速1.86%。这也验证了前面得出的结论。20世纪90年代以前，云南从业人数增速比较快；进入90年代后，增速明显放缓且波动明显。优势叠加阶段云南从业人数年均增速比1978~1990年慢了1.37个百分点。云南劳动投入的变化轨迹与云南GDP的增速变化存在着明显的不同。即从纵向对比来看，叠加优势在云南劳动投入上没有表现出叠加效应：在优势叠加时期，GDP形成快速增长与加速增长的同时，劳动投入反而放缓。

这也是一个与广西相同的结论。

(三) 叠加优势下云南资本投入效应的量化分析

表7-5和表7-6还揭示，1978~1990年的12年中，云南的资本存量增加了0.74倍、年均增速4.72%；1990~2009年的19年中，云南资本存量增加了9.12倍、年均增速12.96%。这也印证了前面得出的结论：1978~1990年云南资本投入增速比较慢；进入20世纪90年代，资本投入明显加速，其中1990~2000年的年均增速比前一时期快，2000年以后的增速则进一步加快。云南资本投入的变化轨迹与云南GDP的变化轨迹基本一致。即从纵向对比看，叠加优势在云南资本投入上表现出明显的叠加效应：在优势叠加时期，资本投入快速增长与加速增长，投资效应明显。

这也是一个与广西相同的结论。

(四) 叠加优势下云南社会消费增长效应的量化分析

分析表7-5和表7-6可以发现，1978~1990年云南消费增加了1.66倍、年均增速8.48%，1990~2009年云南消费增加了4.22倍、年均增速9.09%。这也基本印证了前面得出的结论：非优势叠加时期云南的消费增长比较慢，优势叠加时期云南的消费增长加速。云南的社会消费变化轨迹与云南GDP的变化轨迹基本一致。即从纵向对比来看，叠加优势在云南社会消费上表现出明显的叠加效应：在优势叠加时期，社会消费快速增长与加速增长，消费效应明显。

这也是一个与广西相同的结论。只是优势叠加时期云南社会消费的年均增速比广西慢了大约1个百分点。

(五) 叠加优势下云南L、K、FC、GDP关联效应的量化分析

不论是1990~2000年，还是2000~2009年，或是1990~2009年，在这3种分期下，云南资本存量的增速都明显地快过同期云南社会消费的增速，前者比后者分别快了3.2、4.6和3.87个百分点；云南资本存量的增幅都明显地快过同期的消费，前者分别增加了2.39、1.99和9.12倍，后者只分别增加了1.54、1.05

和4.22倍。与此同时，云南资本和消费的增速也都比劳动投入快得多。

基于劳动、投资、消费与经济增长的关系，前面得出的结论在此获得印证：云南经济在优势叠加阶段呈现快速增长和加速增长，投资和消费是主要动能和主要成因。

这是一个与广西相同的结论。

三、云南叠加优势效应的回归分析

（一）基本思路

和对广西进行回归分析一样，对云南进行回归分析除了要涉及前面已经讨论过的GDP、K、FC，还要涉及一个虚拟变量。虚拟变量（Y1990）的含义与分析广西时相同。

（二）回归结果

前面两小节分析得出的结论是，云南经济在优势叠加阶段出现了快速增长和加速增长，其中主要得益于投资和消费。这是一个与广西相同的结论。

基于和分析广西相同的思路，立足于表7-5，利用EViews软件重点对不同阶段K、FC、GDP进行回归处理，即得到不同条件下的回归结果，如表7-7和表7-8所示。

表7-7 1978~2009年K、FC等影响云南经济的回归结果

变量	系数	标准误差	t值	p值
C	-8.823741	1.749167	-5.044540	0.0000
LOG（K）	0.324995	0.067200	4.836214	0.0001
LOG（L）	1.528753	0.255044	5.994075	0.0000
LOG（FC）	0.288508	0.112383	2.567173	0.0164
LOG（IEGDP）	0.101808	0.035748	2.847915	0.0085
LOG（FDIGDP）	0.000318	0.003812	0.083374	0.9342
AR（1）	0.497093	0.199040	2.497446	0.0198

注：调整后的$R^2=0.999$，$F=3972.073$，$p=0.000$，$DW=1.054800$，$AIC=-3.713803$。

1. 1978~2009年K、FC影响云南经济的回归结果

表7-7和分析广西一样，是没有对叠加优势给予专门强调的回归结果，是一般性考察1978~1990年资本、消费等相关变量对云南经济增长的影响。

从表7-7可以发现，1978~2009年资本、劳动、消费对云南经济增长都起到很大作用，进出口和外商直接投资所起的作用则相对较小。资本存量每增加

1%，云南 GDP 平均增长 0.32%；劳动力数量每增加 1%，云南 GDP 平均增长 1.53%；消费每增加 1%，云南 GDP 平均增长 0.29%；进出口占云南 GDP 的比重每增加 1%，云南 GDP 平均增长 0.1%；外商直接投资占云南 GDP 的比重每增加 1%，云南 GDP 平均增长不到 0.01%。

表 7-8 叠加优势背景下 K、FC 影响云南经济增长的回归结果

变量	系数	标准误差	t 值	p 值
C	-5.236254	2.696059	-1.942188	0.0645
LOG（K）	0.323883	0.232182	1.394953	0.1764
LOG（FC）	0.475526	0.149933	3.171585	0.0043
LOG（IEGDP）	0.158492	0.048455	3.270884	0.0034
LOG（FDIGDP）	0.002574	0.003916	0.657400	0.5174
Y1990×LOG（K）	0.024999	0.013293	1.880560	0.0728
Y1990×LOG（FC）	-0.030286	0.016339	-1.853590	0.0767
Y1990×LOG（IEGDP）	-0.009421	0.005159	-1.826151	0.0808

注：调整后的 R^2 = 0.999，F = 2649.888，p = 0.000，DW = 1.145，AIC = -3.714。

2. 优势叠加阶段 K、FC 影响云南经济的回归结果

表 7-8 是和分析广西一样，其是以 1990 年为界、对非优势叠加阶段与优势叠加阶段的投资、消费进行对比分析的回归结果。叠加优势作为一个整体得到了专门的强调与突出，可以揭示叠加优势背景下 K、FC 对云南经济增长的影响。

表 7-8 显示，在非优势叠加阶段，资本存量每增加 1%，云南 GDP 平均增长 0.32%；消费每增加 1%，云南 GDP 平均增长 0.48%。在优势叠加阶段，资本存量每增加 1%，云南 GDP 平均增长 0.35%，单位资本增量对经济增长的贡献比非优势叠加时期略高，这不同于广西（广西是明显下降）；消费每增加 1%，云南的 GDP 平均增长 0.41%，单位消费增量对经济增长的贡献比非优势叠加时期略低，这也不同于广西（广西是明显上升）。

（三）对回归结果的分析

这个回归结果也没有与前面两节得出的结论相冲突。因为，只有在优势叠加阶段出现单位资本增量和单位消费增量对经济增长的作用双双明显下降，且贡献率低于非优势叠加阶段，才能表明回归结果与前两节得出的结论可能相冲突，才能考虑推动经济增长的主要因素是否已经发生替代。现实却没有出现这种情况，在优势叠加阶段并没有出现单位资本增量和单位消费增量对经济增长的贡献率双双下降。

虽然在优势叠加阶段单位消费增量对经济增长的贡献略有下降,但单位投资增量对经济增长的贡献却是上升的。这表明:

一是在优势叠加阶段,投资推动经济增长的效果变得更好。投资对经济增长的推动作用,既明显地体现在投资的增量上,也明显地表现在投资的效率和效益提升上。与广西相比,云南在改进投资效率和效益方面做得更好。

二是在优势叠加阶段,消费对经济增长的贡献效率不仅没有提高,反而降低了。随着我国经济发展水平、居民生活水平以及市场化程度的提高,我国消费开始出现转型升级,消费从以非耐用消费品为主开始转向非耐用消费品与耐用消费品兼顾,进而发展到以耐用消费品为主。消费转型升级的这个过程,应该伴随着的是消费乘数及消费乘数效应的扩大。云南没有出现消费对经济增长的贡献效率提升这种现象,这意味着,云南的整体消费水平滞后于全国平均水平,甚至是低于广西的水平。在今后的经济追赶中,云南可以考虑在推动消费转型升级方面多做文章。

第三节 横向比较的桂滇叠加优势效应分析

一、桂滇之间的优势叠加效应比较

综合前面对广西和云南所做的实证分析,叠加优势确实在桂滇产生了明显而有所不同的叠加效应(见表7-9和表7-10)。归纳起来,主要有如下几点。

表7-9 关键年份广西和云南的 GDP、K、FC 规模

年份	桂 GDP(亿元)	滇 GDP(亿元)	桂 K(亿元)	滇 K(亿元)	桂 FC(亿元)	滇 FC(亿元)
1978	75.85	69.05	146.29	51.61	58.50	52.03
1990	173.24	210.77	237.02	89.71	139.96	138.16
2009	1475.44	1257.69	3595.26	908.15	879.53	721.77

数据来源:《广西统计年鉴2010》、《云南统计年鉴2010》。

一是经济增长效应。优势叠加阶段,桂滇的 GDP 都出现了快速增长和加速增长。其中,叠加优势给广西 GDP 增长带来的效应更大,广西的 GDP 增速更快,广西的 GDP 规模反超了云南。1990年,云南的 GDP 达到 210.77 亿元,比广西

多 37.53 亿元；2009 年，广西的 GDP 达到 1475.44 亿元，比云南多 217.75 亿元。优势叠加阶段，广西 GDP 的年均增速要比云南高 2.08 个百分点，所以，广西的 GDP 规模得以反超云南。究其原因，从综合来看，在叠加优势中，广西比云南更有比较优势。前面在进行叠加优势的作用机理与表现分析时，已经对此有所涉及。

表 7-10 广西和云南的 GDP、K、FC 增速比较

时期	GDP (%)		K (%)		FC (%)	
	桂	滇	桂	滇	桂	滇
1978~1990	7.13	9.75	4.10	4.72	7.54	8.48
1990~2000	11.74	9.60	13.14	12.98	9.97	9.78
2000~2009	12.15	10.14	17.93	12.93	10.37	8.33
1990~2009	11.93	9.85	15.39	12.96	10.16	9.09

数据来源：《广西统计年鉴2010》、《云南统计年鉴2010》。

二是投资增长效应。优势叠加阶段，桂滇都出现了持续的大规模资本投入，叠加优势导致了投资的快速增长。其中，广西的资本投入增长比云南更快、更多，广西出现了单位资本增量对经济增长的作用明显下降，云南单位资本增量对经济增长的作用则基本维持在原有水平。

三是消费增长效应。优势叠加阶段，桂滇的社会消费都出现了持续的快速增长。其中，广西的消费增速略快于云南，广西单位消费增量对经济增长的作用比以前有明显提高，云南单位消费增量对经济增长的作用却比以前略有下降。

四是劳动投入效应。优势叠加阶段，桂滇没有出现劳动投入增长效应。进入优势叠加时期，桂滇的劳动投入反而出现了放缓，并没有出现和 GDP、投资、消费类似的变动轨迹。

二、与东部比较的桂滇叠加优势效应分析

从前面的纵向发展比较来看，在优势叠加阶段，桂滇的经济都取得了更快增长，纵向发展的叠加优势效应比较明显。就横向发展的对比来看，桂滇是否也收到了类似于纵向发展效应的横向发展效应？是否也收到了良好的经济追赶效应？答案为否定，如图 7-9 所示。

图 7-9 显示，在 20 世纪七八十年代、九十年代和 21 世纪初这三个阶段，桂滇与东部的人均 GDP 差距都是呈现出现明显的扩大趋势，其中 90 年代的差距比 80 年代大，21 世纪初的差距又进一步扩大。这说明，就横向发展比较角度来

看,在叠加优势背景下,桂滇对发达省市的经济追赶不仅没有收到差距缩小效果,就连差距相对固化效果也没有收到。

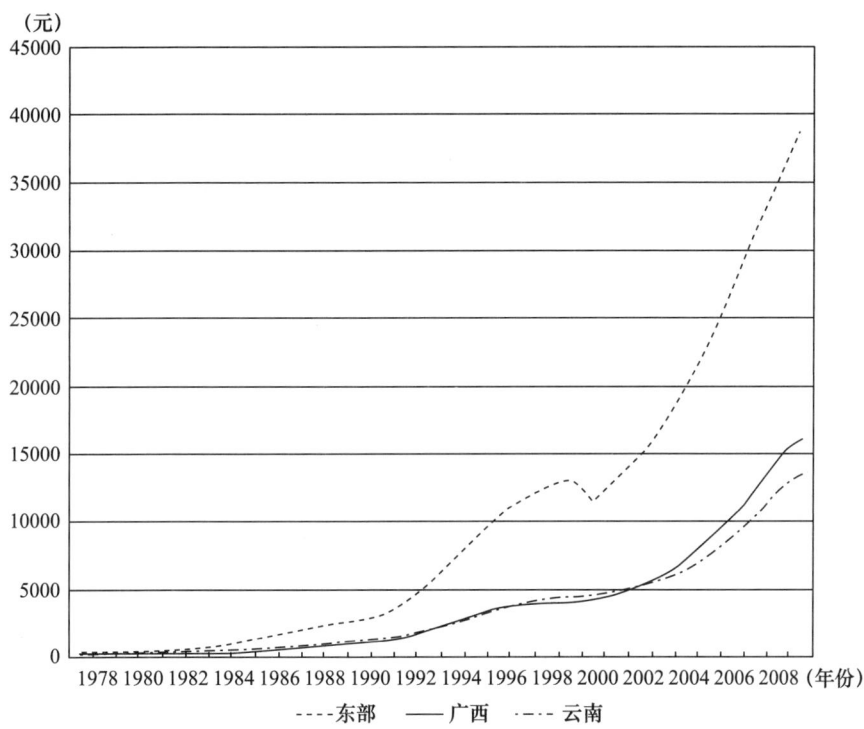

图7-9 1978~2009年广西、云南与东部人均GDP差距

数据来源:历年《中国统计年鉴》。

前面已经指出,优势叠加对经济追赶的效应要从纵横两个方面进行衡量:从纵向衡量,是看欠发达地区的发展是否比以前更快;从横向衡量,是看欠发达地区是否缩小了与发达地区的差距;其中最关键的是看地区差距是否缩小或是否相对固化。因为,经济追赶的最终目标是赶上发达地区或缩小与发达地区的差距,但就某个阶段性的目标来说,要追求的是固化与发达地区的相对差距,不让差距再扩大。

面对叠加优势,如果桂滇的经济增长速度比以前更快,但与发达地区的差距却扩大了。这表明,叠加优势的经济增长效应,或叫叠加优势的经济追赶效应,只达到次优层级,只是一种次优效应,还没有达到最大化或最优这个层级。至于其背后的原因,从不同角度考察,会有不同的表现。基于优势叠加、优势冲突与反冲突这个研究视角,叠加优势冲突与反冲突不足乃是重要原因。

第八章 民族地区经济追赶中叠加优势冲突的桂滇比较

叠加优势没有使桂滇的经济追赶取得最优效应,只是收到次优效应。就本书研究视角来说,叠加优势冲突与反冲突不足乃是重要原因。虽然各种优势都存在着可以促进桂滇经济追赶的机制,但这不意味着不存在优势冲突。基于桂滇之间利益差异、各优势的性质与作用机理差异等,存在优势冲突乃是一种客观现象。至于原有的桂滇反优势冲突状况如何?这属于下一章分析的主题。

第一节 桂滇叠加优势冲突的种类及关系

桂滇叠加优势冲突也可以分为两种类型,一种是优势之间的冲突,即优势间冲突;一种是省际冲突,即优势的主体间冲突。

桂滇叠加优势背景下的优势间冲突是指桂滇经济追赶中出现的西南大通道建设、大湄公河次区域合作、西部大开发、中国—东盟自贸区构建、泛珠合作之间所存在的差异性、不兼容性甚至相互排斥。

桂滇叠加优势背景下的省际冲突,或主体间冲突,是指随着西南大通道建设、大湄公河次区域合作、西部大开发、中国—东盟自贸区构建、泛珠合作的出现与推进,而导致桂滇之间出现分歧、不良竞争甚至相互排斥。

从静态看,桂滇叠加优势背景下的优势间冲突和省际冲突是同一事物——优势冲突的两个不同侧面与两种不同表现形式,相互间密不可分。从单个来看,南昆铁路与西南大通道建设、大湄公河次区域合作、西部大开发、中国—东盟自贸区构建和泛珠合作都可以通过其特有的机制而成为桂滇经济追赶的优势。但从联系的角度看,由于每个优势的特点和作用机制各异,这既会导致优势之间可能出现不兼容或排斥,也会导致桂滇及其内部区域之间也出现非合作博弈、恶性竞争或是冲突。基于此，客观上需要对叠加优势进行组织协调。由于认识、能力和利益等方面存在差异，有关主体在对存在冲突可能性的叠加优势进行组织协调时，又会产生新的冲突——引致性优势冲突。从这个意义来说，优势间冲突和省际冲突往往密不可分。

从动态看，桂滇叠加优势背景下的优势冲突会随着优势叠加进程的推进而不断尖锐化、复杂化。当叠加优势在数量上处于比较简单状态时，或者当优势叠加进程还处于早期阶段时，优势冲突往往比较简单，然后才变得尖锐化、复杂化。

第二节　历史视角的桂滇叠加优势冲突分析

一、西南大通道建设与桂滇优势冲突

1990年，国务院决定由中央投资兴建南昆铁路，打造一条我国西南通往东南沿海地区和海外的大通道和便捷通道。同年12月24日南昆铁路东段开始动工建设，西段则于一年后开工建设。南昆铁路西起云南省会昆明，东至广西首府南宁，中间经过贵州省。铁路经过云南的富源、罗平、师宗、陆良、路南、宜良、呈贡等县市，以及广西的隆安、平果、田东、田阳、百色、田林等县市。这是改革开放12年来由中央发起和直接投资、牵涉省份最多（桂滇黔三省）的最大国家项目，当时还没有其他同时牵涉三个省以上的同类国家投资大项目和省际大项目，大湄公河次区域合作也没有开始动议。因此，桂滇在南昆铁路建设中既不会直接存在地缘冲突，在投资上也不应该直接发生重大的省际冲突。有学者对此也持类似观点。[1]

但是，基于地理位置的差异，如果南昆铁路建成，原有的省际竞争格局将发生改变。在今后的西南地区省际竞争中，广西要比云南拥有更加突出的比较优势；在今后的桂滇竞争中，广西也拥有更强的比较优势。南昆铁路不仅让桂西北地区拥有一条通往我国东南沿海地区和海外的便捷大通道，而且还会让广西变成我国西南地区走向我国东南沿海地区和海外的便捷大通道和主要出海口，真正形成面向东南亚、背靠大西南格局。南昆铁路只是让云南拥有一条经贵州、广西通往我国东南沿海地区和海外，比以前更便捷的通道。即就桂滇之间来说，以南昆铁路为主干的西南大通道建设使广西的比较优势——区位优势和通道优势获得相

---

[1] 刘丽琼. 南昆铁路与云南的发展[J]. 思想战线, 1999（2）.

对强化，云南的相对优势则没有获得同样的提升。

二、大湄公河次区域合作与桂滇优势冲突

南昆铁路建设启动两年、南昆铁路西段开工建设一年后，即1992年10月，亚洲开发银行发起大湄公河次区域合作。大湄公河次区域合作是以具体项目合作为主导，推动六个成员国在交通、能源、通信、经贸与投资、旅游、环境与自然资源管理、农业、人力资源开发、禁毒九大领域进行合作。

就中方的立场与主要利益诉求来说，开发大湄公河国际航运和建设经云南通往东南亚的陆路，打通我国西部经云南通往东南亚的南向大通道，是大湄公河次区域合作的首要预期目标。在第一次大湄公河次区域合作部长级会议上，我国提出的是以"一条铁路，两条公路，一个机场"建设为主要内容的合作建议。

在南向大通道建设的国际合作中：①水路方面，1991年起，中、老、缅、泰四国开始利用大湄公河开展双边试航运输。1992年后，云南省与老、缅、泰合作组织了云南景洪至老挝琅勃拉邦间国际航道的丰水期、中水期和枯水期联合考察，并多次载货试航。1994年和1997年，中国分别与老挝和缅甸签订了《澜沧江—湄公河客货运输协定》。2000年4月，中、老、缅、泰四国在缅甸大其力市签署了一项四国商船航运协定。一年后的6月26日，四国商船正式通航。②在陆路方面，1997年4月，滇越铁路客货列车开始恢复运行；1998年6月，河内至昆明的内昆铁路建设全线开工。

如果大湄公河国际航运全部开通和云南通往东南亚的公路铁路全部打通，这个南向大通道将成为云南和其他部分西部省区走向东南亚的新捷径，途经广西的南昆铁路、西南大通道则不再是云南和其他部分西部省区走向东南亚的唯一捷径或有效通道。为此，大湄公河次区域合作和南向大通道建设，对加快云南经济追赶无疑具有更重大的意义，对广西则不然。因此，以西南大通道与南向大通道之间的竞争与冲突为表现形式的优势冲突就不可避免。

表现在优势间冲突方面，就云南来说，优势间冲突已经发生。大湄公河次区域合作是一种跨国性质的区域合作，1995年以前属于营造互信阶段，各方在此阶段主要是就合作的基本问题进行讨论磋商，营造区域合作的互信氛围；1995年后开始启动一些合作项目，比较全面的合作则是在亚洲金融危机结束之后；2002年11月以前，大湄公河次区域合作的最高领导组织与协调机制是部长级会议，2002年11月升级到国家领导人会议层次。南昆铁路东段工程是在发起大湄公河次区域合作的前两年（即1990年12月）开始动工，地处云南境内的南昆铁路西段工程是在大湄公河次区域合作启动的前一年（即1991年12月）开始动工，直到1997年南昆铁路才全线建成通车，南昆铁路建设与大湄公河次区域合作推进在时空上并存了 6 年时间。大湄公河次区域合作的不确定性、复杂性要远远大过南昆铁路建设。在这种背景下,以南昆铁路为代表的西南大通道建设与以大湄公河次区域合作为代表的南向大通道建设,孰轻孰重、孰缓孰急?实际工作中如何抉择、处理与推进?这无疑是个必然存在分歧与冲突、云南必须面对的现实问题。

就广西来说,虽然没有出现类似云南那样的优势间冲突,但优势间冲突也已经显现。大湄公河次区域合作的兴起,会使我国大西南与东南亚之间同时存在两个通道——西南大通道和南向大通道,交通运输等商流、物流、资金流会因此而出现分流,云南和其他部分西部省区与东南亚的交往今后可能会更多地选择南向大通道这个捷径,而放弃西南大通道。这样一来,西南大通道作为广西拥有的比较优势,就会因此而受到一定程度的削弱,或者说,西南大通道给广西带来的比较优势就会因此而受到一定程度的削弱。① 中央后来决定让广西从 2005 年起与云南一道代表我国具体参与大湄公河次区域合作,享受大湄公河次区域合作所可能带来的各种益处。我们认为,这种制度安排无法消除南向大通道建设对广西所带来的负影响。显然,大湄公河次区域合作与西南大通道建设作为广西经济追赶的两大优势,它们发生冲突已经不可避免。

优势冲突表现在省际冲突方面,冲突也不可避免。2005 年以前,云南是代表我国参与大湄公河次区域合作的唯一省份,广西是 2005 年后才与云南一道代表我国具体参与大湄公河次区域合作。桂滇不是两个相邻的省区,不会在大湄公河次区域合作中直接发生地缘冲突。但桂滇会因此而产生新的省际冲突:基于自身利益和比较优势,桂滇在围绕西南大通道建设和南向大通道建设的合作与推进上必然发生分歧甚至矛盾。在西南大通道和南向大通道这两条通道建设中,广西会更重视前者,希望进一步做强做大西南大通道;云南则更重视后者,渴望尽快建成南向大通道;这种意愿分歧会同时表现在工作议程和实际行动上。

西南大通道建设使广西比云南拥有更突出的比较优势和更大的比较收益:如果西南大通道建成,广西不仅地处西南地区通往我国东南沿海地区和海外的通道位置上,而且还是西南地区最便捷的主要出海口之一,广西会形成"面向东南亚、背靠大西南"格局,广西最有可能成为西南大通道建设的最大受益者。

在大湄公河次区域合作中,相对于广西来说,云南拥有更突出的比较优势和更大的比较收益。云南不仅最有可能首先成为大湄公河次区域合作的受益者,而且还最有可能成为大湄公河次区域合作的最大受益者。就流域来说,大湄公河是从云南进入缅甸,然后穿越老挝、泰国、柬埔寨,最后从越南胡志明市南部汇入

---

① 广西发展研究中心、广西社会科学院、广西商务厅联合课题组在《建立中国—东盟自由贸易区给广西带来的机遇、挑战及其应对措施研究》中也持类似观点,认为"南昆铁路和广西出海大通道将受到严重挑战"。http://www.gx-info.gov.cn,2004 年 7 月 27 日。

南海，即在大湄公河次区域合作的区域中，如果以大湄公河为媒介，只有云南直接与缅、老、泰、柬、越相邻，云南拥有绝对的比较地缘优势。就陆地来看，云南与缅甸、老挝、越南三国相接，广西仅与越南接壤。这意味着，通过大湄公河次区域合作，将大湄公河国际航运开通和云南通往东南亚的公路铁路打通，这个南向大通道将成为云南和其他部分西部省区走向东南亚的新捷径，而不必走经广西的西南大通道。云南就会由此而成为我国部分西部省区便捷地走向东南亚的南大门、南向通道，就会由此而形成"面向东南亚、背靠西部"新格局。

从大湄公河次区域合作的进程来看，云南比广西拥有更突出的比较优势和更大的比较收益，这已经初步显现出来。一是云南已经搭建了实施合作的组织体系与机制。除了已经成立专门的协调小组和办公机构，云南与老挝和泰国已经建立了"云南—老北"、"云南—泰北"合作机制，与越南搭建了"两廊一圈"合作机制，并举行了多次会议。二是交通方面，昆曼公路高等级路面改造已经完成；昆明—仰光公路、昆明—河内公路云南境内段高等级公路已经顺利通车。中国西南进出境铁路东线玉溪—蒙自段已建成通车。三是能源合作方面，自2004年9月起云南通过110千伏输电线路已经成功地实现了向越南老街送电，云南文山至越南河江110千伏送电项目在2005年6月底正式开始送电运行，"云电送越"220千伏电网计划在2006年底已经启用，云南与缅甸已经签署了《合作开发境外电力资源意向书》。

这种以通道之争和通道冲突为形式的省际竞争与冲突实质上是一种区域之间的利益冲突。

相对于后面来说，此时的优势冲突，不管是优势间冲突，还是省际冲突，都处于比较简单、不激烈的状态。

三、西部大开发与桂滇叠加优势冲突

1999年底，中央启动西部大开发战略，以加快西部地区发展。西部大开发政策作为中央专门针对西部12个省区市的制度供给，在西部12个省区市中无疑具有共享性，广西、云南等西部12个省区市在西部大开发政策的利用上具有同等的地位和权利。这意味着：

一是随着西部大开发的启动，桂滇之间及桂滇内部展开新的一轮省际竞争就不可避免。如果一个地区能够用好、用足、用活西部大开发政策，必会出现一轮新的发展过程或者加速发展的过程。从改革开放的经验教训来看，加速发展是解决各种问题的最好手段和途径。用好、用足、用活西部大开发政策的一个重要条件是各省的创造性。如果把创造性的程度控制得当，这种省际竞争就属于一种合理、有效的竞争；如果创造性被滥用了，造成的就是一种不正当的省际竞争。

二是面对中央的西部大开发政策供给,广西、云南在西部 12 个省区市中都不占有比较优势,但这种政策供给会使原有的省际冲突尖锐化、复杂化。例如,在西南大通道和南向大通道这两条通道建设中,既然广西更重视前者,云南是更重视后者,那么,桂滇各自充分应用西部大开发政策来达到上述目标,这是合理和理性的。但这样做无疑会使桂滇间的原有冲突变得更加尖锐。如果协调不当,一些原有的省际冲突还有可能会演变为恶性竞争。西部大开发会因此而成为加剧原有省际冲突的一个新因子。

因此,虽然西部大开发政策可以适用于推进西南大通道建设、大湄公河次区域合作,反之亦然,虽然西部大开发与西南大通道建设、大湄公河次区域合作相互间不会直接发生激烈的冲突,但是,西部大开发会使原来的优势间冲突和省际冲突复杂化、尖锐化。前面已经指出,在西部大开发启动之前,云南在西南大通道建设与南向大通道建设的选择中,孰轻孰重、孰缓孰急?这是个存在分歧的难题。西部大开发推出后,在西部大开发、西南大通道建设、南向大通道建设的选择中,三者孰轻孰重、孰缓孰急?这将成为桂滇面临的新难题。

四、中国—东盟自贸区构建与桂滇叠加优势冲突

2001 年 11 月,我国和东盟一致同意在 10 年内建成中国—东盟自贸区,并授权相关部门尽早启动自由贸易协定谈判。2002 年 11 月我国和东盟签署了《中国与东盟全面经济合作框架协议》,正式启动中国—东盟自贸区建设进程。

从省际冲突方面看,桂滇之间的省际冲突与竞争由此进入新格局。

(一)桂滇出现了新的地缘冲突和角色冲突

在中国—东盟自贸区建设过程中,桂滇以其独特的地理位置都有可能成为中国与东盟经贸往来最主要的门户、通道、连接点和平台,进而最有可能成为中国—东盟自贸区建设的最大受益者。这也是桂滇的希望所在。广西地处我国华南经济圈、西南经济圈与东盟经济圈的结合部,地处中国—东盟自贸区的中心地带,地处中国与东盟经贸交往的通道、门户、桥头堡位置上,是中国唯一与东盟既有陆地接壤又有海上通道的省区,地缘竞争优势明显。我国东部、中部部分省市经广西通往东盟国家可以因此明显地缩短里程、降低运输成本、提高效率。云南也地处中国—东盟自贸区的中心地带,地处中国与东盟经贸交往的通道、门户、桥头堡位置上,云南与东盟成员国越南、老挝、缅甸三国接壤,通过澜沧江—湄公河还与泰国、柬埔寨相连,是中国连接东盟国家最便捷的陆上通道之一,也具有明显的地缘竞争优势。如果我国部分内陆省区市使用经云南通往东盟国家的这一南向通道,也可以缩短运输里程、降低运输成本和提高运输效率。基于此,广西和云南不仅都想争当中国与东盟经贸往来的通道、门户、桥头堡和平

台，而且还会不可避免地发生冲突。

在我国改革开放进程中，广东凭借先试先行一步而一跃成为我国发达省和经济大省，这个经验一直受到其他省区市的关注和重视。在此背景下，桂滇肯定都希望自己能够在中国—东盟自贸区建设进程中先试先行一步，比其他省区市先行一步将自己建成中国与东盟经贸往来最主要的门户、通道、连接点和服务平台，成为中国—东盟自贸区建设最早的受益者和最大的受益者。为此，桂滇各级政府不仅大造声势、急调策略和纷纷推出优惠政策，组团到东盟国家、中国香港和澳门及国内其他部分省区市推介自己的区位优势及相关优惠政策，希望对方到本地建立针对中国—东盟自贸区的办事机构、物流基地等，而且还积极进京以争取中央在政策、资金、项目等方面给予倾斜性支持。

例如，经过充分的调研和准备，云南省全面参与中国—东盟自贸区建设的行动计划并于2002年10月正式出台和全面启动。行动计划的主要内容是：加快建设"五大通道"，构筑"五大平台"，全面推进六大产业合作。五大通道是：交通通道、贸易通道、产业通道、生态通道、友好通道。"五大平台"是信息平台、贸易平台、金融平台、人力资源开发平台、公共事务平台。六大产业合作是：农业开发合作、烟草产业合作、能源开发合作、矿业开发合作、旅游业开发合作、劳务交流合作。建设交通通道是要通过加快公路、铁路、航空、水运等交通基础设施建设，把云南建成"东连黔桂通沿海，北经川渝进中原，南下越老达泰新，西接缅甸连印巴"的国际大通道，为中国与东盟各国不断扩大经贸往来奠定坚实基础。建设贸易通道是要在云南与东盟国家间形成通畅快捷的物流、人流、信息流、资金流，创造贸易与投资便利条件，提升贸易的规模和层次。建设产业通道是要实现云南与东盟特别是与周边国家产业和产品开发的跨区域、跨国合作，提高双方的经济层次和产业水平。建设生态通道是要使区域内资源、环境、人口实现可持续协调发展，为中国—东盟自贸区建设提供良好的生态环境。建设友好通道是要在云南省与东盟国家中共建友好城市、友好纪念馆、友谊学校、友好医院、标志性建筑等，扩大民间交往。构筑信息平台是要使云南成为中国与东盟各国合作的重要信息汇总中心、信息沟通的门户、数据通信网络的转接点及通信枢纽，为自贸区的建设提供完善的信息服务。构筑贸易平台是要为自贸区内各国开展贸易活动提供服务，逐步把云南建成我国和东盟各国商品交易的中心，为我国内地和东盟国家的相关企业、商家创造相互了解、交流和合作的机会，提供贸易洽谈和交易的场所。构筑金融平台是要建立云南与东盟国家之间实用、安全、便捷、互惠互利的资金流动和银行结算体系，最终形成以昆明为中心，辐射东盟、东亚乃至全球的多元化、多层次、多功能的现代化电子金融平台。构筑人力资源开发平台是要抓紧昆明大学城的建设，筹建湄公学院昆明分院，落实昆明国际教育基地和人力资源开发中心项目，加快培养、培训和引进适应自贸区建设需要的语言、贸易、管理、法律等人才。构筑公共事务平台是要充分发挥昆明独特、良好的区位优势，将昆明建成执行中国与东盟合作框架的组织机构的常设地和东南亚、南亚区域国际组织永久性机构的常驻地。[①]

后来，即2003年，中央决定让作为中国—东盟自贸区建设重要组成部分的中国—东盟博览会由广西永久性承办，且从2004年起每年举办一次。广西由此获得了建成中国与东盟经贸往来主要的门户、通道、连接点和平台的先机和比较优势，云南则因此而面临新的挑战。在确定举办中国—东盟博览会之前，我国西南地区五省区与东盟集中进行商贸交流的平台是中国昆明出口商品交易会。昆交会1993年开始举办，此后每年举办一次，地点是云南省会昆明市。

（二）原有的省际冲突和利益竞争变得更加尖锐和复杂

云南借此契机将加大南向大通道建设的力度，更加专注于南向大通道建设，放更多的时间、精力、资金等要素到大湄公河次区域合作，加快大湄公河次区域合作与中国—东盟自贸区建设进行整合的速度与力度。广西则开始专注于以中国—东盟博览会为平台和中心去整合其他相关优势，借此机会突破和提升西南大通道，以此进一步提高广西的比较优势与比较利益。

从优势间冲突方面来看，以西南大通道与南向大通道之间的竞争与冲突为表现形式的优势冲突也由此发生了变化。就云南来看，大湄公河次区域合作与中国—东盟自贸区建设的融合将开始加快，全力推动云南的南向大通道建设，西南大通道建设则可能面临边缘化。就广西来看，广西的通道定位将开始发生变化，不再局限于充当西南地区通往我国东南沿海地区和海外的通道和出海口，而是要将广西扩建成中国与东盟经贸往来主要的通道、门户、连接点和平台，西南大通道建设也有可能面临边缘化。

至此，随着中国—东盟自贸区构建的出现，桂滇叠加优势背景下的优势冲突就从原来的西南大通道与南向大通道之间的竞争与冲突演进成桂滇都想充当中国东盟经贸往来主要通道、主要门户、主要连接点和主要平台的较量与冲突。

五、大湄公河次区域领导人会议后的桂滇叠加优势冲突

2002年11月，即亚洲开发银行吹响大湄公河次区域合作号角10年后，召开了第一次大湄公河次区域领导人会议，会议批准了由第11次部长级会议提交的大湄公河次区域未来十年发展战略框架，大湄公河次区域合作由此步入一个新的阶段。大湄公河次区域合作的不确定性因此而下降，建成经云南走向东盟的南向

---

① 云南省人民政府办公厅. 云南参与中国—东盟自由贸易区建设实施意见［Z］. 2002-10-15.

大通道也因此而减少了不确定性。

导致建成经云南走向东盟的南向大通道的不确定性减少，其中另一个重要原因是相关基础设施建设尤其是交通运输建设获得了推进。在第一次大湄公河次区域领导人会议召开以前，除内昆铁路已于 1998 年 6 月全线开工外，一些路段已经建成高速公路，例如，昆明—水富—四川公路之昆明至嵩明的 45 千米路段已经建成高速公路；昆明—胜境关—贵州公路之昆明至曲靖 130 千米路段已建成高速和半幅高速公路。随后中越两国在 2004 年 7 月提出了合作建设"昆明—老街—河内—海防"、"南宁—谅山—河内—海防"两个经济走廊和"环北部湾经济圈"。

从省际冲突来看，这意味着，云南基于其独特的地理位置想将自己建成中国与东盟经贸往来主要的门户、通道、连接点和平台，大湄公河次区域合作为云南提供的比较优势从此开始发生重大变化——条件变得更加成熟，云南从此应该更加积极和更加专注于南向大通道建设；中国—东盟博览会落户广西给云南在中国—东盟自贸区建设进程中带来的挑战，会因此而获得一定程度的化解和弥补。如果经云南的这条中国—东盟南向大通道建成，我国大西南和其他部分西部省区不仅可以直接通过这条通道走向东南亚的柬、老、缅、泰、越等国家，而且其距离要比走南昆铁路经广西进入东盟还要近。广西则因此而将面临新的挑战或陷入新的被动：广西"面向东南亚、背靠大西南"格局将面临大西南这个"靠背"消失的危险。如果没有了大西南作为靠背，西南大通道就面临变成"空道"的威胁，广西作为大西南出海口就有可能面临出口货物锐减的考验，广西承办的中国—东盟博览会也会因此而受到冲击。即省际冲突在第一次大湄公河次区域领导人会议之后变得更加尖锐复杂。

从优势间冲突看，优势冲突也在第一次大湄公河次区域领导人会议之后变得更加尖锐复杂。从云南角度来看，大湄公河次区域合作和南向大通道建设的迫切性和重要性增强了，南昆铁路、西南大通道的价值出现了相对的弱化。与此相对应，南昆铁路、西南大通道作为广西拥有的比较优势，受到了一定程度的削弱，西南大通道的地位和价值将因此而弱化。

云南已经有人对此表达了这种担忧。①

六、泛珠三角区域合作与桂滇叠加优势冲突

2004 年 6 月正式启动泛珠合作，桂滇都是成员。

与云南相比，广西与大珠三角地区拥有更好的地缘关系和人文关系。广西毗

---

① 王敏正. 大湄公河次区域合作情况及云南的地位和作用 [J]. 珠江经济，2006（8）；秦成逊，周惠仙. 桂、滇区位优势竞争比较研究 [J]. 经济问题探索，2008（8）.

邻粤港澳,具有接受大珠三角地区辐射和产业转移的"近水楼台先得月"优势。泛珠合作为广西实现近水楼台先得月创造了契机与条件。以此作为基础,泛珠合作将推动广西壮族自治区际合作的注意力和重心东移,广西会借助泛珠合作来推进广西建成中国与东盟经贸往来主要的门户、通道、连接点和平台。大珠三角地区是广西周边唯一有能量对广西进行辐射的地区,也是广西最大的资源储藏地,大珠三角地区可以提供广西所缺乏的资金、技术、人才、信息、管理、市场等,广西与粤港澳有很强的互补性与吸引力。改革开放最初的十几年,珠三角地区成功地利用"近水楼台先得月"优势承接了港台的产业转移,在中国率先进入工业化阶段。现在随着劳动力、土地等成本的不断提高,珠三角地区面临产业转型升级的压力越来越大,迫切需要将部分产业转移出去。广西在承接大珠三角产业转移没有取得重大成功以前,无法担当起大珠三角地区西向拓展的中介。

对云南来说,按大珠三角→广西→云南这个路径来坐等大珠三角地区的经济辐射和产业转移,显然不是其参与泛珠合作的初衷与追求。因此,云南必须在地理空间上越过广西,用独特的方法来实现与大珠三角地区的合作,以此来推进云南的门户、通道、连接点和平台建设。

在这种背景下,泛珠合作会推动两广的省际合作和滇粤的省际合作变得更加密切;基于自身利益,桂滇之间的省际合作发展则不会自然而然地出现这种变化,出现非合作博弈的可能性,或者出现务虚性质的合作博弈的可能性会增大。

七、广西参与大湄公河次区域合作后的桂滇叠加优势冲突

中央决定广西从 2005 年起正式与云南一道代表我国具体参与大湄公河次区域合作。

从优势间冲突角度看,前面已经指出,大湄公河次区域合作兴起后,我国大西南与东南亚之间将增加一个通道——南向大通道,云南和其他部分西部省区与东南亚的联系会选择走南向大通道这个捷径,而放弃走西南大通道,西南大通道作为广西拥有的比较优势将因此受到一定程度的削弱。中央让广西从 2005 年起正式与云南一道代表我国具体参与大湄公河次区域合作,试图让广西也从中获得收益。但是,由于云南拥有绝对的比较地缘优势,以至于即使广西与云南一道代表我国具体参与大湄公河次区域合作,这对广西西南大通道优势的补偿作用仍有限,对强化广西对其他优势的利用也有限。

从省际冲突角度看,中央让广西从 2005 年起正式与云南一道代表中方具体参与大湄公河次区域合作,会使桂滇产生新的省际冲突:基于自身利益,桂滇不仅会在大湄公河次区域合作中发生分歧甚至矛盾,而且在围绕西南大通道建设和南向大通道建设的推进与合作中也会发生分歧和矛盾。因为在西南大通道和南向

大通道这两条通道建设中，广西的最优选择是重视前者，后者则是云南的首要选择。

桂滇叠加优势背景下的通道之争与通道冲突，或者桂滇都想充当中国与东盟经贸往来主要通道、主要门户、主要连接点和主要平台的较量与冲突。这可以在一些人的观点中直接或间接地感受到。①

第三节　理论视角的桂滇叠加优势冲突分析

前面已经指出，每一种优势都存在可以促进桂滇经济追赶的机理，如果利用得当，叠加优势会产生"1＋1＞2"的效应。但从桂滇叠加优势的差异性来看，它们之间又存在着不兼容或排斥的性质，叠加优势发生冲突不可避免。

一、从优势供给的类型差异看桂滇叠加优势冲突

从优势需求主体在优势供给的地位看，优势供给可分为外部供给型优势和内部供给型优势。

为了实施经济追赶目标，桂滇对优势存在着强烈的需求，都是优势的需求者。与此同时，桂滇又有可能成为优势的供给者——利用自己掌握的权力和其他资源，为本省区的经济追赶创造优势供给。除了桂滇外，其他主体，如我国中央政府、其他省市区和国际组织等，也有可能成为桂滇经济追赶的优势供给方，如中央让广西或云南享受某种优惠的发展政策，某一发达省市在某个时期对广西或云南经济发展实施全方位的大力帮助，等等。

在桂滇叠加优势格局中，对桂滇来说，西南大通道建设、大湄公河次区域合作、西部大开发和中国—东盟自贸区构建都属于外部供给型优势，泛珠合作属于内部供给型优势，或叫准内部供给型优势。

很早以前就有人提出要兴建南昆铁路，②但受投融资等众多因素约束，兴建南昆铁路在1990年以前仅是一种梦想或设想。修建南昆铁路决策是中央在1990年作出的。中央政府不仅是兴建南昆铁路的决策者，而且还是南昆铁路的直接投资人。南昆铁路的所在地桂滇黔三省区只是中央决策的执行人。从项目立项、规划到建设推进，中央在整个西南大通道建设中始终处于主导地位。因此，对桂滇

---

① 乔新民. 抓住中国—东盟自由贸易区建设机遇　促进云南水运通道快速发展［J］. 珠江水运，2005（1）；王敏正. 大湄公河次区域合作情况及云南的地位和作用［J］. 珠江经济，2006（8）.

② 孙中山于20世纪初就在《建国方略》中提出了类似兴建南昆铁路的设想。

实施经济追赶来说,西南大通道建设优势属于外部供给型优势,中央政府是西南大通道建设优势的供给者。

大湄公河次区域合作是由亚洲开发银行发起和协调,亚洲开发银行对合作项目提供资金和技术支持,我国和其他成员国主要是作为参与方角色出现。桂滇代表我国具体参与大湄公河次区域合作,是由中央指定。因此,对桂滇实施经济追赶来说,大湄公河次区域合作优势属于外部供给型优势,亚洲开发银行是优势的主要供给者。

西部大开发是中央做出的决策,并由中央出台专项政策来推动,桂滇是中央决策的执行者和落实人。《国务院关于实施西部大开发若干政策措施的通知》指出,实施西部大开发战略,加快中西部地区发展,是党中央高瞻远瞩、总揽全局、面向新世纪作出的重大决策。因此,对桂滇实施经济追赶来说,西部大开发优势是一种外部供给型优势,中央是优势的供给者。

构建中国—东盟自贸区是我国政府和东盟十国根据平等互利原则、经过多次平等协商所共同作出的决定。在中国—东盟自贸区建设的推进过程中,我国和东盟十国都是地位平等的参与方。平等互利是我国和东盟十国所要遵守的基本原则和核心精神。桂滇作为中国的两个省区对此没有影响力。因此,对桂滇实施经济追赶来说,中国—东盟自贸区建设优势是一种外部供给型优势,我国政府和东盟十国共同构成优势的供给者。

泛珠合作是由作为成员的 11 个省区共同促成和推进。泛珠合作所要遵守的规章制度也是由这 11 个成员共同制订,中央政府不直接参与。泛珠合作实行自愿参与、开放公平、优势互补、互利共赢的原则。因此,对桂滇实施经济追赶来说,泛珠合作优势属于内部供给型优势或者准内部供给型优势,桂滇是优势供给者之一。

一般情况下,内部供给型优势之间的兼容性最好,协调性也最好,发生冲突的可能性最小,即使发生冲突,也比较容易协调和解决;外部供给型优势之间的兼容性与协调性,以及内部供给型优势与外部供给型优势之间的兼容性与协调性则比较差,更容易发生冲突。这就意味着,桂滇叠加的这几种不同类型的优势之间发生冲突就不可避免。

例如,在四个外部供给型优势和一个内部供给型优势中,哪一个或哪几个优势最为重要?这无疑是个难题。如果说在大湄公河次区域合作出现之前,西南大通道建设对桂滇经济追赶都具有突出的重要作用,那么,当大湄公河次区域合作、西部大开发、中国—东盟自贸区构建和泛珠合作这几个优势供给相继形成后,西南大通道建设与这几个优势的关系如何协调?是齐头并进还是有所侧重?这不仅是个艰难的选择,而且还是个很难协调的问题。

又如，按规定，中国昆明出口商品交易会自1993年起每年举办一次，大湄公河次区域领导人会议自2002年起每3年举行一次，中国—东盟博览会2004年起每年举办一次，泛珠三角区域合作与发展论坛2004年起每年或隔年举办一次。这对桂滇来说，这四者都算得上是一次"盛会"。① 但这意味着，桂滇的经济追赶重点必须围绕此来进行吗？根据安排，2009年的广西既要承办中国—东盟博览会，也要承办泛珠三角区域合作与发展论坛，这两者谁轻谁重？这是一个两难的选择。

从优势供给主体的多元化角度来看，桂滇叠加优势的供给主体是性质各异的不同主体。西南大通道建设优势和西部大开发优势的供给者都是中央政府，大湄公河次区域合作优势和中国—东盟自贸区建设优势则是由国外主体和我国中央政府共同构成供给主体，泛珠合作优势的供给者是由包括桂滇在内的12个省区构成。这些供给主体都有自己独立的利益，并存在利益差异：中央政府首先关注的是全国的整体利益，省级政府的理性选择是最大化地实现本省的利益，由我国政府和国外组织构成的供给主体在不同时空所要考虑的利益主要基于其内部博弈。供给主体的多元化及其利益的差异化，意味着由这些主体供给的优势，相互间不可能自动融合与协调，而是存在着差异与冲突。例如，出于供给主体当时的博弈，大湄公河次区域合作所要达到的主要目的是推进六个成员国在九大重点合作领域进行合作，这种合作对其中多数成员国来说，如柬、老、缅、越，是旨在消除贫困，促进成员国的经济发展，并没有直接涉及桂滇的经济追赶；构建中国—东盟自贸区和开展泛珠合作并不是直接为了帮助桂滇实施经济追赶；西南大通道建设和西部大开发在促进桂滇经济追赶方面表现得更直接。

二、从优势供给的主体差异看桂滇叠加优势冲突

从优势供给的空间来源及主体差异来看，优势还可以分为国内供给型优势、国外供给型优势和国内外综合供给型优势。

在桂滇叠加的优势中，西南大通道建设、西部大开发和泛珠合作属于国内供给型优势，大湄公河次区域合作属于国外供给型优势，中国—东盟自贸区建设属于国内外综合供给型优势。

南昆铁路建设的决策者和投资人是我国中央政府，其属于国内因素和国内主体。南昆铁路建设是西南大通道建设的基础与标志性工程。西南大通道建设的其他配套项目或升级项目，都是在中央和桂滇地方政府的领导下进行。对桂滇实施经济追赶来说，西南大通道建设属于国内供给型优势。

---

① 交易会和博览会举办时，云南和广西当地媒体大多都将自己主办的称为有利当地发展的盛会。

大湄公河次区域合作是由亚洲开发银行发起和协调，并对合作项目提供资金和技术支持，我国和其他成员国属于地位平等的参与方。亚洲开发银行是一个跨国的区域性国际金融机构，独立地进行决策与运作，我国不能、也无法左右亚洲开发银行的决策和行动。我国不能左右大湄公河次区域合作，只能与其他成员国进行平等协商。对桂滇实施经济追赶来说，大湄公河次区域合作属于国外供给型优势，其主要由国外因素和国外主体主导。

西部大开发由中央发起，并由中央出台专项政策来推动。对桂滇实施经济追赶来说，西南大通道建设属于国内供给型优势，其由国内因素和国内主体决定与主导。

构建中国—东盟自贸区是由我国政府和东盟十国共同作出的决定。在中国—东盟自贸区建设进程中，我国和东盟十国都是地位平等的组织者和参与方。对桂滇实施经济追赶来说，中国—东盟自贸区属于国内外综合供给型优势，其由国内外因素和国内外主体共同决定与主导。

共同促成和推进泛珠合作的11个省区都是我国的省级行政单位。对桂滇实施经济追赶来说，泛珠合作属于国内供给型优势，由国内因素和国内主体决定与主导。由于香港、澳门是我国实行"一国两制"的特别行政区，在许多方面被作为境外看待，以至于泛珠合作是一种比较特殊的国内供给型优势——特殊的境内外综合供给型优势。

国内因素与国外因素、国内主体与国外主体的差异化及其利益差异性也同样明显。因此，供给主体的国内外差异及利益多元化，意味着由这些主体供给的优势，相互间也不可能自动融合和协调，而是存在着差异和冲突。

例如，根据国外主体的利益，东盟国家参与构建中国—东盟自贸区，其首先要考虑的是东盟的自身利益以及中国与东盟之间的利益关系，桂滇利益不可能被列入这个层次的考虑范围。根据亚洲开发银行的宗旨，其发起大湄公河次区域合作，并在资金和技术上给予支持，中国利益显然不是其首要考虑的目标，桂滇利益不可能被列入首要考虑的利益范围。中央直接投资兴建南昆铁路、出台优惠政策推动西部大开发，则对推动桂滇经济追赶具有直接性。

在这种背景下，对这些优势进行整合与利用的过程，其实就是一个消除差异和冲突的过程。

三、从优势内涵的差异看桂滇叠加优势冲突

在桂滇叠加的优势中，每种优势都有不同的内涵。

西南大通道建设是要构建一个以南昆铁路为基础和主线，包括陆路、水路、航空等交通设施，将四川、云南、贵州、西藏、广西、重庆西南六省区市连为一

体,实现一体化发展,西南地区连接我国东南沿海地区和海外的立体交通运输网络。

大湄公河次区域合作是以具体项目合作为主导,推进六个成员国在交通、能源、通信、经贸与投资、旅游、环境与自然资源管理、农业、人力资源开发、禁毒九大重点合作领域进行合作,交通运输只是大湄公河次区域合作的一个部分。

西部大开发是通过在金融、项目安排、投资环境、开放合作、人才、科技和教育等方面出台专门的优惠政策来推动西部地区加快发展,其中2001~2010年的重点任务是:加快基础设施建设;加强生态环境保护和建设;巩固农业基础地位,调整工业结构,发展特色旅游业;发展科技教育和文化卫生事业。交通运输只是西部大开发的一个部分。

中国—东盟自贸区建设是要在我国和东盟10国之间实现贸易和投资自由化、便利化。这种自由化和便利化首先是一种制度安排。交通运输只是影响自贸区贸易与投资发展的一种条件。

泛珠合作是推动11个省区在基础设施、产业与投资、商务与贸易、旅游、农业、劳务、科教文化、信息化建设、环境保护和卫生防疫10个领域进行合作。交通运输也只是其中的一个部分。

内容及其主要目标的差异,意味着每种优势都有不同的作用目标和方向,目标与方向的不同往往会导致优势冲突。

交通运输建设作为西南大通道建设、大湄公河次区域合作、西部大开发、泛珠合作都涉及的内容,其可以说是西南大通道建设的全部,但其仅是大湄公河次区域合作、西部大开发、泛珠合作的一个方面。交通运输设施会直接影响到经济发展的速度和效率,但对加快经济发展来说,投资与产业建设的重要性并不亚于交通运输。因此,就西南大通道建设、大湄公河次区域合作、西部大开发、泛珠合作来说,交通运输建设与其他方面建设在决策与实施过程中的冲突,不仅不可避免,而且也不会仅仅停留在差异这种冲突程度。

建设良好的交通运输体系是西南大通道建设、大湄公河次区域合作、西部大开发、泛珠合作都直接涉及的重要内容与目标,但其并不是中国—东盟自贸区建设直接追求的目标。桂滇主要是基于其独特的地理位置而比其他省区更有可能充分利用自由贸易区机制来实施经济追赶,而不主要是借助交通运输建设来促进经济追赶。因此,对于桂滇两省区来说,桂滇叠加优势之间的冲突就不可避免——交通运输至关重要,但又不是唯一。

四、从优势的针对性差异看桂滇叠加优势冲突

以南昆铁路作为基础和主线的西南大通道建设,是中央为了加快包括桂滇在内的我国西南地区发展而起动。西南大通道建设优势的形成对桂滇经济追赶具有鲜明的针对性和自觉性。

大湄公河次区域合作是由亚洲开发银行专门针对由柬、中、老、缅、泰、越六国组成的整个区域合作与发展而发起的。亚行的宗旨是促进亚洲和太平洋地区的经济发展和合作，特别是通过发展援助帮助亚太地区发展中成员消除贫困或加速发展。桂滇先后代表我国具体参加大湄公河次区域合作是中央的决定，大湄公河次区域合作并不是专门针对桂滇经济追赶而形成。因此，大湄公河次区域合作优势的形成对桂滇经济追赶的针对性较弱，此优势在桂滇经济追赶进程中是自发形成的。

西部大开发既是中央专门为了加快西部地区发展而推出的战略举措，也是中央专门为了加快我国少数民族地区发展而推出的战略决策。《国务院关于实施西部大开发若干政策措施的通知》指出，西部大开发的战略目标是，到21世纪中叶，要将西部地区建成一个经济繁荣、社会进步、生活安定、民族团结、山川秀美的新西部。西部地区是我国少数民族的主要聚居地，在西部大开发所包括的12个省区市中，有8个省区为少数民族自治区或享受自治区待遇的省，其中就有桂滇。因此，西部大开发优势的形成对桂滇经济追赶具有鲜明的针对性，桂滇经济追赶进程中所拥有的这个优势是自觉形成的。

构建中国—东盟自贸区的主要目的是在本区域实现贸易和投资的自由化、便利化，以此来推进各国经济发展。《中国与东盟全面经济合作框架协议》的序言和第一条对此已经进行了明确的说明，本协议的目标是：①加强和增进各缔约方之间的经济、贸易和投资合作；②促进货物和服务贸易，逐步实现货物和服务贸易自由化，并创造透明、自由和便利的投资机制；③为各缔约方之间更紧密的经济合作开辟新领域，制定适当的措施；④为东盟新成员国更有效地参与经济一体化提供便利，缩小各缔约方发展水平的差距。因此，中国—东盟自贸区构建优势并不是专门针对桂滇经济追赶和我国少数民族地区经济追赶，桂滇经济追赶进程中所拥有的这个优势并不是自觉形成的。

泛珠合作最早是由广东提出，后经11个省区的共同努力而达成。《泛珠三角区域框架合作协议》指出，根据国民经济和社会发展规划的总体要求，坚持区域协调发展和可持续发展，充分发挥各方的优势和特色，互相尊重，自愿互利，按照市场原则推进区域合作，拓宽合作领域，提高合作水平，形成合作互动、优势互补、互利共赢、共同发展的新格局，拓展区域发展空间，共创美好未来。因此，尽管桂滇参与了泛珠合作形成的决策过程，这个合作却不是专门针对桂滇经济追赶，桂滇经济追赶进程中所拥有的这个优势是自发形成的，或者说，这个优势的自觉性和针对性都弱。

对桂滇经济追赶来说,优势形成的针对性和自觉性对优势作用的发挥及收效有直接影响。如果针对性和自觉性都强,则对经济追赶就属于对症下药。因此,从理论上说,尽管泛珠合作优势的供给主体包含有桂滇,但在西南大通道建设、大湄公河次区域合作、西部大开发、中国—东盟自贸区构建、泛珠合作中,西南大通道建设和西部大开发两优势在桂滇经济追赶进程中应该具有更重要的地位与作用。如果对此处理不当,就会发生程度不同的优势冲突。

五、从国家主权与制度差异看桂滇叠加优势冲突

西南大通道建设是在我国境内、一种社会制度下、由中央统一领导所进行的一项越级建设工程,这就使西南大通道建设的管理与协调都相对容易。

大湄公河次区域合作作为一种跨国的区域性国际合作与开发,涉及柬、中、老、缅、泰、越六个参与国的国家主权,是在多种社会制度、多国政府共同领导下所进行的合作。在合作中,尊重各国主权和各国社会制度是各方都必须严格遵守的原则。这就使大湄公河次区域合作从决策到执行,再到关系协调都具有更大的难度。

西部大开发是在我国境内、一种社会制度下、由中央统一决策部署的区域开发与合作,这就使西部大开发的管理与协调都相对容易。

建设中国—东盟自贸区作为一种区域性国际合作,有11个成员国,涉及多种社会制度和多个国家主权。尊重国家主权和各国社会制度作为各方都必须严格遵守的原则,这就决定中国—东盟自贸区建设具有更大的难度。

泛珠合作是在我国国内、两种社会两种制度下的省际合作。《泛珠三角区域框架合作协议》开篇就指出,按照"一国两制"方针,参与合作的内地省区与香港、澳门开展合作,必须遵守中华人民共和国香港、澳门特别行政区基本法和其他有关法律的规定。这就使泛珠合作的难度要大于西南大通道建设和西部大开发、小于大湄公河次区域合作和中国—东盟自贸区建设。

根据先易后难这一原则,桂滇在叠加优势的利用上也许应该优先考虑西南大通道建设和西部大开发,而将大湄公河次区域合作、中国—东盟自贸区构建放在比较靠后的位置上。但从现实来看,桂滇在叠加优势的利用上并没有一个固定的轻重缓急排序。这种处理,往往伴随着矛盾与冲突。

六、从参与方的发展水平差异看桂滇叠加优势冲突

从主体的发展水平看,西南大通道建设的具体参与方桂滇黔都是欠发达的少数民族地区,是近邻,其地理和自然条件比较相似。因此,桂滇的互补性较弱,同质性和竞争性更强,桂滇合作属于弱弱合作性质的区域合作。

大湄公河次区域合作参与方的经济社会发展水平差异大,强弱合作、弱弱合作并存。在柬、中、老、缅、泰、越六国中,泰国的经济发展水平最高,属于中等或准中等发达国家,柬、中、老、缅、越五国都属于发展中国家,其中柬、老、缅、越四国的发展水平又比中国低。从地缘关系来看,云南与缅甸、老挝、越南三国相接,广西与越南相连。因此,桂滇在大湄公河次区域合作中首先的和更多的是弱弱合作,互补性弱,竞争性强。

西部大开发包括的12个省区在我国都属于经济欠发达地区,桂滇在地理上相邻,区位条件相近,二者的同质性比较强。因此,在西部大开发中,桂滇互补性弱,竞争性强。

参与构建中国—东盟自贸区的11个国家经济水平差异大,既有中等发达国家,如新加坡、泰国等,也有发展中国家。在发展国家中,经济发展水平的差异较大,如中国、柬埔寨、老挝、缅甸等。在中国内部,桂滇属于发展水平最低的层级。从地缘关系来看,云南与缅甸、老挝、越南三国相连,广西与越南毗邻。因此,桂滇在中国—东盟自贸区构建中首先的和更多的是弱弱合作,互补性弱,竞争性强。

泛珠合作是国内的省际合作。在11个成员中,广东、香港、澳门的发展水平最高,其次是海南、福建、江西、湖南、四川,处于发展水平最低层级的是广西、云南、贵州,因此,桂滇既可以与粤港澳实行强弱合作,也可以与其他省实行次强弱合作和弱弱合作。广西的周边是广东、湖南、贵州、云南,云南的邻居是广西、贵州、四川、西藏。基于地缘与历史文化传统,与云南相比,广西与广东、湖南及港澳实行强弱合作的可能性更大,广西在泛珠合作中可以实行更多样化的合作。基于互补性和经济追赶的需要,与粤港澳实行强弱合作都是桂滇的首选。

一般情况下,互补性合作、强弱合作更容易发生与协调。基于此,在优势叠加背景下,桂滇之间不仅在弱弱合作中存在冲突,而且在推进强弱合作中也会存在冲突,其中最主要的表现是桂滇利用叠加优势开展恶性竞争。

七、从优势的受益性差异看桂滇叠加优势冲突

相对于其他省区而言,桂滇无疑都最有可能成为西南大通道建设的首要受益者和最大受益者。但在桂滇中,最有可能首先受益且受益最大的是广西,而不是云南。如果只存在西南大通道建设,桂滇之间的合作会多于竞争,桂滇之间的竞争会更多的是合作博弈,但分歧难免。如何使双方都达到目标最大化?这是分歧的焦点。

对于大湄公河次区域合作来说,云南不仅最有可能首先成为大湄公河次区域合作的受益者，而且还最有可能成为最大的受益者。广西则不然。因此，基于利益驱动，桂滇对大湄公河次区域合作的积极性存在差异是正常的，存在不合作或非合作博弈也不是没有可能的。在西南大通道和南向大通道建设并存条件下，桂滇在大湄公河次区域合作中发生不合作就不可避免，大湄公河次区域合作被广西弱化、西南大通道建设被云南弱化，这也是不可避免的。

在西部大开发中，在中央出台的大开发政策面前，包括桂滇在内的12个省区市的地位都是平等的，都有可能成为西部大开发的最大受益者。为了让自己成为实际的最大受益者，桂滇之间、桂滇与其他省区之间借助这种优惠政策搞竞争甚至是恶性竞争，这既有可能性，也确实发生了。与此同时，西南大通道、大湄公河次区域合作、西部大开发如何协调推进，也成为不可避免的问题这都是优势冲突的表现。

基于独特的地理位置，在我国省级层面，桂滇都最有可能成为中国—东盟自贸区构建的首要受益者和最大受益者。为了让自己成为实际的最大受益者，桂滇之间借助自贸区建设政策搞竞争甚至是恶性竞争，这既有现实的可能性，也确实发生过。与此同时，在叠加优势的冲突与协调中，从西南大通道、大湄公河次区域合作、西部大开发三大优势扩展为四大优势的冲突与协调。

桂滇应该都是泛珠合作的受益者。但为了让自己受益最大化，桂滇在泛珠合作中发生不合作甚至是恶性竞争，这也是不能消除的。与此同时，叠加优势之间的冲突与协调，以及桂滇之间的优势总冲突与协调，就因此而变得更加复杂。

八、从优势作用机理差异看桂滇叠加优势冲突

西南大通道建设依托给桂滇带来投资乘数效应、交通运输网络完善效应、交通运输里程缩短效应、经贸物流通道效应、西南出海口效应，使桂滇最有可能成为西南大通道建设的最大受益者。但基于地缘差异，广西在西南大通道建设中比云南具有更强的比较优势，广西具有更好的通道效应和出海口效应。

大湄公河次区域合作依托给桂滇带来区域合作效应、区域一体化发展效应、项目支持效应，使桂滇最有可能成为大湄公河次区域合作的两个最大受益者。但基于地缘差异，云南在大湄公河次区域合作中比广西更具比较优势，我国西部通向东南亚的南向通道效应主要由云南独占。南向通道是云南和其他部分西部省区走向东南亚的捷径，西南大通道则因此而不再是云南和其他部分西部省区走向东南亚的唯一有效通道，广西在西南大通道中的比较优势因大湄公河次区域合作而受到一定程度的冲击或削弱。

西部大开发依托给西部12个省区市带来产业扶持、金融支持、项目人才支撑、政策倾斜，使12个省区市平等地享受中央的大开发政策，进而促使各自经济快速发展。从中央对政策的设计来看,西部大开发对桂滇经济追赶的作用机理是一样的。但是,为了使自己的受益最大化,广西和云南的首要选择无疑都会借助西部大开发来强化自己的比较优势、弱化竞争对手的比较优势。

基于区位条件,桂滇在中国—东盟自贸区构建中拥有其他省区市不能相比的系列优势:桂滇成为中国东盟经贸交往主要的通道、门户、桥头堡和平台,最有可能成为中国—东盟自贸区重要的物流中心、经贸中心和生产基地,最有可能成为中国—东盟自贸区的首要受益者和最大受益者。但是,广西的这类优势主要是借助西南大通道体现与实现,云南的这类优势主要是借助南向大通道体现与实现,这种机制差异会加剧桂滇之间的分歧与不良竞争,其中就包括优势冲突。

基于互补性,泛珠合作使桂滇的经济追赶形成新的优势——12省区区域合作与一体化发展优势,依托与粤港澳等发达省区的区域合作与一体化发展,推动桂滇加快发展。但基于地缘与历史文化差异,广西与粤港澳实行区域合作和一体化发展的可能性更大,效果可能也会更好,桂滇合作可能会因此而受到冲击。

就优势对广西实施经济追赶的作用机理看,西南大通道建设、西部大开发、中国—东盟自贸区构建、泛珠合作四大优势之间发生冲突的可能性较小,四大优势与大湄公河次区域合作之间存在冲突的可能性则比较大。对云南实施经济追赶来说,相互间存在冲突的可能性比较小,大湄公河次区域合作、西部大开发、中国—东盟自贸区构建的三大优势与泛珠合作、西南大通道建设发生冲击的可能则比较大。

第四节 桂滇区域竞争关系与叠加优势冲突

前面第四章第五节的分析已经指出,从西部12个省区市这个大空间来看,1978~2006年桂滇之间存在的是一种区域竞争关系,此时选择宁夏作为分母。

现在将考察空间缩小为西南六省区市。以此为背景,看一看桂滇之间是否仍属于区域竞争关系。如果是,则表明优势叠加背景下,桂滇之间仍处于一种区域竞争关系。

表8-1和表8-2是西南六省区市DS模型的估计结果和参数估计值的符号,选择贵州作为分母。Dendrinos - Sonis 模型的处理结果显示,参数估计值都是负数。

表8-1和表8-2表明,1978~2006年,不仅桂滇与其他西南四省区市之间处于竞争关系,而且桂滇之间也处于区域竞争关系。这意味着,叠加优势冲突除

了表现为优势之间的冲突,还表现为省际冲突——桂滇之间的冲突,这有客观基础和历史基础。叠加优势冲突会因桂滇之间这种区域竞争关系而被放大,桂滇之间的区域冲突也会因优势叠加与优势冲突而被放大。

表 8-1 1978~2006 年西南六省区市 D-S 模型估计结果(以贵州作为分母)

	广西		重庆		四川		云南		西藏	
	估计值	p 值	估计值	p 值	估计值	p 值	估计值	p 值	估计值	p 值
常数项	-87.611	0.0958	-24.373	0.453	-52.152	0.062	-89.56273	0.005	-159.1	0.056
广西	-8.0448	0.1235	-2.3664	0.465	-5.1848	0.063	-9.019768	0.005	-15.792	0.057
重庆	-8.0983	0.1187	-1.2627	0.693	-4.6736	0.089	-8.456658	0.007	-14.906	0.069
四川	-24.076	0.0926	-6.8402	0.439	-14.335	0.06	-24.71004	0.004	-41.646	0.065
贵州	-6.4308	0.0623	-2.3741	0.265	-3.8757	0.035	-6.332384	0.003	-11.029	0.042
云南	-9.5863	0.0923	-2.6767	0.446	-6.0087	0.048	-9.048342	0.008	-17.839	0.048
西藏	-1.026	0.0636	-0.3851	0.26	-0.6087	0.039	-1.05728	0.002	-1.2132	0.153
R^2	0.91606		0.96295		0.92399		0.936622		0.84928	

表 8-2 西南六省区市 D-S 模型参数估计值符号

	广西	重庆	四川	贵州	云南	西藏
广西	—	—	—	—	—	—
重庆	—	—	—	—	—	—
四川	—	—	—	—	—	—
贵州	—	—	—	—	—	—
云南	—	—	—	—	—	—
西藏	—	—	—	—	—	—

注:"-"代表竞争,"+"代表互补。

第九章　民族地区经济追赶中反优势冲突的应对机制及改进

优势冲突会影响到优势叠加的经济追赶效应，反优势冲突存在问题也会影响到优势叠加的经济追赶效应。桂滇如何总结反优势冲突的经验教训，进一步完善反冲突机制，有效化解优势冲突，促进优势融合，这是一项迫切而艰巨的任务。

第一节　桂滇反优势冲突的现有机制

一、桂滇反优势间冲突的主要平台与机制

面对优势间冲突，桂滇是通过建立专门的多功能平台与机制，同时借助其他平台来进行协调与解决。这是一个多层级的反优势间冲突的机制体系。

（1）在优势叠加过程中，面对出现的优势供给，桂滇两省区政府都及时设立了相应的机构作为平台和机制来予以应对，机构下设的日常工作办公室一般设在两省区的发改委。当中央决定启动南昆铁路建设后，桂滇黔三省区政府都各自设立了专门管理南昆铁路建设事务的办公室；大湄公河次区域合作启动后，云南作为代表我国具体参与合作的主体也设立了相应的专门机构，成立了以省长为组长、分管副省长为副组长、省级各部门、相关州（市）及有关科研院所主要领导为成员的澜沧江—湄公河次区域经济合作协调小组和办公机构；西部大开发战略开始实施后，桂滇两省区政府也各自建立了与国务院西部地区开发领导小组办公室（即国务院西部开发办）相对应的对口机构——省区西部开发办公室；中国—东盟自贸区建设获得正式认可后，桂滇两省区政府都在相关部门设立了办公室，其中广西针对中国—东盟博览会落户南宁而专门设立了博览局；根据《泛珠三角区域框架合作协议》的要求，桂滇两省区政府都成立了泛珠合作领导小组，并在发改委设立日常工作办公室,负责区域合作日常工作。这些平台与机制在确保优势落实、作用发挥的同时,还扮演着协调优势间冲突的角色。例如,南昆铁路建成通车后,随着大湄公河次区域合作、西部大开发、中国—东盟自贸区构建、泛珠合作的先后启动,如何有效地整合这些叠加优势来推动经济加快发展,这不仅是桂滇上述新设机构一直在考虑的问题,而且还颁发过相关文件。

(2)桂滇两省区的发改委是解决优势间冲突的另一重要平台与机制。这属于借助其他平台与机制来协调优势间冲突。发改委在我国政府及经济社会发展中的职责,使其具有协调优势间冲突的功能。

例如,广西壮族自治区发展和改革委员会官方网站关于广西发改委主要职责的介绍是:

第一,贯彻执行国家国民经济和社会发展的方针、政策,拟订并组织实施全区国民经济和社会发展战略、中长期规划和年度发展计划。

第二,研究分析全区性经济体制改革和对外开放的重大问题,组织拟订综合性经济体制改革方案,协调拟订有关专项经济体制改革方案;提出完善社会主义市场经济体制、以改革开放促发展的对策建议。

第三,提出全区全社会固定资产投资总规模,负责投资管理;统筹安排自治区财政性建设资金、政府性建设基金和国家下拨的专项资金;汇总编制全区固定资产投资中长期规划和年度计划;编制以工代赈投资项目计划并组织实施;指导和监督国外贷款建设资金的使用;研究提出投融资政策措施;指导和监督政策性贷款的使用方向;引导民间资金用于固定资产投资的方向。

第四,规划重大项目和生产力布局。负责全区重大建设项目的布局和前期工作的组织、协调、管理;安排国家和自治区拨款的建设项目、自治区大中型基本建设项目、重大外资项目、境外投资、境外参股的重大项目;提出并组织实施年度自治区重点建设项目,负责电力规划和建设;统一归口办理需报国家审批的工业、电力等建设项目;指导和协调全区招标投标工作。

第五,负责对全区宏观经济运行进行预测、预警,研究经济运行中带有全局性的重大问题,提出对策建议;汇总和分析财政、金融以及其他经济和社会发展的情况,提出相关政策建议。

第六,研究提出全区利用外资和境外投资的战略和政策措施,编制全区利用外资和境外投资规划,引导外资投向;负责全区全口径外债的总量控制、结构优化和监测工作。

第七,研究分析国内、国外两个市场的供求状况,提出全区重要商品市场供求的总量平衡和宏观调控对策;编制自治区重要农产品、工业品和原材料进出口计划,监督计划执行情况;管理粮食、食糖、棉花、石油等重要物资和商品的国家储备；研究提出服务业、现代物流业发展的战略和规划。

第八，推进产业结构战略性调整和升级，研究提出国民经济重要产业的发展战略和规划。研究统筹城乡经济社会发展的重大问题，提出促进工业、农业和农村经济发展的战略、规划；研究能源、交通发展的重大问题，提出能源、交通发展的战略、规划；研究高技术产业发展的重大问题，提出促进高技术产业发展的战略、规划；研究国民经济信息化的重大问题，提出信息化发展的战略、规划。

第九，编制和组织实施全区西部大开发战略规划；研究提出区域经济协调发展和城镇化发展的战略及政策措施；拟订生态建设、环境保护、资源开发规划及政策，推进可持续发展战略的实施。

第十，负责全区人口和计划生育、科学技术、教育、旅游、文化、卫生、体育等社会事业以及国防建设与整个国民经济和社会发展的衔接平衡；提出经济与社会协调发展、相互促进的政策，协调各项社会事业发展中的重大问题；研究提出社会分配、社会保障与经济协调发展的政策措施。

第十一，拟订自治区经济和社会发展以及经济体制改革、对外开放的有关地方性法规和规章，参与或组织有关地方性法规、规章的起草和实施。

（3）如果出现了上述平台与机制都解决不了的优势间冲突或是优势协调问题，则通过召开由省政府或自治区政府（含人大、政协）牵头的部门联席会议进行专门协调解决。这是最高层级的反优势间冲突的平台与机制。

二、桂滇反省际冲突的主要平台与机制

面对优势叠加引致的省际冲突，桂滇主要是借助现有平台与机制进行协调解决。

西南六省区市七方经济协调会和泛珠合作，作为促进桂滇及桂滇与其他省市经济合作的平台与机制，同时也是叠加优势背景下处理省际优势冲突、促进优势融合的两个重要平台与机制。如果说在优势叠加进程中不可避免地存在优势的主体间冲突——省际冲突，桂滇则主要是借助西南六省区市七方经济协调会和泛珠合作这两个平台与机制来解决。

西南六省区市七方经济协调会是为了协调西南地区省际经济行为和关系、促进区域协作而成立。经济协调会的成立与西南大通道建设、大湄公河次区域合作、西部大开发、中国—东盟自贸区构建、泛珠合作的出现并没有因果联系。西南六省区市七方经济协调会的前身是1984年4月成立的西南四省区五方经济协调会。1984年初，根据中央有关领导的指示，聚首贵阳市的四川、云南、贵州、广西和重庆市的四省区五方领导共同创建了西南四省区五方经济协调会，并召开了第一次会议。随着西藏自治区（1986年）和成都市（1990年）的先后加入，

经济协调会的成员变成了五省区七方。1997年重庆市改为直辖市后，经济协调会的成员则相应地演变成为现在的六省区市七方。从1984年起，西南六省区市七方经济协调会原则上每年举行一次高层会议，就当时省际区域经济发展与合作过程中出现的重大问题进行商讨。即在西南大通道建设、大湄公河次区域合作、西部大开发、中国—东盟自贸区构建、泛珠合作启动之前，西南六省区市七方经济协调会就已经运行了好几年的时间。

经济协调会作为一个跨省区、开放型、区域性的横向经济协调形式、平台和机制。①根据自力更生、多方联合、国家支持、共谋振兴的方针，扬长避短、形式多样、互利互惠、共同发展、平等协商、讲求实效、求同存异、各方都有否决权的原则，来推进省际经济协作、协调省际经济关系；②经济协调会原则上每年举行一次高层会议，会议就区域发展与合作过程中遇到的重大问题进行商讨；③桂滇都是经济协调会的创始成员；④经济协调会的运行与西南大通道建设、大湄公河次区域合作、西部大开发、中国—东盟自贸区构建、泛珠合作在时空上出现部分重叠；⑤西南大通道建设、西部大开发、中国—东盟自贸区构建、泛珠合作等都是西南六省区市七方经济协作必须面对的重大问题。为此，经济协调会成为桂滇反省际冲突主要的形式、平台和机制，或者说，经济协调会在桂滇具有反省际冲突的功能与作用，无疑有必然性和合理性。

把西南六省区市七方经济协调会视作桂滇协调省际冲突的主要平台与机制，主要基于经济协调会对西南大通道建设、西部大开发、中国—东盟自贸区构建给予了高度重视，并取得了系列相应成果。针对中央刚刚发起的西部大开发战略，2000年9月的第15次经济协调会就将"联手大开发、共建大西南"作为会议的主题，以抓住中央实施西部大开发战略机遇，共同协调西部大开发行动，促进西南地区经济社会持续、快速、健康发展，携手迈入21世纪作为会议的指导思想，并原则上通过了《西南六省区市七方参与西部大开发联合行动纲要》，签署了《六省区市七方旅游合作协议书》。2002年的第17次经济协调会将主题定为"联合大开放、携手大开发、完善大通道、共谋大发展"，把西南出海大通道建设作为四个专题之一来展开讨论，强调了西部大开发与西南大通道建设的融合发展问题，七方就今后的西南出海大通道建设形成了专题意见。2004年的第19次经济协调会将主题定为"联合开放、科学发展、协调推进"，把如何联合加强与东盟的经贸合作作为会议重点讨论的专题，七方也就此形成了专题意见。

2004年启动的泛珠合作，其核心与重点是区域合作。由于是桂滇开展省际沟通、协调省际关系的另一个重要平台和机制，所以，泛珠合作无疑也成为桂滇反省际冲突的重要形式、平台和机制。桂滇参与讨论后形成的《泛珠三角区域框架合作协议》就提出，为了保证有效开展合作，拓展合作渠道，要建立一个多层次的合作协调机制。①建立内地省长、自治区主席和港澳行政首长联席会议制度。每年举行一次会议,研究决定区域合作规划,协调推进区域合作的重大事宜。②建立港澳相应人员参加的政府秘书长协调制度。协调推进现有和本协议提出合作事项的进展,组织有关部门联合编制推进合作发展的专题计划,并向年度最高行政首长联席会议提交区域合作进展情况报告和建议。设立日常工作办公室,负责区域合作日常工作。九省(区)区域合作的日常工作办公室设在发改委(厅),香港、澳门特别行政区由特区政府确定相应部门负责。③建立部门衔接落实制度。协议各方责成有关主管部门加强相互间的协商与衔接落实,对具体合作项目及相关事宜提出工作措施,制订详细的合作协议、计划,落实本协议提出的合作事项。

基于前面的分析还可发现,借助现有的相关平台和机制来协调省际冲突,将桂滇反省际冲突放在更大的省际关系空间来进行,这是桂滇反省际冲突的主要做法与重要经验。从现实来看,桂滇这种反省际冲突机制对协调省际优势冲突起到了一定的作用。作为协调桂滇省际合作与冲突的形式、平台和机制,西南六省区市七方经济协调会有6个独立的省级行政区,泛珠合作有9个独立的省级行政区和2个特别行政区,桂滇都可以借助这两个平台与机制来协调处理相关省际关系。例如,经过几届经济协调会的努力,桂滇黔三省区决定联合开发南贵昆旅游走廊,打造南贵昆山海风情游品牌,试图消除三省区旅游市场相互隔离局面。

在这两个反省际优势冲突的形式、平台和机制中,西南六省区市七方经济协调会是主体。因为,经济协调会在时间上的运行涵盖了桂滇两省的整个优势叠加过程,其成员都属于社会性质相同的国内主体,更易于运作与沟通;泛珠合作在时间上的运行除了无法涵盖桂滇两省的优势叠加进程,还涉及"一国两制"的协调问题,泛珠合作的机构在协调有关"一国两制"的问题时一般都需要得到中央的批准。

第二节 桂滇反优势冲突机制的评价

一、相对有效的反优势间冲突机制

相对于反省际冲突机制来说,桂滇反优势间冲突机制在处理优势间冲突时具有更硬的约束力、更高的效率和更好的效果。这主要在于下面四点。

(1) 反优势间冲突机制的相对高效与优势间冲突的省(区)内事务性质直

接相关。针对西南大通道建设、西部大开发、大湄公河次区域合作、中国—东盟自贸区构建、泛珠合作所设立的专门领导与管理机构，它们作为反优势间冲突的平台与机制，是在本省区行政权力管辖的范围内进行运作，对辖区内的相关事务和主体具有管辖权及最高的管理权力。根据我国相关行政法规，不管是在广西，还是在云南，省级政府有权根据优势供给进程而设置相应的机构来对优势利用进行专门管理，辖区内的相关事务和相关主体都必须服从该机构的领导与管理。下级机构必须服从上级机构的领导与管理。这是一种以法规支持作为后盾的权威性领导与管理。

如何对优势进行充分利用，这是所有优势利用管理工作的中心和目标追求。围绕某个具体优势制订一个完备的实施方案，协调处理好叠加优势之间的关系，协调处理好省际关系，这些都是从不同角度和不同方面围绕这个中心和目标开展管理工作，都是服从和服务于这个中心和目标的工作。

相对而言，制订及贯彻落实优势实施方案，协调处理叠加优势之间的关系——即处理优势间冲突，一般属于省内事务，省级政府有权力、有能力根据自己的意愿予以独立自主的处理，而不必与外省协商，或者不受外省制约。但是，协商处理省际关系——即处理叠加优势的省际冲突，一般属于跨省的省际事务。相关省区作为事务当事人，在省际事务处理上拥有平等的地位与权利，遵循的是平等协商、互利共赢的决策原则，任何一个省区都没有权力单方处理省际事务，其中就包括处理叠加优势的省际冲突。这样一来，就导致反优势间冲突机制在处理优势间冲突时具有更硬的约束力、更高的效率和更好的效果，反省际冲突机制在处理省际冲突时无法像反优势间冲突机制那样拥有类似的效果。

（2）桂滇反优势间冲突机制在处理优势间冲突时具有更硬的约束力、更高的效率和更好的效果，还在于作为反优势间冲突的平台与机制的发改委在政府机构系统中所具有的综合性与"强势"这种特质。在我国同一级的政府机构中，发改委是监管领域最宽、监管权力最大、影响力也最大的综合性职能部门。例如，国家发改委在民间的部分人士中就曾有"小国务院"之称谓，以此来形象地表达国家发改委在中央政府的地位与作用是仅次国务院。发改委的这种综合性、"强势"特质一般也同时表现在省（区、直辖市）、市、县三个层级的地方政府中。因此，把桂滇两省区的发改委当作反优势间冲突的重要平台与机制，借助发改委来协调处理优势间冲突，理应收到比较好的效果。

（3）同样是基于省级发改委在省政府机构中的这种综合性、"强势"特质，针对西南大通道建设、大湄公河次区域合作、西部大开发、中国—东盟自贸区构建、泛珠合作所设立的管理机构日常工作办公室，一般都设在桂滇的发改委；与西南大通道建设、大湄公河次区域合作、西部大开发、中国—东盟自贸区构建、泛珠合作有关的重要项目，从立项、审批、推进到后续调整，一般都是由发改委来裁决，或者都必须获得发改委同意，发改委拥有一票否决权。针对各种优势所设立的日常工作办公室做如此设置，叠加优势的具体利用做如此运作，理应收到比较好的效率与效果。

(4) 省政府和自治区政府（含人大、政协）分别是云南和广西的最高决策机构、最高权力机构和最高行政管理机构。西南大通道建设、大湄公河次区域合作、西部大开发、中国—东盟自贸区构建、泛珠合作在本省区的推进与关系协调中，政府拥有最高和最后的领导与管理权力，下级政府部门必须服从领导与管理。从我国的实践来看，如果是由政府来协调解决的省内问题，包括优势间冲突，只要建立起专门的、由省政府（含人大、政协）牵头的部门联席会议制度，一般都会获得解决。

二、相对低效的反省际冲突机制

相对于反优势间冲突机制来说，桂滇反省际冲突机制在处理叠加优势引致的省际冲突时拥有的是相对低的成效，即桂滇现有的反省际冲突机制的约束力、效率、效果都相对差。

(1) 反省际冲突机制的相对低效与省际冲突的省际事务性质直接相关。相对于反优势间冲突而言，反省际冲突更具复杂性、艰巨性。前面已经指出，优势供给导致的省际冲突属于省际关系与事务，叠加优势引致的省际冲突是更为复杂、更难化解的省际关系与事务。事务当事人在省际事务处理上拥有平等的地位与权利，遵循的是平等协商、互利共赢的决策原则，任何一个省区，如桂滇，都没有权力单方处理省际事务。这就导致省际冲突的协调处理过程变得更长，不容易找到令所有当事人都满意的解决方案，甚至无法找到针对某个省际冲突的解决方案。反优势间冲突作为本省区的内部事务，省级政府完全有权力、有能力按自己的意愿予以独立自主的处理，其中既遵守协商原则，也实行下级服务上级原则。这就客观上导致反省际冲突机制不能像反优势间冲突机制那样见效，尤其是不能像反优势间冲突机制那样容易形成硬约束。

(2) 作为处理省际冲突机制的西南六省区市七方经济协调会并不是一个对各参与方都有硬约束力的机构。经济协调会遵循的原则是扬长避短、形式多样、互利互惠、共同发展、平等协商、讲求实效、求同存异、各方都有否决权。这就决定经济协调会作为桂滇现有的反省际冲突机制，不可能像反优势间冲突机制那样具有硬的约束力，进而也不可能像反优势间冲突机制那样收到类似效果。经济协调会的成员中，四川、云南、贵州、广西、西藏、重庆是利益独立、级别相同的省级行政区。在没有硬约束条件下，各省区市为了维护自己的绝对利益或相对利益，自觉或不自觉地违反经济协调会的宗旨和原则，变相地搞地方保护主义和不正当竞争，这是不可避免的。当本省区的利益与区域利益出现冲突时，或者是当省际利益出现冲突时，就容易发生损人利己，把自己参与签署的区域协作协议边缘化。正因为如此，经济协调会的影响力已经出现了弱化。

（3）作为处理省际冲突机制的泛珠合作也不是一个对各参与方都有硬约束力的机构。泛珠合作的宗旨是互相尊重、自愿互利、按照市场原则推进区域合作，合作的原则是自愿参与、市场主导、开放公平、优势互补、互利共赢。这就决定泛珠合作作为桂滇现有的反省际冲突机制，也不可能像反优势间冲突机制那样具有硬的约束力，进而也不可能像反优势间冲突机制那样收到类似效果。基于这些原因，泛珠合作的势头已经出现衰减。

（4）从现实来看，经济协调会和泛珠合作作为处理省际冲突机制，确实对各参与方缺乏约束力。一是经济协调会、泛珠合作与发展论坛形成的会议纪要和相关专题意见对各参与方或签字方都没有硬的约束力。从各方共同签订的文件来看，文件名称使用的一般都是"××协议"或"××意见"这类没有约束力的文字表述。二是既没有一个统一的权威机构去落实和监督会议纪要、会议决议的执行，也缺乏一个有效的争端解决机制。会议纪要和决议的执行与落实主要是靠各省区的自觉性。不执行纪要与决议，也不会受到任何惩罚。三是各省区对会议纪要和相关专题意见的落实大多缺乏硬措施。对纪要和相关专题意见的落实，上级政府往往使用"请抓紧落实"或"请抓紧实施"等表述来要求下级政府和各政府部门。

基于类似的理由，市、县两个层面的反区域冲突机制或区域发展协调机制在处理区域冲突时，多数是缺乏硬的约束力，效率和效果都相对差。

第三节　叠加优势下桂滇反优势冲突的改进

一、突破口与路径的选择

（一）以完善和深化西部大开发为主要突破口和路径

借助中央支持，进一步完善西部大开发政策、深化西部大开发，这既是强化桂滇优势叠加效应的主要突破口与路径，也是桂滇提升反优势冲突效果的主要突破口与路径，同时还是我国民族地区今后加快经济追赶的主要突破口与路径。

1. 从对桂滇现有叠加优势进行比较分析来看，最容易且最有效的主要突破口及路径就是进一步完善西部大开发政策、深化西部大开发

西南大通道建设给桂滇带来的建设效应已经基本上发挥完毕，后面要期待的

应该是西南大通道建成的收割效应和西南大通道升级的升级效应。西南大通道的主线南昆铁路早在1997年就建成通车,西南大通道重要构成部分的云南—贵州—广西的西南公路扩建改建工程也已经结束。要让这个交通运输大通道成为经贸大通道和重要经济带,关键在于该地区的经济发展。只有让西南地区的经济从数量到质量都获得持续快速的发展,西南大通道才不会成为"空"道和"空心"带。即西南大通道建成的收割效应和西南大通道升级的升级效应取决于西南地区的经济发展状况。发展已经表明,西南大通道既无法担当起广西经济快速发展主要动力这一重担,也无法成为云南快速发展的主要推手。

根据中国—东盟自贸区的运行原则与机制,中国—东盟自贸建设与建成不可能成为桂滇成功实施经济追赶的最大动力源。中国—东盟自贸区建设的10年已经表明了这点。中国—东盟自贸区建成后的发展也初步说明了这点。在中国—东盟自贸区建设过程中和建成后,桂滇最大的愿景是想借助这个契机将自己的区位优势变成经济优势——中国与东盟国家经贸往来与合作的主要通道、主要门户和重要平台。但是,如果桂滇在经济发展上没有取得重大飞跃,其区位优势就仍属于潜在优势,桂滇想变成中国与东盟国家经贸往来与合作主要的通道、门户和平台,自己就缺乏经济支撑。

泛珠合作作为一种省区自发组织起来的省际合作机制,基于自愿参与、市场主导、开放公平、优势互补、互利共赢这个合作原则,其不可能对桂滇经济追赶所需要的东西进行过多的倾斜性支持。即泛珠合作不可能成为今后强化桂滇叠加优势与反优势冲突的最佳突破口。

大湄公河次区域合作作为一种区域性的国际合作,其也不可能对桂滇经济追赶所需要的东西进行过多的倾斜性供给。即大湄公河次区域合作也不是今后强化桂滇叠加优势与反优势冲突的最佳突破口。

完善西部大开发政策、深化西部大开发,可以同时强化桂滇现有的其他优势。不仅可以继续用西部大开发政策来推动桂滇经济快速发展,而且还可以利用西部大开发机制来强化西南大通道建设、泛珠合作、大湄公河次区域合作、中国—东盟自贸区建设,促进西南大通道建设、泛珠合作、大湄公河次区域合作、中国—东盟自贸区建设融合发展,以及它们对桂滇的经济效应,推动现有的潜在优势更好地转变为经济优势。

2. 从西部地区的发展来看,既有进一步完善西部大开发政策、深化西部大开发的内在要求,也有进一步完善大开发政策、深化大开发的发展基础

从西部大开发政策的完善看,现在正是进一步完善西部大开发政策的时机。2000年出台的《国务院关于实施西部大开发若干政策措施的通知》指出,西部大开发政策适用期为10年,即2001~2010年,随着西部大开发战略的实施,有

关政策将作进一步完善。即现有的西部大开发政策已经实施了10年,目前已经到了需要对西部大开发政策进行完善、对西部大开发进行深化的时候,迫切需要中央根据西部地区的发展情况调整优化原来的西部大开发政策,为西部地区持续快速发展继续提供有效的制度支持。如果不适时完善西部大开发政策,现有的大开发政策就会滞后于西部的发展需求。

从西部大开发建设成就来看,现在也是进一步完善大开发政策、深化大开发的时机。针对我国民族地区加速发展的西部大开发已经进行了10年。经过10年的建设,已经积累了比较好的基础。发展基础的改善,使如何进一步完善大开发政策、深化大开发这个问题变得突出,变成摆在面前的问题,也为进一步完善大开发政策、深化大开发提供了基础支撑。

从改革发展在西部地区与我国其他地区的推进来看,随着改革发展在我国其他地区的快速推进,西部大开发政策对民族地区经济追赶的总体效应已经出现相对弱化,西部大开发进程已经出现相对减缓。例如,随着增值税改革在我国其他地区的推行,西部大开发税收优惠政策对民族地区经济追赶的支持力度出现相对弱化。2004年7月,我国在东北三省的八个行业率先进行了增值税转型改革的试点工作,此次增值税改革对东北三省财政收入应该是有负面影响,但其并没有阻碍财政收入的稳定增长。① 2007年7月我国将增值税改革试点范围推广到中部六省地区。2009年将增值税改革推向全国所有地区、所有行业。这次增值税改革的主要内容是:增值税一般纳税人新购进设备等固定资产所含的进项税额可以在销项税金中抵扣,购进的应征消费税的小汽车、摩托车和游艇不得抵扣进项税,取消进口设备增值税免税政策和外商投资企业采购国产设备增值税退税政策;小规模纳税人征收率降低为3%;将矿产品增值税税率从13%恢复到17%。这次增值税转型是从生产型增值税转变为消费型增值税,其核心是允许企业抵扣新购入设备所包含的增值税,避免对企业重复征税。受此影响,这次增值税转型改革会使增值税的税基缩减,有利于鼓励企业增加固定资产的投资,促进企业加快机器设备的技术进步,促进高新技术企业发展,其中可使技术密集型和资本密集型企业得到更多进项税额的抵扣,获得更多的减税收入,劳动密集型企业则因其固定资产投资少,不予抵扣的进项税额就相对较少,因此而获得的税收优惠也相对较少。但是,包括桂滇在内的西部地区的优势不是技术密集型和资本密集型产业,而是劳动密集型产业。这样一来,当东北、中部地区和全国相继推行增值税转型改革后,西部大开发政策给西部地区带来的税收优惠会因此而被相对弱化。和增值税转型改革相类似、会使西部大开发政策效应相对弱化的还有后来中央推出的

---

① 赵恒. 局部地区增值税转型将造成西部大开发政策优势边缘化[J]. 税务研究, 2007(8).

振兴东北老工业基地战略、加快实施中部地区崛起战略等。

3. 从民族地区发展的法治、公平、平等原则角度看，以进一步完善西部大开发政策、深化西部大开发为主要突破口和路径，这不仅符合我国法治化发展原则与趋势，而且还能尽可能多地推动民族地区快速发展，为民族地区的内部发展营造一个公平、公正的竞争环境

随着我国经济社会管理法治水平的提高，今后想让中央针对一两个少数民族省区出台某个或几个优惠发展政策，这将有悖于法治原则和民族地区内部公平竞争、平等发展原则。西部大开发面向的是我国整个西部地区和所有的省级少数民族地区。在我国历次专门出台的民族地区优惠发展政策中，西部大开发涵盖的民族地区面积最大、民族地区数量最多，最能体现法治、公平、平等的发展原则。

4. 从西部地区的发展环境看，已经具备进一步完善西部大开发政策、深化西部大开发的外部环境

目前，我国总体上已经进入中等收入水平阶段，东部地区总体上已经达到中等发达国家水平。通过进一步完善西部大开发政策、深化西部大开发，加快缩小地区发展差距，这既是我国建设小康社会、实现健康发展的内在要求，同时也有国力支撑。进一步完善西部大开发政策、深化西部大开发，就是打造升级版的西部，打造与小康社会要求相称的新西部、新民族地区。与此相联系，中央必会继续重视西部大开发。

5. 完善西部大开发政策、深化西部大开发，仍是当前扩大内需、抗击经济下行压力的重要的有效对策

中央在2000年启动西部大开发战略的一个重要原因就是扩大内需，以此抵消当时外需减弱对我国经济发展造成的不良影响。1997年亚洲金融危机的发生，使我国的出口需求明显减少，外需的减少已经影响到我国总需求扩张和经济发展。在此背景下，扩大内需就成为当时制止我国经济持续几年下滑的重要手段。为此，中央实行了扩张性的财政政策和货币政策。西部大开发就属于扩大内需、制止经济下滑总对策的重要组成部分。西部大开发在当时具有一举两得的效果——既可扩大内需，也可以推动西部地区经济更快发展。在目前的背景下，如果能够进一步完善和深化西部大开发，掀起新一轮大开发高潮，其仍将收到一举两得的效果——既有效扩大内需、缓解经济下行压力，也可以推动西部地区经济继续快速发展。近几年来，我国既面临着经济下行压力的挑战，也面临着经济结构转型升级的挑战，其中的集中表现是：一边是我国传统产能严重过剩、总体有效需求不足、总体消费结构需要升级、东部地区已经达到中等发达国家水平；一边是东西部发展水平差距很大，西部地区的生活水平和消费水平仍很低，几年前

甚至十年前在东部地区就已经饱和的产品,目前在西部仍有旺盛的需求。没有西部地区的大发展,我国就不可能同时解决经济下行与经济结构转型升级的挑战,也不可能建成真正的小康社会。

前面的分析同时表明,要进一步完善和深化西部大开发,必须设法获得中央的大力支持与帮助。

(二) 西部大开发的完善与深化

在完善西部大开发政策、深化西部大开发这二者关系上,完善政策应该是出发点和手段,深化开发是落脚点和目的。只有首先实现政策的完善,大开发的深化才有明确的政策引导与制度保障。从国内外改革发展的一般性实践经验来看,一方面,政策先行是行动正确、行之有效的前提与保障,但政策不是我们追求的目标,发展才是政策追求的目标。西部大开发的深化是大开发政策追求的目标,西部大开发的深化是西部发展的集中表现。另一方面,只有把政策落实到行动上,通过行动使政策变成现实的发展,使发展达到预期目标,政策才有真正的价值,或者说,政策的价值才能体现出来。因此,完善西部大开发政策、深化西部大开发,应该首先从完善大开发政策出发;要掀起新一轮西部大开发,打造升级版西部和小康型民族地区,要从完善大开发政策出发。

完善西部大开发政策,既要提高政策的针对性、可操作性及力度,也要完善政策的结构,提高政策的配套性及整体效果,实行两者并举。随着开发政策的贯彻落实,西部的经济社会在数量上和结构上都会发生某种程度的改进。随着西部经济社会在数量上的增长和结构上的改善,以及外部环境条件的变化,单项政策的针对性、可操作性或作用力度就会发生相对性的改变。例如,当某项政策的历史使命完成时,该项政策对西部发展的作用力度就会趋向于零;当发展重点被某个领域取而代之时,这个新重点领域的原有政策就会出现针对性和作用力度不足这个问题;当某项原来向西部倾斜的政策(如税收政策、产业政策)被推广到更多的地区时,该项政策对西部发展的作用力度就会相对地变弱,等等。因此,要完善西部大开发政策,就必须提高政策的针对性、可操作性及力度。从政策结构角度看,虽然原来的西部大开发政策已经涵盖金融、项目安排、税收、开放、人才、科技和教育等经济社会的各个方面,但随着西部的发展及外部环境条件的变化,西部地区的发展重点和难点肯定有所变化,不可能再与过去完全一样。例如,一些政策的历史使命已经完成,一些政策的地位需要重新定位,某些领域出现了政策,等等。为此,对西部大开发政策进行结构性改进已经成为必然。如果政策结构不作相应完善,基于瓶颈效应或水桶的短边效应,围绕针对性、可操作性、作用力度对政策所做的改进,则既无法让单个政策收到预期效果,也无法让整个政策体系达到预期的总体效果。因此,必须抓紧出台一套专门针对打造升级版西部和小康型民族地区的新西部大开发文件。

完善西部大开发政策,既要设法推动中央加快完善相关政策,增强中央政策的针对性、配套性、可操作性,使中央的大开发政策继续保持良好的发展效应,也要推动地方政府充分利用自己的权限,创造性地完善地方的西部大开发政策,使现有的大开发政策与时俱进,消除政策滞后或政策真空,使中央政策与地方政策良好地融合、运转。我国改革发展的实践证明,没有中央政策的针对性支持,民族地区不可能实现加快发展;如果地方政府不能创造性地完善原有的政策,或者是不能使中央政策本地化,民族地区也不可能实现加快发展。

应该把完善西部大开发政策的着力点和聚集点放在企业层面,制定出一个好的企业发展政策。在现代市场经济条件下,企业是国民经济的组成细胞与微观基础,企业发展是衡量经济社会发展的晴雨表。企业作为创造社会财富的主体、劳动力就业的主体性载体、投资和社会资本形成的集中体现与产物、科技进步的主体性载体和推动力量,一个地区的企业强,同时意味着这个地区的经济实力和发展能力强,就业水平、投资水平、消费水平、社会发展水平都高。一个良好的西部大开发的企业发展政策,应该是通过利益驱动、政策引导,推动投资和资本主动向西部转移、企业活动积极向西部扩张、企业有比较强烈的就地化扩张意愿。

二、健全反优势冲突机制

优势间冲突和主体间冲突是优势冲突的两个不可分割的方面或侧面,优势间冲突一般都是通过优势的主体冲突表现出来,不存在与主体完全割裂的优势间冲突。这意味着,反优势冲突的切入点和着力点应该放在处理优势主体的关系上。因此,反优势冲突机制的完善,关键在于完善协调、监控与惩处,其中要特别重视对反省际冲突机制的完善。

(一) 建立健全协调机制

具有相似背景的桂滇在省际合作与关系协调上可以考虑建立一对一的省际协调机构与机制,其中包括省(区)内的市与市之间、县与县之间建立必要的一对一的区域发展协调机构与机制。

改革开放以来,为了让更多的外部资金到本地区投资以促进当地经济快速发展,大多利用现有制度存在的不完善进行不规范竞争。这是最常见的区域竞争与区域冲突。例如,明暗结合或变相地给外来投资予以超级的税费优惠,有的地方政府甚至打出零税费口号;政府出面征地、然后免费送给投资者使用;政府亲自给商业银行施加压力,让银行给企业发放贷款;等等。这些竞争手段曾让部分先行地区抢得发展先机、经济先行启动,甚至创造出令人惊奇的绩效。虽然其中的一些不规范竞争行为会因相关制度的完善而有所收敛,但不规范竞争在转型的我国仍会被部分地方政府滥用。这种现象在桂滇两省区及内部市县两个层面也存在。从长远发展来看，这类竞争往往损人不利己，容易造成两败俱伤，是一种短视行为。

前面已经指出，在叠加优势背景下，桂滇反省际冲突主要是借助西南六省区市七方经济协调会和泛珠合作来进行，反优势间冲突是通过建立专门反冲突机制与借助其他机制来进行，其中相对于反优势间冲突机制来说，反省际冲突机制缺乏硬的约束力，效率和效果相对低效。这就意味着，对相邻、具有相似叠加优势背景的桂滇两省区来说，要避免或制止各种不规范竞争，必须加强省际协调，在反省际冲突方面进行创新。如果还是主要借助西南六省区市七方经济协调会和泛珠合作这两个机制来协调，两省围绕西南大通道建设、大湄公河次区域合作、西部大开发、中国—东盟自贸区构建、泛珠合作而出现的不规范竞争不仅继续不可避免，而且仍无法获得有效解决。

相似的叠加优势背景会使桂滇的省际关系发展出现两种可能：一种可能是出现更加激烈的省际竞争与冲突，另一种可能是桂滇加强合作，把省际冲突控制在适度的范围和程度，希望实现双赢。从选择的角度看，后者应该是我们希望看到的。

从有可能导致桂滇走向更加激烈的竞争与冲突这个角度来看，叠加优势的相似性，容易使相邻的桂滇实行同质化发展和同质化竞争，其中就包括不规范的同质化竞争。从改革开放的经验教训来看，发展与竞争的同质化，比较容易导致激烈的、恶性循环的区域冲突。这是一种非合作博弈，容易走向害人害己。一个地区通过抢先实施不规范竞争而让自己获得发展先机，在短期内吸收到大量外部资金，获得了更快的发展，其他地区不会对此毫无觉察，不会束手待毙。当其他地区发现了竞争对手的这种做法后，肯定也会采取这种做法进行应对，甚至会采取更激进的方法来扭转自己的被动局面，将对方陷入被动。这样一来，区域间的不规范竞争就会演变成为一种恶性循环，具有传染病特征。最后不仅会导致各方在税费、土地、金融、工商行政管理等各种政策方面没有继续进行不规范竞争的博弈空间，而且还会导致各方投资环境和财政收入状况恶化，资金外流。

从有可能导致桂滇加强省际合作的角度看，在叠加优势上具有的相似性，不仅会使桂滇对加强省际合作创新具有迫切的内在要求，而且还使这种合作具有可操作性。

从加强桂滇合作的内在要求看，如果桂滇针对叠加优势的省际合作滞后太多，取而代之的必是更多的、更激烈的省际竞争与冲突。加强合作会更有利于桂滇发展。不仅有学者对此持这种认识,[①] 而且还有高级领导干部持有这种想法。在 2006 年 7 月举办的环北部湾经济合作论坛上,时任广西壮族自治区党委书记的刘奇葆就提出了中国—东盟"一轴两翼"区域经济合作构想:以建设南宁—新加坡经济走廊为中轴,以构建泛北部湾经济合作区(东翼为海上合作)、大湄公河次区域合作(西翼为陆上合作)为两翼。北部湾经济合作区的主体空间在广西,大湄公河次区域合作的主体空间在云南,广西和云南都有潜力和能力成为中国与东盟交往的主要通道和桥头堡。这意味着,桂滇之间的省际合作关系到"一轴两翼"战略的成败。如果没有获得云南的认可和合作,广西提出来的这个构想就只能是广西单方面的想法而已,不可能付诸实施。反之亦然。云南想要将自己建成中国与东盟交往的主要通道、平台、门户,如果采取一意孤行的策略,不与广西进行有效合作,肯定也是收效甚微。

从桂滇实施省际合作的可操作性看,基于叠加优势的相似性,同时也基于桂滇一般都针对西南大通道建设、大湄公河次区域合作、西部大开发、中国—东盟自贸区构建、泛珠合作设立有相应的机构,以致桂滇就这些重大事项建立一对一的省际合作与协调机制,不仅可行,而且还比较好操作。例如,桂滇两省区可以考虑在发改委设立一机构来专门行使叠加优势的省际、区际协调职能,或者可以考虑将桂滇在过去各自围绕西南大通道建设、大湄公河次区域合作、西部大开发、中国—东盟自贸区构建、泛珠合作所建立的专门管理机构进行整合,将整合后的机构设在发改委,实行几块牌子、一套人马,对省(区)内行使管理职能、对省(区)外行使协调职能。这样做与发改委的职责是相一致的。

至于建立起来的这种一对一的桂滇省际、区际合作协调机制如何进行运作,对此,可以借鉴 WTO 或中国—东盟自贸区的某些原则性机制,如共享、透明、平等协商等。共享意味着,广西对省外投资者实行的优惠政策原则上适用于云南,反之亦然;透明意味着,桂滇所实行的经济政策及操作原则上应该都是向社会公开的;遇到涉及两省区的区域关系问题,必须通过平等协商手段来解决,在协商结果没有出来之前,任何一方都不应该单方改变现状。

基于发改委的综合性与"强势"特质,对反区域冲突机制做如此改进,应该会使省际、区际反冲突机制收到更好的效果。通过这种一对一的区域合作协调机制的事前和事中协商,以及事中和事后处理,利用叠加优势搞不规范区域际竞争的现象应该会大为减少,即优势冲突应该会大大减少。

(二)建立健全区际冲突监控与惩处机制

如果将考察范围放大,包括省际冲突在内的优势冲突,其潜在的受害者还包

[①] 马贤惠.西南六省区市七方经济协作回顾及对策建议[J].贵州财经学院学报,2000(1);李立民.西南六省区市七方协作区在运行中的经验教训及其未来走向[J].东南亚纵横,2003(9);等等。

括国家及其国民,而不是仅仅局限于优势冲突的双方主体。

基于地方利益驱动和体制不完善等主客观原因,打着促进当地经济快速发展的牌子,地方政府利用自己掌握的公共权力,或利用现有法制存在的漏洞,在税费、土地、融资等方面发起不规范竞争,不仅会使部分财政收入流失,而且还会使政府的权威与形象受损。如果不对此有效监控、防范和惩处,这种具有传染病特征的不规范竞争就会愈演愈烈,危害就越来越大。

在现实中,如果一个地方政府率先搞区际不规范竞争,相关主体,包括其他同级别和更低级别的地方政府,想对此进行监督与制止,往往缺乏一个有效的途径与机制。要么政府之间进行协商,要么用不规范竞争来进行反击,当地居民和企业对此基本上属于无能为力。依托政府协商或协调机制,这对化解区际不规范竞争有一定的作用,但很难达到标本兼治的目的。就省内来看,由于发生区际不规范竞争的地区在行政级别上大多相同,以致这种协调机制对任何一方都没有硬的约束力。就省际来看,任何一个省都没有干涉其他省决策的权利。为此,可考虑设立一个跨行政区、超越地方政府、更高级别的机构及机制,授权其对政府之间的经济行为进行专门的监控与惩处。

关于这个新设机构及机制,在地位与作用定位上,其类似最高法院派出的巡回法庭;在运作上,可以考虑将这个机制并入到行政诉讼法和行政法范围去实施,在行政诉讼法和行政法中增加区域间政府不规范竞争等内容;在对事件性质的认定上,地方政府搞区域间不规范竞争不是政府不作为,而是属于政府行为过失。将区域间地方政府的不规范竞争列入行政诉讼法和行政法的范围去进行处理,符合依法治国、依法行政原则。

如果将区域间政府不规范竞争列为法律的调解对象,区域间的政府不规范竞争就有了法律这样一种硬约束,就有了更加广泛的社会监督。从约束力的强弱看,法律约束属于程度最高的约束,一种刚性约束。从参与监督的主体来看,法律约束不仅赋予竞争当事人政府进行相互监督的权利,而且还赋予广大公民和其他社会主体名正言顺监督政府行为的权利。

与此同时,要把这个机制的处理结果作为考评政府及主要领导绩效的重要指标,让相关责任主体承担相应的行当或行政责任。

三、健全优势转化的支撑体系

健全优势转化的支撑体系,既会提高叠加优势发挥作用、转化成经济发展的效率与效果,也会有效地减缓叠加优势发生冲突。这是从源头上主动实施反优势冲突。

在我国外延型、粗放型经济增长模式下,增加投资或生产要素投入仍是将来推动经济增长的主要手段。这意味着，西南大通道建设、大湄公河次区域合作、西部大开发、中国—东盟自贸区构建、泛珠合作等对桂滇经济增长的推动，将叠加优势转化为实实在在的经济发展，在今后仍主要是通过增加投资及建设项目来实现。为此，必须以基础设施、土地供给、市场支撑、人才保障、金融服务、科技支持、信息化服务为重点，加快健全投资及项目建设的支撑体系，为优势转化提供有效的配套支撑。

（一）加强基础设施建设，为优势转化为经济发展提供配套的基础设施支撑

以路、管、网、线及配套站场等为主要内容的配套基础设施，是叠加优势转化为经济发展、投资项目落地建设的硬件支撑。基础设施的配套性与总体水平直接决定着叠加优势能否就地转化成经济发展，直接决定投资项目对投资地的选择意愿。

桂滇作为欠发达地区，其基础设施的配套性和总体水平不仅明显低于其他省市，而且也往往滞后于优势转化、项目落地建设的需要。

（1）以快速交通为重点，以中心城市为中心，加快建成贯通桂滇内部全部市县的发达路网及交通运输体系，围绕中心城市布局建设几个半径为半小时的交通经济圈，把全省（区）建设成一个半径只有1小时的交通经济圈。

（2）以加快航空、高铁、高速公路对接为重点，以中心城市、重要口岸为主要枢纽，加快推进桂滇对接外省区的立体交通路网建设，建成开放、快捷的综合立体交通网络体系，推动桂滇与外部航空、高铁、高速公路无缝对接。

（3）以建设智慧城市为目标，积极推进桂滇内部的城镇基础设施和产业园区基础设施升级建设。加快健全产城之间和园区之间的道路、管道、网络、线路及配套节点与站场，以教育、医疗、购物、图书馆、公共体育、通信等为重点，加强园区内部城市功能建设，推动园区城镇化发展，大力满足居民入住、企业入驻、项目落地对园区基础设施的要求。

（二）完善土地供给，为优势就地转化及投资项目落地建设提供用地支撑

土地供给是新增投资项目能否成功落地建设的硬约束。只有解决了项目的用地问题，满足了项目建设的用地需求，优势供给才能给桂滇带来实实在在的投资及项目增量。缺乏有效的土地供给，与西南大通道建设、大湄公河次区域合作、西部大开发、中国—东盟自贸区构建、泛珠合作相配套的项目，以及由此带来的其他项目在桂滇就没有立足之地。完善桂滇的土地供给需要做到：

（1）要建立科学的投资项目用地制度，切实保障土地供给，使符合政策的新增项目能够顺利落地建设。要立足长远发展目标，兼顾中长期发展需要，结合城镇总体规划、产业发展规划、环保规划等重要规划，紧扣西南大通道建设、大湄公河次区域合作、西部大开发、中国—东盟自贸区构建、泛珠合作，实行多规

合一，编制短、中、长期土地供给规划。在安排项目建设用地时，优先保障国家级、省级以及市重点推进的项目的建设用地，优先保障符合产业政策的重大项目、重大基础设施建设项目的建设用地。

（2）要根据发展进展，适时优化调整现行的土地利用规划，及时消除土地对发展的制约。

（3）要建立集约用地机制，提高用地效率。实施节约用地奖励政策，鼓励企业节地挖潜。建立项目向园区聚集、企业向园区集中这种园区化发展机制。建立土地利用评估机制，提高项目的土地投资强度和产出强度。

（三）加强市场建设，为高效配置生产要素提供市场机制支撑

西南大通道建设、大湄公河次区域合作、西部大开发、中国—东盟自贸区构建、泛珠合作都是在市场经济条件下进行。没有相对完善的市场体系，生产要素就无法实施高效配置。市场机制这只"无形的手"对叠加优势的作用发挥起基础性决定作用。

经过30多年的市场化改革与建设，桂滇的市场体系建设和其他省区市一样已经取得了巨大成就，市场体系的基本框架已经建立。目前，在市场体系建设方面面临的主要任务是：

（1）进一步做大做优做强大型专业市场。根据各地的产业优势和发展方向，结合承接产业转移，加强发展面向境内外、与产业发展相配套的大型专业市场，把重要园区建设成大型专业市场。以我国向东盟出口的主要产品为导向，建立大型出口专业市场。

（2）大力发展跨境市场体系。利用中国—东盟自贸区规则，依托边境口岸边境、园区、经济合作区等，采用点面结合，努力构建统一、开放、规范、有序、功能健全的跨境市场体系，着力打造跨境的生产资料、劳动力、金融、信息、技术、土地、产权等要素市场，为项目发展提供更广阔的市场空间。

（3）加强市场监管与执法。进一步规范市场竞争秩序，完善行政执法、行业自律、舆论监督、群众参与相结合的市场监管体系。

（四）加强人才队伍建设，为优势高级高效转化与项目推进提供人才保障

没有足够的人才保障，投资项目就不可能顺利推进，科技创新和经营管理创新就不可能处于领先行列，桂滇的叠加优势就不可能从潜在形态转化为真实的经济发展。

桂滇作为欠发达省区，人才短缺明显。为此：

（1）完善人力资本形成和人力资源开发机制。依托高等院校、专业人才培训机构和大型企业，有针对性地推进中高端人才队伍建设。实施青年人才培训计划，每年选拔相关人员进行重点培养。建立健全人力资源补偿机制，建立外出人

员回乡创业激励机制,鼓励外出和在外的人员返回家乡创业;加强农村转移劳动力的技能培训,壮大适应产业发展需要的技工队伍。

(2) 创新人才引进与转移机制,实施更加灵活有效的人才引进和利用政策。在人才的引进利用上,要与东部地区甚至国外建立长效合作机制,推出灵活多样的引进方式,结合中高端人才的工作生活方式和经济全球化,大力推行休假式引进、旅游式引进、游学式引进、合作式引进等各种短期引进,依托短期引进拓展长期引进。大量引进急需的中高端人才和紧缺人才,鼓励各类专业人才向企业转移和聚集。

(3) 大胆创新人才激励机制,实行精神激励和物质奖励并重,建立以政府奖励为导向、用人单位奖励为主体、社会力量奖励为补充的多元化人才奖励制度。对人才要敢于激励和善于激励,要给人才提供充分施展自己才华的机会与平台。

(五) 强化金融体系建设,为优势高效转化与项目建设提供投融资支持

金融是经济运行的血液和润滑剂,是激活投资、推动项目发展的重要推手。没有金融的匹配性支持,叠加优势就不可能转化为具体的发展项目。

桂滇作为欠发达省区,金融实力不强,金融体系不完善,金融活动不活跃。为此:

(1) 完善融资平台。积极引进国内外银行、保险、证券、信托、期货等金融机构,建设多样化融资平台;组建产业发展基金、创业风险投资基金,鼓励设立私募基金;健全政银企会商机制,大力推进银企合作。

(2) 创新融资方式。积极鼓励和支持优质企业通过国内外资本市场进行股票、债券融资。积极培育优势企业上市,大力开发上市资源。完善信用担保体系,设立企业信用担保和再担保机构,扩大融资租赁业务,充分发挥融资担保作用。盘活民间资本,推动民间投资,鼓励发展民营金融机构。

(3) 加大财政对科技重大专项、国家"863"计划等在研项目的配套性投入与支持。对新引进重大项目、重大技术改造项目、科技成果转化成效显著的项目、兼并重组成效显著的项目等实行重奖或补贴。

(4) 建设跨境金融市场。利用桂滇独特的区位条件,建立跨境金融市场,创新跨境金融合作模式,为企业提供多样化跨境融资服务。加强与东盟金融合作,推动东盟金融机构引进来设立分支机构,建立跨境金融合作平台和服务平台。

(六) 加强科技创新,为优势高级高效转化与项目推进提供科技支撑

没有高科技及科技创新的支撑,叠加优势只能转化为低端的经济发展,低技术含量、低附加值、低产品档次、竞争力差是低端经济的一般特征。与此相对应

的是，依托叠加优势引进的投资项目大多是低端项目，多数的存量项目只能继续在低端水平发展。

桂滇作为欠发达省区，科技水平低、科技创新能力弱，这是一个必须改变的现实。为此：

（1）实行内外联合，大力完善科技创新体系。围绕重点项目和特色项目，加快建设一批国家级、省级产业研发中心、博士后流动站、企业技术中心、重点实验室等。引导大集团、大企业牵头建立跨地区、跨产业的技术创新联盟，支持和推动产业技术创新战略联盟健康发展。加强对科技中介机构的培育和指导，大力发展技术、设计、策划、咨询、管理、认证等方面的科技中介机构。

（2）健全建立专利和新技术奖励制度。加大对发明、专利的资助和奖励力度。鼓励企业结成技术标准联盟，推动自主知识产权与技术标准结合。重点引进新发明、新技术并实现产业化的企业。对拥有自主知识产权且产业化水平高的企业和机构实施补助奖励制度。

（3）加强知识产权保护。积极帮助企业提升运用知识产权制度的能力，主动进行知识产权保护。设立知识产权保护网站，为举报侵犯知识产权行为提供专门途径。工商行政管理、质量技术监督等对知识产权保护有直接关系的管理部门，加强日常检查与执法，对侵犯知识产权的行为，坚决打破地方保护主义干扰，依法进行查处。

（七）加强信息化建设，为优势高级高效转化提供信息化支持

在社会信息化发展背景下，推动信息化与社会活动、与产业全面深度融合，建设智慧社会、智慧城市、智慧社区和智慧生活，建设装备智能化、产品智能化、生产服务过程智能化的产业，不仅是大势所趋，而且在发达国家和我国东部地区已经取得很大突破与重大成就。信息化已经成为叠加优势转化为经济发展不可或缺的一个基本支撑。

桂滇作为欠发达省区，信息化及信息服务水平低，既表现在基础设施上，也表现在信息服务水平上。为此：

（1）加强信息化及信息服务的基础设施建设。既要积极推动电信网、广播电视网和计算机通信网"三网融合"，也要大力发展移动互联网和物联网。围绕三网融合，加快构建覆盖广泛、安全可靠、支撑宽带多媒体以及融合业务的综合信息基础设施，建成比较发达的信息通信设施，形成覆盖面宽、宽带化、智能化的信息网络。

（2）着力推进信息服务平台建设。按照"政府推动、企业主办、市场化运作"模式，围绕产业发展，积极引导和支持信息服务提供商、信息咨询服务机构建立行业信息服务平台和第三方电子商务平台，向广大企业和相关方提供信

服务。

（3）大力培育提供信息化服务的新型信息服务机构，推动专业机构和政府部门加强对生产信息、市场信息、技术信息、法规信息、人才信息和其他信息的收集工作，建立时效性强、涵盖面广、内容真实的信息库。

（4）建立科学的信息发布机制，提高信息使用效率和效益。

四、加强政府转型建设

前面已经指出，任何优势都是属于某一主体的优势，优势之间的冲突常常通过主体之间的冲突表现出来。基于政府在我国经济社会发展及优势供给与转化中扮演重要角色，桂滇反优势冲突的改进，还必须加强政府转型的建设。没有政府转型建设的配合，不仅优势转化低效，就是反优势冲突也低效。

（一）继续纠正政府角色错位

前面的分析已经表明，桂滇的叠加优势全为政府供给。这意味着，如果政府角色发生了错位，其所供给的叠加优势发生冲突就有更大的可能性，叠加优势实施起来也容易发生冲突。因此，继续纠正政府角色错位，既有助于提升叠加优势转化的正面效应，又有助于降低冲突效应。

市场经济条件下，在经济领域，政府所追求的基本目标主要是创造与维护一个有效率的市场。这也适用于我国经济市场化转型时期的各级政府。

基于政府所追求的基本目标，政府在市场活动这个游戏中的基本角色有三：除了是规则的制订者（立法者）和规则的执行者（执法者或裁判员），政府还是市场活动的直接参与者（市场主体或运动员）。政府作为市场主体在市场中购买劳务和其他物品，这是政府运行所必需的。政府同时还向市场提供商品和服务，这是政府的基本职能之一。这意味着，政府在这三种角色中都有可能发生错位。这还意味着，政府既可当裁判员又可当运动员，政府当运动员并不等于政府角色错位，政府是否直接介入市场活动，这也不能成为判断政府角色是否错位的标准。

在此要注意区分，由于各级政府的功能与特点存在差异，以致政府角色错位表现在不同层次政府上应该有所不同。①中央政府拥有最强的制度供给权力，其是从全国整体利益角度去进行制度供给，一般不参加微观的经济活动，不与具体的市场事务打交道。②省级政府有较强的制度供给权力，一般不参与具体的市场活动；基于省际利益竞争，利益独立的省级政府进行制度供给时必须充分考虑本省的利益。③市县（区）两级政府有较小的制度供给权，是中央政府和省政府制度供给的主要落实者和具体执行者，其与微观活动近距离接触，与具体的经济事务经常直接打交道；基于区域利益竞争，其在落实执行中央和省的制度供给时要充分考虑本市县的利益。这意味着,中央和省级政府的角色错位主要出现在宏观领域中,市县级政府的角色错位主要发生在微观领域,前者主要表现在制度供给上,后者则同时表现在制度落实和制度供给两个方面。

叠加优势局面在桂滇已经形成,将来主要任务是对叠加优势进行高效和高级转化。因此,纠正政府角色错位的主要对象应该是省市县等层面的地方政府。

从我国转型时期的状况来看,不仅各级地方政府都发生过角色错位,并且角色错位还继续存在,其中最为突出的是政府在市场活动中扮演了不该扮演的角色。为此,政府角色错位的研判重点应该放在政府作为市场主体开展活动方面或政企关系上。就政府作为市场主体开展活动或就政企关系来说,主要评判标准是看政府是否扮演了应该由企业或私人部门扮演的角色,或者是否介入了应该由企业或私人部门从事的领域,或者是由企业或私人部门可以有效扮演的角色,政府是不是也去扮演。如果政府在参与市场活动的时候扮演了应该由企业担当的角色,或者介入了应该由企业从事的领域,或者政府去扮演由企业或私人部门可以有效扮演的角色,政府的角色就是错位的。

在对叠加优势进行利用过程中,地方政府角色错位的主要表现也是如此——政府在市场活动中扮演了不该扮演的角色,打着为企业排忧解难,用好、用足、用活优惠政策,加速发展经济等口号,直接扮演了应该由企业扮演或者企业能胜任的角色。其中比较突出的有:

一是政府直接承担招商引资任务。在市场经济条件下,招商引资是企业和企业家的直接任务和直接职责,主要是一种市场行为。但是,多数地方政府每年都会根据上一年度自己和其他政府的招商引资状况制订下一年度自己要完成的招商引资任务。然后,政府将自己制订的招商引资任务分解下达给各个政府部门去完成,各个政府部门再将本部门要承担的招商引资数量进一步分解给本部门的个人,多数政府职员每年都被要求完成一定数量的招商引资任务。职员完成的招商引资任务与其所任职位高低成正相关。如果个人没有完成招商引资任务,其在职位晋升、奖金等方面都会受到影响。①

二是政府经常直接介入征地拆迁,成为商业用地的主要供给者。保证商业项目用地无疑是投资与招商引资能否成功的一个关键条件,征地拆迁是保障商业项目用地的基础。在市场经济条件下,征地拆迁应该是一种商业行为。但在现实中,其已经演变成直接的政府行为或行政行为。许多地方政府往往主动将征地拆迁任务揽到自己头上,或者上一级地方政府往往将征地拆迁任务直接下达给下一级政府,地方政府成为了商业用地的主要提供者。在征地拆迁过程中,为了体现

---

① 典型的案例详见李俊清.地方政府招商引资绩效考核制度研究——以某自治州为实例的考察[J].国家行政学院学报,2007(4).

对招商引资的决心，政府常常使用各种非常措施来完成征地拆迁任务，其中包括违法犯规进行征地拆迁。对此，我们可以看到一些上一级地方政府向下级政府发文件要求政府加强征地拆迁工作，确保征地拆迁顺利推进，为商业项目提供用地保障；要求把征地拆迁纳入政府工作议事日程，成立由主要领导挂帅的征地拆迁指挥机构；要求明确完成征地拆迁的时限，层层分解征地拆迁任务；要求对没有按期完成征地拆迁任务的单位实行问责制，对征地拆迁工作表现突出的单位和个人实施激励。我国实行的是土地国有和集体所有两种制度，但多数面临征地拆迁的是处于市郊、城镇和农村的集体所有制土地，经过农村土地承包责任制等一系列土地制度改革后，这些集体所有的土地已经实现了使用权与所有权分离，使用权由农民拥有，原则上50年不变。由农民行使使用权的土地在我国现阶段还承担着维持农民基本生存的功能。这意味着，商业用地的征地拆迁或者商业用地供求直接涉及的主要当事方应该是作为土地需求方的投资者和作为土地供给方的农民及其村委会，地方政府既不应该直接介入商业用地的征地拆迁，也不应该成为商业用地的主要供给者。①

三是政府发文件或政府主要领导出面，以支持经济发展为由对商业银行施加压力，要求商业性金融机构给当地企业发放贷款或者增加放贷，有时候还提出具体的放贷指标。例如，有的政府要求当地的商业性金融机构给当地企业的贷款增幅不得低于全国各项贷款的平均增幅；区域内银行业新增存款应该主要用于当地发放贷款；政府对大力支持当地企业信贷的商业银行主要领导给予各种奖励（如提拔主要领导到政府部门任职等方式）。经过多次的金融改革，我国现有的商业性金融机构已经变成以盈利为主要目的、风险自担、按市场原则独立经营的商业组织，其中包括国有或国家控股的商业性金融机构。已经完成转型的这些商业性金融机构向谁发放贷款、发放多少、什么时候发放，这完全是商业性金融机构自己的事情，企业有完全的自主权，地方政府无权干涉，也不应该干涉。

从优势冲突的角度看，地方政府角色错位的影响主要是使叠加优势发生冲突或使冲突加剧。从前面对地方政府角色错位所进行的分析可以发现，地方政府角色错位——政府直接扮演了应该由企业扮演或者企业能胜任的角色，一方面会使得企业之间面对优势供给所展开的市场竞争演化成以政府为代表和主导的区域间冲突——省际冲突和省内区域间冲突，另一方面会人为地在区域之间、政府与干部群众之间、政府与企业之间、优势之间制造矛盾与冲突。

地方政府难以自我纠正角色错位，与绩效考评的导向有关。从短期看，地方

---

① 尽管政府直接介入征地拆迁、成为商业用地的主要供给者可以为政府带来大量的财政收入（机制是政府低价征收、更高价出售），但这也不能成为政府直接介入商业用地的征地拆迁、政府成为商业用地主要供给者的理由。

政府不直接承担招商引资任务，不直接干预金融机构信贷活动，不直接介入征地拆迁等微观经济领域，可能会使当地发生比较明显的投资波动，但从长远来看，当地的投资并不会因此而明显减少。在正常的条件下，市场机制的完善程度与投资吸引力具有高度的正相关，政府角色错位是市场机制存在缺陷的表现，地方政府自我修正角色错位是完善市场机制的行为。从全球范围来看，发达国家由于有更为完善的市场机制，其同期吸引到的投资一般都多于发展中国家；从我国市场化改革实践来看，东部及其他城市化水平较高的地区由于有更为完善的市场机制，其投资及经济发展一直都处于领先地位。经过近30年的市场化改革，我国企业和投资者的安全意识和市场意识已经越来越强，不用政府如此参与，也有能力解决此类问题。之所以没有几个地方政府敢于率先主动从这种流行的政府行为中退出，其中一个重要原因是政府及领导干部追求政绩。在实行干部限任制、政府和干部的绩效考评比较重视招商引资等条件下，地方政府不直接承担招商引资任务，不给金融机构施加放贷压力，不直接介入征地拆迁，如果因此而导致任期内投资下滑或大波动，势必会给主要政府领导带来政绩风险。政绩直接决定干部升降及其他相关福利。

　　在此还要强调的是，由于受利益驱动和路径依赖的影响，要比较彻底地纠正地方政府错位的角色，除了需要地方政府进行自我努力之外，还需要中央加强政治经济体制的改革，进行顶层设计。虽然地方政府角色错位在各个地区的程度有所不同，但在我国这不是一种局部现象，而是一个全国性问题，并在改革开放之初就存在。如果没有中央在政治经济体制改革方面进行统一部署，在全国具有共性的政府角色错位是不可能得以彻底纠正的。例如，地方政府为企业借贷提供担保曾一度在我国流行，虽然多数地方政府都知道其中隐含的巨大经济风险，但仍前仆后继，因为这种行为会有助于短期内快速提高招商引资、项目开工数等影响到政绩的指标。如果不是中央统一采取强硬措施，地方政府为企业借贷提供担保的这种行为就不会获得有效制止。和政府为企业借贷提供担保具有许多相似的是政府直接介入征地拆迁。地方政府亲自出面为商业用地进行征地拆迁，其给政府带来的是巨大的政治风险——在政府与群众、干部与群众之间人为地制造不必要的冲突，恶化政群、干群关系，影响政府形象，危及党的执政基础，但这种行为也有助于短期内快速提高招商引资、项目开工数等影响到政绩的指标。要对此类地方政府角色错位进行彻底的纠正，如果没有中央的顶层设计，单靠地方政府的自觉性，无法从根本上解决问题。

　　（二）完善政府及干部绩效考评

　　造成地方政府角色错位的原因虽然十分复杂，但其中一个关键原因是没有建立起一个完善的政府及干部绩效考评机制。地方政府及领导干部绩效考评作为一种监督机制，其考核结果直接决定着领导干部的任期与升降，直接影响到政府行为。

1982年，国家劳动人事部下发了《关于建立国家行政机关工作人员岗位责任制的通知》，各级地方政府以此为基础纷纷建立起以岗位责任制和目标管理责任制为主要内容的政府绩效和干部绩效考评指标体系及考评办法。

2004年，由国家人事部和中国人事科学研究院专家组成的《中国政府绩效评估研究》课题组提出了一个新的地方政府绩效评估指标体系，指标体系由3个一级指标、11个二级指标以及33个三级指标构成。一级指标是职能指标、影响指标和潜力指标，职能指标要检验的是政府管理的基本职能，是绩效指标体系的主体；影响指标用来测量政府管理活动对整个社会经济发展成效的影响和贡献；潜力指标反映的则是政府内部的管理水平。一届政府只有完成了职能指标所规定的基本任务，才算合格。

围绕国家人事部提出的这个新地方政府绩效评估指标体系，从理论界到实际工作部门，他们结合现状对此进行了动态研究，提出了许多评价与建议。部分人认为，政府绩效评估的科学性、评估结果的约束力问题仍没有获得根本解决。① 这个问题不解决，政府及领导干部的角色错位就不可能得到根本性改进。

就绩效评估的科学性来说，政府绩效评估程序一般都能够做到规范，该走的程序一般都会走完，从程序上来说，基本上都合法合规，程序上不会存在问题，因为程序出问题比较容易被发现；② 主要的问题是评估指标和评估主体存在着有待于大力改进的地方。评估指标的主要问题是设置不科学、不健全，许多地方过分强调经济指标、忽视政府在公共服务方面的职能指标；在经济指标中，往往又过度关注GDP、招商引资数量、新项目开工数等。③ 评估主体问题主要是结构不合理，在参与评估的主体中，往往是官员多、作为政府服务对象的社会公众和企业偏少，与此相联系的是政府内部自评多、社会公众和企业的外部评价偏少。由此而来，往往容易导致评估结果失真。正因为如此，政府及领导干部绩效评估大多获得高票通过。

就绩效评估结果对政府及领导干部的约束力来说，在多数情况下，评估结果

---

① 黄丽萍.我国政府绩效评估的文献综述［J］.陕西职业技术学院学报，2007（4）；董梅生.安徽省地方政府绩效评价体系构建与实证分析［J］.安徽工业大学学报（社会科学版），2008（2）；苏曦凌，魏佳妮.确定西部地区地方政府绩效评估指标权重探讨——以贵州省为例［J］.科技管理研究，2008（12）；等等。

② 笔者不认同杜娟（2009）等的这种观点。

③ GDP在一些地方的政府绩效评估指标体系中已经被剔除出去，如浙江湖州市在2003年底已经作出决定，从2004年开始GDP指标不再作为年度考核县区的综合指标。但在人事部和中国人事科学研究院专家组成的《中国政府绩效评估研究》课题组2004提出的地方政府绩效评估指标体系中，仍强调GDP。

并不是影响地方政府主要领导任期、升降的主要因素。例如，多数地方政府的主要领导没有任满一届就平级换岗或升迁，这并不是政府绩效评估导致的，而是主要取决于上级政府。也许有人对此会认为，上级政府是基于绩效评估才做出这种平级换岗或升迁决定。从现实来看，一些地方政府的领导干部轮换或升降制度是包括有绩效评估，但多数是没有在事前进行规范化的绩效评估。至于政府绩效评估结果导致地方政府主要领导被降级，这种现象发生得非常少。由此而来，不仅导致评估流于形式，而且还有损政府及领导干部绩效评估的公信力和政府威信。

为此，完善地方政府及领导干部绩效考评机制就至关重要。

就提高绩效评估的科学性来说，评估指标的设置是既不应过分强调经济指标，也不应忽视公共服务方面的职能指标。但从科学的角度来看，科学设置评估指标是个动态的过程，而不是一件可以一劳永逸的事情。只有根据每一次评估所反映出来的问题去调整评估指标，评估指标的设置才有可能走向合理。基于此，任何一个政府绩效评估体系都只能适用于一个较短的时段，对评估指标调整最有发言权的是当时参与了绩效评估的主体。从这个意义来说，提高绩效评估的科学性，完善评估主体的结构要比完善评估指标更重要。如果评估主体的构成合理、素质符合要求，他们对评估指标的把握就比较准确，尤其是对一些需要发挥创造性才能把握好的指标，往往需要原则性与灵活性的有机结合。为此，评估主体的完善应该成为提高政府与领导干部绩效评估科学性的切入点和关键。

至于如何完善评估主体，前人研究成果的主流建议是建立多元化的绩效评估主体，扩大公众参与的比重。① 我们赞同这种对策主张。与此同时，我们认为，从制度上建立健全主体多元化的评估主体库，这才能更全面、更有效地解决评估主体问题，其中包括扩大公众的比例。

从制度上建立健全主体多元化的评估主体库，主要包括：①要根据多元化的原则去建立一个政府绩效评估主体库，主体库的成员应该包括公众个人、企业、非营利组织、下一级政府、上级政府等，应该具有比较全面的代表性和比较大的体量。②主体库的成员主要由作为政府服务对象的公众个人和企业构成，公众个人和企业的各自占比至少要达到30%。③进入主体库成为成员的公众个人、企业、非营利组织或其他机构应该是随机选取的。④只要是智力正常的个人都有资格被列入主体库，不必对个人的教育程度作硬性要求。如果对教育程度作硬性要求，既意味着许多当地居民参与评估政府的权利被人为地剥夺了，也意味着主体

---

① 颜如春．关于建立我国政府绩效评估体系的思考［J］．行政论坛，2003（9）；颜如春．我国地方政府绩效评估中存在的问题及对策研究［J］．探索，2005（2）；黄丽萍．我国政府绩效评估的文献综述［J］．陕西职业技术学院学报，2007（4）；杜娟．我国地方政府绩效评估实践回顾与展望［J］．黑龙江社会科学，2009（2）；等等。

库的结构存在重大缺陷。⑤每次评估开始之前,都要对建立起来的主体库进行调整,如每次更换1/4的成员。⑥作为评委参与政府绩效评估的主体,既要有一定的数量(如10~40个),也要有代表性。⑦政府根据基本的工资标准对参与评估的个人(即评委)支付工资,以确保被抽取到的公众个人等愿意参与评估、认真对待评估,来自企业、非营利组织或其他机构的代表则由原单位支付工资。

如何提高评估结果对政府及领导干部的约束力?我们认为,每次绩效评估完成后,要及时向社会公布考评结果,要以这种方式来让社会帮助硬化考评结果的约束力;进行领导干部升降、换岗调整时,历年的绩效评估结果要事先向社会公布,要让社会来参与监督,而不能只是让组织人事部门和单位同事知道。从实践来看,政府绩效评估结果在最初的几年里也许没有显示出预期的约束力,但经过几年时间的发展后,约束力的刚性会随着这种社会化程度的提高而增强。这样做是与我国改革的基本特征——渐进式改革相一致的。

(三)建设服务型和法制型政府

建设服务型、法治型政府既是市场经济健康发展的客观需要,也是桂滇叠加优势充分发挥作用、减少优势冲突的要求,同时还是桂滇经济实现快速增长的内在要求。

前面已经指出,市场经济条件下,政府的基本角色一般有三个:规则的制订者(立法者)、规则的执行者(执法者)和作为供求方出现的市场活动参与者(市场主体)。从当今市场经济国家的主流看,政府最主要的职能是两个:立法与执法。政府的立法与执法行为,既是为参与市场活动的企业和居民实现公平交易提供公共服务和法治保障,也是在把政府自己的行为纳入法制轨道。作为立法者和执法者,必须首先要懂法和守法。为此,市场经济条件下的政府,必须是服务型政府、法治型政府。

服务型、法治型政府既与计划经济时代的政府存在质的区别,也和经济转型时期的政府有着质的不同。

受计划经济的长期影响,包括桂滇在内的各级政府目前仍属于转型类型政府,离服务型、法治型政府的要求还有很大距离。前面所列的角色错位就是其中的一个突出表现。为此,桂滇要建设服务型、法治型政府,必须着力解决以下问题。

(1)确立"政府就是服务"理念,继续推进政府职能转变,专注于立法服务与执法服务。对于市场或非公共部门自己能够调整的经济活动或领域,政府作为供给主体原则上不介入,政府全心全意地做好立法与执法。国有资本尽快从私人领域退出,为政府职能转型创造条件。

(2)依托信息化支持,全面推进网上政务建设。依托信息化建设,加快建成网络化、宽带化、电子化、智能化、全覆盖、全天候、透明的政务服务体系，建设信息化水平比较高的政府，让企业和居民足不出户就可以享受到比较全面、高效率、高质量的政府服务。

（3）简化行政审批手续，提高行政效率。自觉按市场经济规律和国际通行规则办事，简化企业登记注册、年检、变更等程序。对重点项目实行行政审批绿色通道制度。积极推行网上政务制度，能够在网上办理的政务，尽快实现网络化。对前来办理相关事务的企业和居民，实行一条龙服务制度和限时办结制度。

（4）及时完善配套政策。围绕国家政策，结合自己的区位、资源和产业特征，加快完善各项专项政策和配套政策，提高政策的针对性、配套性和可操作性，有效降低政策风险，确保新增项目、经济结构优化升级有坚实的政策支撑。

（5）建立健全政策利用与完善机制。认真贯彻落实现有的各种政策。建立政策稳定机制，确保政策的权威性、稳定性、可预见性，消除政策随主要领导变动而发生波动甚至改变现象。建立用足、用活、用好政策的机制，消除政策闲置现象，提高政策贡献率和政策效应。建立政策完善机制，确保政策能够根据上级政策调整而及时作出自我完善，确保政策与时俱进。

（6）规范行政执法，充分保障企业和公民的权益。及时公开各种法律规定。政府部门必须依法行政，努力提升规范执法、公正执法、文明执法的水平。科学管理、严格约束和认真监督行政执法人员的行为，对侵犯企业和公民合法权益的行政执法人员要严厉惩处。行政处罚必须公开、透明，重大行政处罚必须实行公开听证制度。

（7）加强社会对政府事务的参与和监督。进一步健全社会参与政府立法执法的机制，通过进一步推广听证制度，充分吸收各种社会主体参与政府立法执法，确保地方政府的政策法规能体现当地多数人的意愿。进一步健全社会监督机制，通过增加行政行为的透明度，扩大社会对政府事务的参与和监督。

参考文献

[1] 国家统计局. 中国统计年鉴（1995~2010）[M]. 北京：中国统计出版社，2010.

[2] 国家统计局国民经济综合统计司. 新中国五十年统计资料汇编[M]. 北京：中国统计出版社，1999.

[3] 中国宏观经济学会，中宏基金，中国宏观经济信息网，中宏经济研究中心. 中国宏观数据库[R]. 1995~2010.

[4] 广西统计局. 广西统计年鉴（1995~2010）[M]. 北京：中国统计出版社，2010.

[5] 云南统计局. 云南统计年鉴（1995~2010）[M]. 北京：中国统计出版社，2010.

[6] 贵州统计局. 贵州统计年鉴（1995~2010）[M]. 北京：中国统计出版社，2010.

[7] 新疆统计局. 新疆统计年鉴（1995~2010）[M]. 北京：中国统计出版社，2010.

[8] 宁夏统计局. 宁夏统计年鉴（1995~2010）[M]. 北京：中国统计出版社，2010.

[9] 内蒙古统计局. 内蒙古统计年鉴（1995~2010）[M]. 北京：中国统计出版社，2010.

[10] 西藏统计局. 西藏统计年鉴（1995~2010）[M]. 北京：中国统计出版社，2010.

[11] 国务院. 国务院关于实施西部大开发若干政策措施的通知[Z]. 国发[2000] 33号，2000.

[12] 国务院. 国务院西部开发办关于西部大开发若干政策措施的实施意见[Z]. 国办发[2001] 73号，2001.

[13] 广西壮族自治区人民政府. 广西壮族自治区人民政府贯彻实施国务院

西部大开发政策措施若干规定［J］．广西经贸，2002（1）．

［14］国家发展和改革委员会，外交部，财政部．中国参与大湄公河次区域经济合作国家报告［R］．2008-03-28．

［15］广西壮族自治区人民政府．广西壮族自治区人民政府批转自治区计委关于落实自治区政协充分发挥我区大西南出海通道作用建议案意见的通知［R］．2000-03-03．

［16］云南省政府．云南省促进澜沧江—湄公河次区域经济合作发展五年计划（2004~2008）［R］．2003

［17］中国，东盟．中国与东盟全面经济合作框架协议［R］．2003

［18］中国，东盟．中国—东盟全面经济合作框架协议货物贸易协议［R］．2003

［19］伯尔蒂尔·俄林．地区间贸易和国际贸易［M］．北京：商务印书馆，1986．

［20］王文长，孟延燕．少数民族地区经济发展结构·模式·未来［M］．北京：民族出版社，1990．

［21］南亮进．日本的经济发展［M］．北京：经济管理出版社，1992．

［22］刘再兴．中国区域经济：数量分析与对比研究［M］．北京：中国物价出版社，1993．

［23］李明德，蒙南生．共建西南大通道［M］．南宁：广西科学技术出版社，1994．

［24］陈栋生．西部经济崛起之路［M］．上海：上海远东出版社，1996．

［25］魏后凯等．中国地区发展——经济增长、制度变迁与地区差别［M］．北京：经济管理出版社，1997．

［26］詹宏松．借路兴桂发展通道经济：南昆铁路通车后广西经济发展态势的分析研究［M］．南宁：广西人民出版社，1997．

［27］文精．走向共同繁荣：中国民族地区经济发展研究［M］．北京：民族出版社，1998．

［28］张敦富．区域经济开发研究［M］．北京：中国轻工业出版社，1998．

［29］王文长，李曦辉，李俊峰．西部特色经济开发［M］．北京：民族出版社，2001．

［30］保罗·克鲁格曼．国际贸易新论［M］．北京：中国社会科学出版社，2001．

［31］李义敢等．大西南与澜沧江—湄公河次区域合作开发［M］．昆明：云南民族出版社，2001．

［32］古小松．中国—东盟自由贸易区与广西［M］．南宁：广西人民出版

社，2002．

［33］云南省社会科学院等．滇桂合作应对中国—东盟自由贸易区［M］．南宁：广西人民出版社，2003．

［34］黄健英，起飞一．西部民族地区大开放的新思维［M］．北京：民族出版社，2003．

［35］贺圣达等．中国—东盟自由贸易区建设与云南面向东南亚开放［M］．昆明：云南人民出版社，2003．

［36］龙远蔚等．中国民族经济研究导论［M］．北京：民族出版社，2004．

［37］刘稚等．参与中国—东盟自由贸易区建设与云南发展［M］．北京：中国书籍出版社，2004．

［38］鄢杰．民族地区经济跨越式发展研究［M］．北京：中国财政经济出版社，2005．

［39］伍琪凯梦，崔亚虹．民族地区全面建设小康社会论［M］．北京：民族出版社，2006．

［40］陈铁军，刘稚等．云南在泛珠三角区域与大湄公河次区域合作中的双向开放［M］．北京：中国书籍出版社，2006．

［41］伏润民等．中国—东盟自由贸易区建设与西部外向型经济发展研究：云南案例［M］．北京：中国社会科学出版社，2007．

［42］莫小莎．绿色转型：广西民族地区经济发展模式转型方向和路径［M］．成都：电子科技大学出版社，2008．

［43］课题组．广西参与中国—东盟自由贸易区建设战略研究［M］．南宁：广西人民出版社，2008．

［44］邓正琦，李碧宏．区域经济联动与整合研究：以渝、鄂、湘、黔交界民族地区为例［M］．北京：中国社会科学出版社，2009．

［45］谢丽霜．民族地区农村金融与经济协调发展研究［M］．北京：中国经济出版社，2009．

［46］汪金福，杨越．（40年历程）党和政府关心广西发展：绿水含情山作证［N］．新华网广西频道，1998 - 12 - 06．

［47］刘丽琼．南昆铁路与云南的发展［J］．思想战线，1999（2）．

［48］李敦祥，付德申．新中国五十年区域经济发展战略分析［J］．社会科学家，2000（1）．

［49］余小军等．抓住西部开发机遇，加速广西旅游业发展设想［J］．桂林旅游高等专科学校学报，2000（3）．

［50］毛国斌．抓住西部开发历史机遇促进广西老区经济发展［J］．广西党

史，2000（4）．

[51] 马贤惠．西南六省区市七方经济协作回顾及对策建议［J］．贵州财经学院学报，2000（1）．

[52] 张克让，程麓生．我国西北欠发达地区技术—经济追赶中后发优势的若干解析［J］．宁夏社会科学，2000（1）．

[53] 胡鞍钢，温军．社会发展优先：西部民族地区新的追赶战略［J］．民族研究，2001（3）．

[54] 郭熙保．后发优势研究述评［J］．山东社会科学，2002（3）．

[55] 胡鞍钢，温军．中国民族地区现代化追赶：效应、特征、成因及其后果［J］．广西民族学院学报（哲学社会科学版），2003（1）．

[56] 李立民．西南六省区市七方协作区在运行中的经验教训及其未来走向［J］．东南亚纵横，2003（9）．

[57] 王正宇．试析县域经济的追赶式发展［J］．中国党政干部论坛，2003（7）．

[58] 杨继瑞，杜伟．追赶型跨越式是四川经济可持续发展的现实选择［J］．四川师范大学学报（社会科学版），2003（3）．

[59] 龙毅．全面建设小康社会与加快民族地区发展［J］．民族研究，2003（3）．

[60] 曹华．抓住西部开发机遇、加快发展云南工业［J］．经济问题探索，2003（3）．

[61] 李玫宇．以博弈论分析广西、云南在中国—东盟自贸区的地位［J］．东南亚纵横，2004（1）．

[62] 曹华．抓住西部开发机遇发展云南民营经济［J］．经济问题探索，2004（4）．

[63] 陈柳钦．广西：中国—东盟自由贸易区的"桥头堡"［J］．中国经贸，2004（5）．

[64] 张军等．中国省际物质资本存量估算：1952～2000［J］．经济研究，2004（10）．

[65] 龚六堂等．我国省份之间的要素流动和边际生产率的差异分析［J］．经济研究，2004（1）．

[66] 乔新民．抓住中国—东盟自由贸易区建设机遇 促进云南水运通道快速发展［J］．珠江水运，2005（1）．

[67] 刘纯彬，胡媛媛．中国—东盟自贸区与广西经济的发展机遇［J］．广西民族研究，2005（2）．

[68] 魏后凯．未来西部大开发政策走向［J］．新西部，2005（5）．

[69] 刘学. 早做准备、争取主动、赢得先机——中国与东盟《货物贸易协议》解读 [R]. http://www.mofcom.gov.cn/, 2005-05-23.

[70] 颜如春. 我国地方政府绩效评估中存在的问题及对策研究 [J]. 探索, 2005 (2).

[71] 王敏正. 大湄公河次区域合作情况及云南的地位和作用 [J]. 珠江经济, 2006 (8).

[72] 高红梅. 追赶型经济增长中宁夏经济发展须处理好的若干战略问题 [J]. 宁夏党校学报, 2008 (3).

[73] 李俊清. 地方政府招商引资绩效考核制度研究——以某自治州为实例的考察 [J]. 国家行政学院学报, 2007 (4).

[74] 赵恒. 局部地区增值税转型将造成西部大开发政策优势边缘化 [J]. 税务研究, 2007 (8).

[75] 黄丽萍. 我国政府绩效评估的文献综述 [J]. 陕西职业技术学院学报, 2007 (4).

[76] 董梅生. 安徽省地方政府绩效评价体系构建与实证分析 [J]. 安徽工业大学学报（社会科学版）, 2008 (2).

[77] 秦成逊, 周惠仙. 桂、滇区位优势竞争比较研究 [J]. 经济问题探索, 2008 (8).

[78] 苏曦凌, 魏佳妮. 确定西部地区地方政府绩效评估指标权重探讨——以贵州省为例 [J]. 科技管理研究, 2008 (12).

[79] 李丽. 云南国际大通道在中国—东盟自由贸易区构建中的作用 [J]. 时代金融, 2009 (1).

[80] 农贵新. 甬杭经济差距与追赶策略思考 [J]. 中共宁波市委党校学报, 2009 (1).

[81] 盛明科. 政府绩效评估主体体系建构的问题与对策 [J]. 吉首大学学报（社会科学版）, 2009 (2).

[82] 杜娟. 我国地方政府绩效评估实践回顾与展望 [J]. 黑龙江社会科学, 2009 (2).

[83] 曾富全, 吕敏. 西部开发税收优惠效果与北部湾经济区的选择 [J]. 学术论坛, 2009 (4).

[84] 李敦祥. 美国少数民族地区就业促进政策及其启示 [J]. 经济与社会发展, 2009 (12).

[85] U. S. Census Bureau. Statistical Abstract 1980-2009 [R]. 1990

[86] U. S. Census Bureau. U. S. 1990 Census [R]. 1990

[87] U. S. Census Bureau. U. S. 2000 Census [R]. 2000

[88] U. S. Department of the Treasury. Title 26 of the U. S. Code (the Internal Revenue Code) [R]. 2000

[89] U. S. Department of the Treasury. Title 26 of the U. S. Code (The Indian Employment Credit) [R]. 2000

[90] U. S. Department of the Treasury. Title 26 of the U. S. Code (Accelerated Cost Recovery System) [R]. 2000

[91] U. S. Department of the Treasury. Title 26 of the U. S. Code (The Tax Reform Act) [R]. 2000

[92] U. S. Bureau of Indian Affairs. Indian Service Population and Labor Force Estimates1982 – 1995 [R]. Indian Labor Force Report1997 – 1999 [R]. Indian Population and Labor Force Report 2001 [R]. American Indian Population and Labor Force Report 2003 – 2005 [R].

[93] National Gaming Study Commission. The National Gaming Study Commission Report 2006 [R].

[94] National Indian Gaming Association. The Economic Impact of Indian Gaming in 2006 [R]. http: //www. indiangaming. org/library/ .

[95] American Gambling Association. 2007 AGA Survey of Casino Entertainment [R]. 2007

[96] National Gambling Impact Study Commission. National Gambling Impact Study Commission Report: Chapter 6. Native American Tribal Gambling [R]. http://www. indiangaming. org/library/resource – center/index. html.

[97] Gottfried Haberler. The Theory of International Trade [M]. William Hodge, 1936.

[98] Posner. International Trade and Technical Change [J]. Oxford Economic Papers, 1961 (13): 7 – 14.

[99] Alexander Gerschenkron. Economic Backwardness in Historical Respective, A Book of Essays [M]. Harvard University Press, 1962.

[100] Marion Levy. Modernization and the Structure of Societies: A Setting for International Relations [M]. Princeton University Press, 1966.

[101] Dendrinos D. S. and Sonis M. Nonlinear Relative Discrete Population Dynamics of the US Regions [J]. Journal of Applied Mathematics and Computation, 1988 (23): 7 – 14.

[102] Moses Abramowitz. Thinking about Growth [M]. Cambridge University

Press, 1989.

[103] Gene Grossman, Elhanan Helpman. Trade, Innovation and Growth [J]. American Economic Review, 1990 (1): 7-14.

[104] Gene Grossman, Elhanan Helpman. Trade, Knowledge Spillovers and Growth [J]. European Economic Review, 1991 (1): 7-14.

[105] Fremont Lyden, Lyman Legters. Native Americans and Public Policy [M]. University of Pittsburgh Press, 1992.

[106] Erja Kettunen. ASEAN and The Growth Triangle: Regional Economic Profile of Integration [J]. Conference Paper, 1995 (1): 7-14.

[107] Hewings GJD, Sonis M, Cuello FA and Mansouri F. The Role of Regional Interaction in Regional Growth: Competition and Complementarity in the US Regional System [J]. Australasian Journal of Regional Studies, 1996 (2): 7-14.

[108] Sonis M, Hewings GJD. Regional Competition and Complementarity: Comparative Advantages/Disadvantages and Increasing/Diminishing Returns in Discrete Relative Spatial Dynamics. In: Batey PWJ, Friedrich P (eds) Regional Competition [R]. Springer, Berlin Heidelberg Newyork, 2000.

[109] Julie Topoleski. Social and Economic Impacts of Native American Casinos [D]. Ph. D. Dissertation, 2003.

[110] International Finance Corporation. Scaling Up Private Sector Models for Poverty Reduction: A Report on the Field Visit to Sichuan and Zhejiang Provinces, China [R]. 2004.

[111] Jonathan Taylor, Joseph Kalt. American Indians on Reservations: A Databook of Socioeconomic Change Between the 1990 and 2000 Censuses [R]. 2005.

[112] Erik Jensen. Taxation and doing Business in Indian Country [M]. 2007.

[113] Michael Todaro, Stephen Smith. Economic Development [M]. 10/E. Addison-Wesley, 2008.

[114] Dendrinosnos, D. and Michael Sonis. Nonliniear Discrete Relative Population Dynamics of the U. S. Regions [J]. Applied Mathematics and Computation, 1988 (25): 7-14

[115] 中华人民共和国商务部官方网站, http://www.mofcom.gov.cn/.

[116] 广西壮族自治区人民政府门户网站, http://www.gxzf.gov.cn/.

[117] 云南省人民政府门户网站, http://www.yn.gov.cn/.

[118] 广西壮族自治区发展和改革委员会官方网站, http://www.gxdrc.gov.cn/.

［119］云南省发展和改革委员会官方网站，http：//www.yndpc.yn.gov.cn/.
［120］中国—东盟博览会官方网站，http：//www.caexpo.org/gb/home/.
［121］中国—东盟商务会展中心网站，http：//www.asean35.com/.
［122］美国国家税务局（IRS）网站，http：//www.irs.gov/govt/tribes.
［123］美国印第安博彩协会（NIGA）网站，http：//www.indiangaming.org/index.shtml.

后 记

本书是国家哲学社会科学基金项目——《我国民族地区经济追赶进程中的优势叠加、优势冲突与反冲突研究——以桂滇为例》课题研究的主要成果。承担国家哲学社会科学基金课题是一个十分难得的机会。通过课题研究，课题组成员的综合能力获得了明显提升，对我国民族地区的经济追赶获得了更深刻、更系统的认识。为此，感谢国家哲学社会科学规划办公室及课题评审专家的信任与支持。

研究过程中，根据条件变化，对原来的研究方案进行了相应调整。其中，最大的变化是将美国少数民族地区、落后地区——印第安保留地经济追赶问题作为案例研究引入本课题。课题被批准立项不久，负责人李敦祥就被公派到美国进行为期3年多时间的合作研究，其中的一个研究课题就是美国印第安地区的经济追赶。将印第安保留地经济追赶问题的研究加入本课题，有利于拓宽看问题的视野、提高研究的价值。此外，还将李敦祥2017年在南非访学获得的一些理念体现在本书中。

本书初稿撰写出来后，组织部分成员进行了讨论，然后根据相关建议进行了修改。最后还将书稿送给广西区内部分专家学者进行过征求意见，在此基础上做进一步完善。本书第二、第三、第五、第七、第八章由李敦祥撰写，第四、第九章由王兴中撰写，第一、第六章由王兴中、于世海撰写，最后由李敦祥定稿。

本书吸纳了大量前人和同行的研究成果，因为有他们的研究作为基础，我们才能够完成本课题研究、写出本书。此书还得到了美国UNIVERSITY OF WISCONSIN – MILWAUKEE和南非UNIVERSITY OF PRETORIA经济系的大力支持。为此，我们对他们表示衷心感谢。

本书的出版还得到了"广西高校人文社会科学重点研究基地——现代企业管理研究中心"的出助资助和桂林理工大学商学院的支持。我们对此也表示万分感谢。

虽然我们尽力了，但由于能力有限，书稿难免存在这样或那样的不足。为此，恳请读者不吝指教，以促进我们作进一步研究。